educamos·sm

Caro aluno, seja bem-vindo à sua plataforma do conhecimento!

A partir de agora, você tem à sua disposição uma plataforma que reúne, em um só lugar, recursos educacionais digitais que complementam os livros impressos e são desenvolvidos especialmente para auxiliar você em seus estudos. Veja como é fácil e rápido acessar os recursos deste projeto.

1 Faça a ativação dos códigos dos seus livros.

Se você NÃO tiver cadastro na plataforma:
- Para acessar os recursos digitais, você precisa estar cadastrado na plataforma educamos.sm. Em seu computador, acesse o endereço <br.educamos.sm>.
- No canto superior direito, clique em "Primeiro acesso? Clique aqui". Para iniciar o cadastro, insira o código indicado abaixo.
- Depois de incluir todos os códigos, clique em "Registrar-se" e, em seguida, preencha o formulário para concluir esta etapa.

Se você JÁ fez cadastro na plataforma:
- Em seu computador, acesse a plataforma e faça o *login* no canto superior direito.
- Em seguida, você visualizará os livros que já estão ativados em seu perfil. Clique no botão "Adicionar livro" e insira o código abaixo.

Este é o seu código de ativação! → **DP46L-BSTBR-**

2 Acesse os recursos.

Usando um computador

Acesse o endereço <br.educamos.sm> e faça o *login* no canto superior direito. Nessa página, você visualizará todos os seus livros cadastrados. Para acessar o livro desejado, basta clicar na sua capa.

Usando um dispositivo móvel

Instale o aplicativo **educamos.sm**, que está disponível gratuitamente na loja de aplicativos do dispositivo. Utilize o mesmo *login* e a mesma senha da plataforma para acessar o aplicativo.

Importante! Não se esqueça de sempre cadastrar seus livros da SM em seu perfil. Assim, você garante a visualização dos seus conteúdos, seja no computador, seja no dispositivo móvel. Em caso de dúvida, entre em contato com nosso canal de atendimento pelo **telefone 0800 72 54876** ou pelo *e-mail* atendimento@grupo-sm.com.

BRA191000_27

convergências Ciências 8

Vanessa Silva Michelan
- Bacharela e licenciada em Ciências Biológicas pela Universidade Estadual de Londrina (UEL-PR).
- Mestra em Genética e Biologia Molecular pela UEL-PR.
- Especialista em Ensino de Ciências Biológicas pela UEL-PR.
- Autora de livros didáticos para o Ensino Fundamental.
- Realiza trabalhos de assessoria pedagógica no desenvolvimento de materiais didáticos para o Ensino Fundamental.
- Professora da rede pública de Ensino Médio.

Elisangela Andrade Angelo
- Bacharela e licenciada em Ciências Biológicas pela Universidade Estadual de Londrina (UEL-PR).
- Mestra em Ciência de Alimentos pela UEL-PR.
- Doutoranda em Biologia Celular e Molecular pela Universidade Estadual de Maringá (UEM-PR).
- Professora dos níveis básico, técnico e superior no Instituto Federal do Paraná (IFPR-PR).
- Autora de livros didáticos para o Ensino Fundamental.

Convergências – Ciências – 8
© Edições SM Ltda.
Todos os direitos reservados

Direção editorial	M. Esther Nejm
Gerência editorial	Cláudia Carvalho Neves
Gerência de *design* e produção	André Monteiro
Edição executiva	Lia Monguilhott Bezerra
Coordenação de *design*	Gilciane Munhoz
Coordenação de arte	Melissa Steiner Rocha Antunes
Assistência de arte	Juliana Cristina Silva Cavalli
Coordenação de iconografia	Josiane Laurentino
Coordenação de preparação e revisão	Cláudia Rodrigues do Espírito Santo
Suporte editorial	Alzira Ap. Bertholim Meana
Projeto e produção editorial	Scriba Soluções Editoriais
Edição	Kelly Cristina dos Santos, Maira Renata Dias Balestri
Assistência editorial	Ana Carolina Navarro dos Santos Ferraro, Everton Amigoni Chinellato, Rafael Aguiar da Silva
Revisão e preparação	Felipe Santos de Torre, Joyce Graciele Freitas
Projeto gráfico	Dayane Barbieri, Marcela Pialarissi
Capa	João Brito e Tiago Stéfano sobre ilustração de Estevan Silveira
Edição de arte	Ingridhi F. B.
Pesquisa iconográfica	Tulio Sanches Esteves Pinto
Tratamento de imagem	Equipe Scriba
Editoração eletrônica	Adenilda Alves de França Pucca (coord.)
Pré-impressão	Américo Jesus
Fabricação	Alexander Maeda
Impressão	PifferPrint

Dados Internacionais de Catalogação na Publicação (CIP)
(Câmara Brasileira do Livro, SP, Brasil)

Michelan, Vanessa Silva
 Convergências ciências : ensino fundamental : anos finais : 8º ano / Vanessa Silva Michelan, Elisangela Andrade Angelo. – 2. ed. – São Paulo : Edições SM, 2018.

 Bibliografia.
 ISBN 978-85-418-2139-1 (aluno)
 ISBN 978-85-418-2143-8 (professor)

 1. Ciências (Ensino fundamental) I. Angelo, Elisangela Andrade. II. Título.

18-20878   CDD-372.35

Índices para catálogo sistemático:

1. Ciências : Ensino fundamental 372.35
Maria Alice Ferreira - Bibliotecária - CRB-8/7964

2ª edição, 2018
2ª impressão, 2020

SM Educação
Rua Tenente Lycurgo Lopes da Cruz, 55
Água Branca 05036-120 São Paulo SP Brasil
Tel. 11 2111-7400
atendimento@grupo-sm.com
www.grupo-sm.com/br

Apresentação

Caro aluno, cara aluna,

Todos os dias o Sol surge e se põe no horizonte. Nesse tempo, você realiza diversas atividades, como ir à escola, alimentar-se, brincar, conversar com os colegas, tomar banho, escovar os dentes e dormir. Você sabia que cada uma dessas ações pode causar impactos no ambiente e em nossa saúde? Tudo isso está relacionado a Ciências!

Dessa forma, este livro foi elaborado para te ajudar a compreender essas relações. Nele, você encontrará conteúdos que permitirão observar, investigar, refletir e discutir maneiras de conservar o ambiente e de cuidar do nosso corpo. Além disso, você poderá perceber a influência da tecnologia na sociedade e no ambiente.

Para tornar o seu aprendizado mais divertido, esta obra utiliza diversos recursos, como músicas, imagens, pinturas e histórias em quadrinhos.

Bom ano e bons estudos!

Conheça seu livro

Esta coleção apresenta assuntos interessantes e atuais, que o auxiliarão a desenvolver autonomia, criticidade, entre outras habilidades e competências importantes para a sua aprendizagem.

Abertura de unidade

Essas páginas marcam o início de uma nova unidade. Elas apresentam uma imagem instigante, que se relaciona aos assuntos da unidade. Conheça os capítulos que você vai estudar e participe da conversa proposta pelo professor.

Iniciando rota

Ao responder a essas questões, você vai saber mais sobre a imagem de abertura, relembrar os conhecimentos que já tem sobre o tema apresentado e se sentirá estimulado a aprofundar-se nos assuntos da unidade.

Hora de praticar

Nessa seção você encontrará sugestões de atividades práticas, instigantes e de rápida execução para fazer na sala de aula com o professor e os colegas.

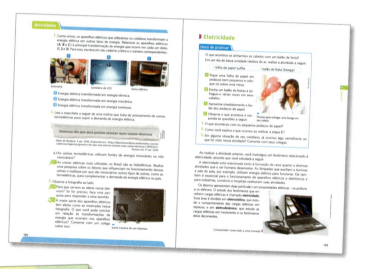

Ampliando fronteiras

Nessa seção, você encontrará informações que o levarão a refletir criticamente sobre assuntos relevantes e a estabelecer relações entre diversos temas ou conteúdos.

Os assuntos são propostos com base em temas contemporâneos, que contribuem para a sua formação cidadã e podem ser relacionados a outros componentes curriculares.

Atividades

Nessa seção, são propostas atividades que vão auxiliá-lo a refletir, a organizar os conhecimentos e a conectar ideias.

Verificando rota

Aqui você terá a oportunidade de verificar se está no caminho certo, avaliando sua aprendizagem por meio de perguntas que retomam algumas das questões respondidas durante a unidade.

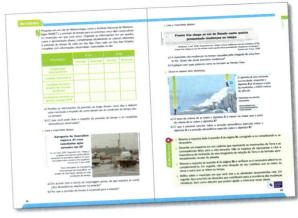

Boxe complementar

Esse boxe apresenta assuntos que complementam o tema estudado.

Aprenda mais

Aproveite as sugestões de livros, filmes, *sites*, vídeos e dicas de visitas para aprender um pouco mais sobre o conteúdo estudado.

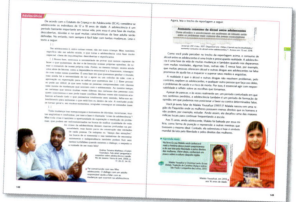

Vivenciando a Ciência

Essa seção apresenta sugestões de atividades práticas para investigar fenômenos do cotidiano que se relacionem aos assuntos estudados em cada capítulo. Você levantará e testará hipóteses, montará modelos e trocará ideias com seus colegas sobre o que observou. Além disso, você será desafiado(a) a elaborar maneiras de investigar outros fenômenos referentes aos assuntos que está estudando.

Glossário

Você encontrará o significado e as informações adicionais de alguns termos e expressões indicados ao longo dos textos no **Glossário**, que se encontra ao final deste livro.

Ícone em grupo
Esse ícone marca as atividades que serão realizadas em duplas ou em grupos.

Ícone pesquisa
Esse ícone marca as atividades em que você deverá fazer uma pesquisa.

Ícone digital

Esse ícone remete a um objeto educacional digital.

Sumário

UNIDADE 1 — O planeta Terra e seu satélite 8

CAPÍTULO 1 — Lua, o satélite natural da Terra 10
- Satélites naturais 11
- ❱ Ampliando fronteiras
  - Observação dos astros em diferentes culturas 14
  - Eclipses 16
- ❱ Vivenciando a Ciência 19
- ❱ Atividades 22

CAPÍTULO 2 — Movimentos da Terra 24
- Eixo de rotação da Terra e o movimento de translação 25
- Estações do ano 26
- ❱ Vivenciando a Ciência 30
- ❱ Ampliando fronteiras
  - Tecnologia, produção de alimentos e estações do ano 32
- ❱ Atividades 34

CAPÍTULO 3 — Condições atmosféricas – tempo e clima 36
- Climas do Brasil 40
- ❱ Ampliando fronteiras
  - Rios voadores 42
- ❱ Atividades 44
- Alterações climáticas relacionadas às atividades humanas 46
- ❱ Atividades 50
- Previsão do tempo 51
- ❱ Vivenciando a Ciência 56
- ❱ Atividades 58

UNIDADE 2 — Reprodução 60

CAPÍTULO 4 — Aspectos gerais da reprodução dos seres vivos 62
- Divisão celular 63
- ❱ Atividades 66
- Reprodução assexuada dos seres vivos 67
- ❱ Atividades 70
- Reprodução sexuada dos seres vivos 71
- ❱ Ampliando fronteiras
  - Atividades humanas e a reprodução das tartarugas marinhas 76
- ❱ Atividades 79

CAPÍTULO 5 — A reprodução nos diferentes grupos de animais 81
- Poríferos 82
- Cnidários 83
- Platelmintos 84
- Nematódeos 87
- Anelídeos 88
- Moluscos 89
- ❱ Atividades 90
- Artrópodes 92
- Equinodermos 94
- ❱ Atividades 95
- Peixes 97
- ❱ Ampliando fronteiras
  - A piracema e a pesca predatória 98
- Anfíbios 100
- Répteis 102
- Aves 103
- Mamíferos 104
- ❱ Atividades 106

CAPÍTULO 6 — A reprodução nos diferentes grupos de plantas 109
- Plantas sem fruto 111
- ❱ Atividades 119
- Plantas com fruto 121
- ❱ Vivenciando a Ciência 126
- ❱ Ampliando fronteiras
  - Alimentos transgênicos 136
- ❱ Atividades 138

UNIDADE 3 — Sistema genital e reprodução humana 142

CAPÍTULO 7 — Puberdade e sistema genital 144
- **Ampliando fronteiras**
  Perigos da internet! 150
- **Atividades** 152
  Sistemas genitais 154
- **Atividades** 160

CAPÍTULO 8 — Reprodução humana 162
  Fecundação 163
  Gestação 165
  Parto 169
  Sexualidade 171
- **Atividades** 172
  Métodos contraceptivos 174
  Infecções sexualmente transmissíveis 177
- **Ampliando fronteiras**
  Os direitos das crianças e dos adolescentes 182
- **Atividades** 184

UNIDADE 4 — Energia 186

CAPÍTULO 9 — Eletricidade e magnetismo 188
  Tipos de energia 188
  Fontes de energia 189
- **Atividades** 192
  Eletricidade 193
- **Hora de praticar** 193
- **Atividades** 198
- **Atividades** 203
- **Ampliando fronteiras**
  Lixo eletroeletrônico: de quem é a responsabilidade? 204
  Magnetismo 206
  Eletromagnetismo 210
- **Vivenciando a Ciência** 212
- **Atividades** 214

CAPÍTULO 10 — Consumo de energia elétrica 216
  Geradores elétricos 216
  Usinas elétricas 219
- **Atividades** 222
  Diferença de potencial 223
  Resistência elétrica 224
  Potência elétrica 226
- **Ampliando fronteiras**
  Evitando o desperdício de energia elétrica 228
  Cuidados com a energia elétrica 230
- **Atividades** 233

- **Glossário** 236
- **Referências bibliográficas** 240

UNIDADE 1

O planeta Terra e seu satélite

Capítulos desta unidade
- **Capítulo 1** - Lua, o satélite natural da Terra
- **Capítulo 2** - Movimentos da Terra
- **Capítulo 3** - Condições atmosféricas – tempo e clima

Iniciando rota

1. Em sua opinião, a que se deve o movimento aparente dos astros no céu, como os apresentados na imagem?

2. Cite outra situação do cotidiano que permite identificar a ocorrência do processo mencionado na questão anterior.

3. A imagem mostra o registro de um fenômeno natural chamado eclipse lunar. Você sabe o que é esse fenômeno? Como você acha que ele ocorre?

Fotografia registrada em Hebei, na China, em 31 de janeiro de 2018. Os rastros luminosos no céu mostram o movimento aparente dos astros. Nesta imagem, é possível observar a ocorrência de um eclipse lunar, visível como um rastro avermelhado. As extremidades mais brilhantes desse rastro representam os momentos antes e depois do eclipse.

CAPÍTULO 1
Lua, o satélite natural da Terra

Leia a frase e observe as imagens a seguir.

"Este é um pequeno passo para um homem, mas um grande salto para a humanidade."

(Neil Armstrong, 20 de julho de 1969).

Edwin Aldrin (1930-) pisando em solo lunar em 20 de julho de 1969. Ele era tripulante da Apollo 11, juntamente com Neil Armstrong (1930-2012) e Michael Collins (1930-).

Lançamento da Apollo 11, em 16 de julho de 1969. Essa foi a primeira missão tripulada à Lua.

1 Você já leu ou ouviu a frase de Neil Armstrong citada acima? Em sua opinião, o que Neil Armstrong quis dizer com essa frase?

A fotografia mostrada acima retrata a chegada do ser humano à Lua, em 20 de julho de 1969. Esse fato ocorreu durante a Guerra Fria, época em que os Estados Unidos e a extinta União Soviética rivalizavam pela liderança política, econômica e militar mundial, por meio de investimentos tecnológicos e espaciais.

Durante a corrida espacial travada entre essas duas potências, após a União Soviética enviar o cosmonauta russo Yuri Gagarin (1934-1968) ao espaço, os Estados Unidos lançaram a missão Apollo 11, que levaria o ser humano pela primeira vez à Lua. Assim, em 1969, os astronautas estadunidenses Neil Armstrong e Edwin Aldrin aterrissaram na superfície da Lua.

Após a missão Apollo 11, ocorreram outras que levaram o ser humano à Lua, sendo a última realizada em 1972.

Leia o trecho de reportagem abaixo.

Nasa quer voltar à Lua – e fazer dela um hub para viagens espaciais

A Nasa, agência espacial americana, está planejando um salto gigantesco para a humanidade: a volta à Lua, não apenas para pisar no satélite natural da Terra, mas para fazer dele uma base fixa para viagens espaciais mais longas.

2 Em sua opinião, qual é a importância do evento idealizado pela Nasa e citado no trecho da reportagem?

Atualmente, uma nova missão, com novos objetivos, pretende enviar mais uma vez o ser humano à Lua, em 2023.

BBC, 30 ago. 2018. Disponível em: <https://www.bbc.com/portuguese/geral-45358103>. Acesso em: 24 set. 2018.

Satélites naturais

Os satélites naturais são astros que não emitem luz própria e giram ao redor de um corpo maior, por exemplo, um planeta.

Além da Terra, outros planetas do Sistema Solar apresentam satélites naturais, exceto Mercúrio e Vênus. Veja no quadro ao lado.

A fotografia abaixo mostra as duas luas de Marte: Phobos e Deimos. Elas foram descobertas em 1877 pelo astrônomo estadunidense Asaph Hall (1829-1907).

As luas de Marte apresentam muitas crateras e são cobertas de poeira e rochas soltas.

Planeta	Satélites naturais
Marte	2
Júpiter	79
Saturno	61
Urano	27
Netuno	14

Fonte: Moons. *Nasa*. Disponível em: <https://solarsystem.nasa.gov/moons/overview/>. Acesso em: 24 set. 2018.

Imagens sem proporção de tamanho e de distância entre os astros.

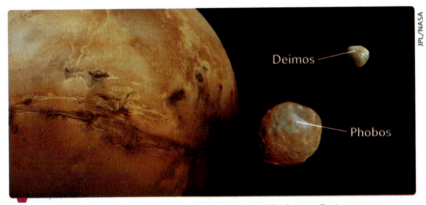

Representação artística de Marte e suas luas Phobos e Deimos.

Como apresentado no quadro acima, Júpiter possui 79 luas. As quatro maiores, e as primeiras a serem descobertas, são: Calisto, Ganímedes, Europa e Io.

Essas luas são denominadas satélites galileanos, em homenagem ao astrônomo italiano Galileu Galilei (1564-1642), que as observou pela primeira vez em 1610.

Representação artística de Júpiter e suas quatro maiores luas.

▶ **Aprenda mais**

Apesar de já conhecermos muitos dos satélites naturais dos planetas do Sistema Solar, muitas luas ainda estão sendo descobertas. No *site National Geographic Brasil*, você encontra mais informações a respeito das 12 novas luas descobertas na órbita de Júpiter, em 2017.

Nadia Drake. 12 novas luas descobertas na órbita de Júpiter. *National Geographic Brasil*. Disponível em: <http://linkte.me/zb6q5>. Acesso em: 24 set. 2018.

Satélite natural da Terra

A Terra apresenta um único satélite natural, a Lua. A distância média entre nosso planeta e seu satélite é de aproximadamente 384 mil quilômetros.

Lua vista do espaço.

Na Lua, há uma atmosfera rarefeita e sua superfície tem muitas montanhas e crateras. Por ser um satélite natural, a Lua não tem luz própria, ou seja, é um astro que reflete a luz solar.

Assim como a Terra, a Lua realiza os movimentos de rotação e de translação. O tempo que a Lua leva para dar uma volta completa ao redor do seu próprio eixo é semelhante ao que ela leva para percorrer a órbita da Terra. Por isso, ao observarmos a Lua da superfície terrestre, vemos sempre a mesma face desse satélite natural.

O movimento de translação da Lua e a incidência de luz solar fazem que o formato aparente da Lua no céu, visto da superfície da Terra, varie ao longo do ciclo lunar. De acordo com a aparência da face iluminada que observamos da superfície da Terra, podemos identificar quatro momentos específicos: lua nova, quarto crescente, lua cheia e quarto minguante.

Observe abaixo a representação desses momentos do ciclo lunar.

Ciclo lunar

A face da Lua voltada para a Terra é iluminada pelo Sol em diferentes proporções ao longo do ciclo lunar. Durante metade desse ciclo, a porção iluminada da Lua aumenta (fase crescente) e, na outra metade, a porção iluminada diminui (fase minguante).

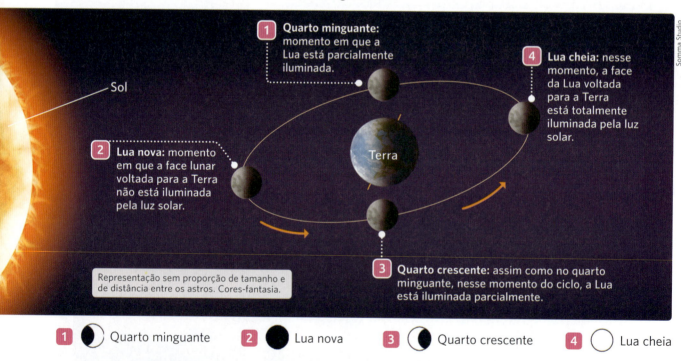

Representação do ciclo lunar, com destaque para quatro momentos: lua nova, quarto crescente, lua cheia e quarto minguante.

12

Dependendo da localização do observador na superfície da Terra, o formato da porção iluminada da Lua pode ser diferente. Por exemplo, uma pessoa que vive no hemisfério Sul, ao observar a Lua em quarto crescente, identificará uma imagem semelhante à letra "C". Já uma pessoa que observa esse momento do ciclo lunar no hemisfério Norte, identificará uma imagem semelhante à letra "D".

Observe a imagem abaixo.

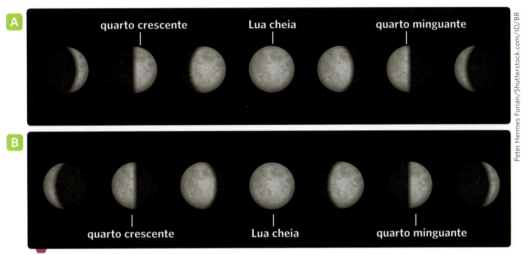

Representação do formato da face iluminada da Lua vista por um observador no hemisfério Norte (**A**) e um observador no hemisfério Sul (**B**).

O formato aparente da porção iluminada da Lua, para um observador na superfície da Terra, se repete em intervalos de tempo regulares de aproximadamente 29 dias, ou seja, é um fenômeno periódico. Veja no calendário abaixo os diferentes aspectos da Lua no mês de março de 2020.

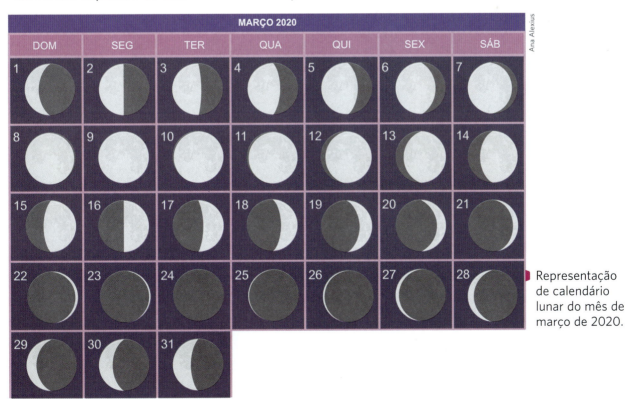

Representação de calendário lunar do mês de março de 2020.

13

Ampliando fronteiras

Observação dos astros em diferentes culturas

Você já se perguntou quais os motivos que levam os povos de diferentes culturas a observarem o céu? Entre os interesses dos seres humanos pelos astros, destaca-se a necessidade de marcar o tempo. A maneira como as pessoas observam, estudam e representam os astros não é sempre a mesma, há variações de acordo com a cultura de cada povo.

Agora, vamos conhecer um pouco sobre a observação dos astros em diferentes culturas.

A observação dos astros faz parte da cultura de vários povos indígenas brasileiros; um deles é o povo Tukano. Para esse povo, a observação dos astros é muito valorizada e é comum as constelações serem nomeadas de acordo com a fauna local. Os Tukanos costumam observar o horário do dia em que determinadas estrelas aparecem no horizonte para marcar o tempo. Além disso, eles associam as estrelas a eventos da natureza, como as enchentes dos rios, a época de amadurecimento de certos frutos e a reprodução de alguns animais. É dessa forma que eles reconhecem alguns processos cíclicos da natureza, importantes para a sua sobrevivência.

Representação sem proporção de tamanho. Cores-fantasia.

Os povos maias, que ocuparam áreas da América Central, como o México, foram especialistas na observação dos astros. Na cidade maia de Chichén Itzá, por exemplo, há construções que foram projetadas para identificar determinados dias do calendário maia de acordo com a formação das sombras. Entre essas construções há uma conhecida como El Castillo (O Castelo), ou Pirâmide de Kukulcán, que possui o formato de pirâmide e cuja sombra dos degraus forma uma imagem alongada que se assemelha a uma serpente, exatamente nos dias dos equinócios.

Representações relacionadas à observação dos astros em diferentes culturas.

14

1. Você já ouviu falar sobre algum dos povos citados no texto? Em caso afirmativo, o que você sabe sobre ele?

2. Todos os povos mencionados utilizavam, ou utilizam, os astros para marcar o tempo? Como?

3. Além da marcação do tempo, por quais outros motivos esses povos observavam ou observam os astros?

4. Como vimos, o conhecimento pode ser influenciado pela cultura. Pensando nisso, junte-se a um colega e compararem o estudo dos astros pela ciência atual e pelos povos de diferentes culturas.

Uma das construções humanas mais antigas relacionadas aos astros encontra-se na Inglaterra e chama-se Stonehenge. De acordo com as pesquisas mais aceitas, Stonehenge foi finalizada há cerca de 3500 anos por povos que viviam na região. Acredita-se que as posições das rochas foram cuidadosamente planejada de modo que a rocha central se alinhasse com o nascer do Sol no solstício de verão no hemisfério norte, ou seja, no dia 21 de junho. Essa construção era destinada a rituais religiosos, além de ser usada para a marcação do tempo e para a observação dos astros.

O calendário egípcio era determinado de acordo com a estrela Sirius. Quando ela se tornava visível no céu, antes do nascimento do Sol, marcava-se o primeiro dia do ano. Esse acontecimento coincidia com o início do período de chuvas e, consequentemente, com as inundações do rio Nilo, evento importante para a agricultura. Para os egípcios, vários astros eram considerados deuses que influenciavam diretamente a vida das pessoas.

Raul Aguiar

Eclipses

Leia o trecho de reportagem a seguir.

> **Maior eclipse do século será visto no Brasil; saiba como e onde ver**
>
> Fenômeno poderá ser visto já no nascer da Lua em algumas cidades brasileiras – quanto mais perto da costa, mais ao leste, melhor será para prestigiar.

G1. 20 jul. 2018. Disponível em: <https://g1.globo.com/ciencia-e-saude/noticia/2018/07/20/maior-eclipse-do-seculo-sera-visto-no-brasil-saiba-como-e-onde-ver.ghtml>. Acesso em: 8 nov. 2018.

3 O que você sabe sobre eclipse? Conte aos colegas.

4 A principal recomendação ao se observar um eclipse é que devemos proteger os olhos. Por que você acha que isso é importante?

O eclipse é um fenômeno natural que se caracteriza pelo ocultamento total ou parcial de um astro por causa da interposição de outro astro. Para compreender melhor essa definição, vamos estudar com mais detalhes os dois tipos de eclipse, o solar e o lunar.

Eclipse lunar

O eclipse lunar ocorre quando a Lua se localiza na sombra da Terra, em uma posição que ela, ou parte dela, não recebe luz solar diretamente. Isso acontece quando a Terra está posicionada entre o Sol e a Lua. Por isso, nesse caso, não podemos observá-la no céu.

Observe no esquema abaixo uma representação de como ocorre o eclipse lunar.

Eclipse lunar

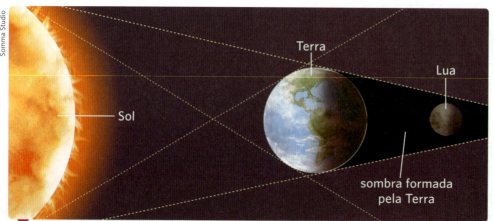

Representação de eclipse lunar.

Fonte de pesquisa: Eclipses. *Instituto de Física da Universidade Federal do Rio Grande do Sul (IF/UFRGS).* Disponível em: <http://astro.if.ufrgs.br/eclipses/eclipse.htm>. Acesso em: 24 set. 2018.

Representação sem proporção de tamanho e de distância entre os astros. Cores-fantasia.

Eclipse solar

O eclipse solar ocorre quando parte da Terra fica sob a sombra da Lua. Neste caso, a Lua se encontra posicionada entre a Terra e o Sol, impedindo que parte da luz solar chegue diretamente a algumas regiões do planeta, onde se forma uma sombra. O eclipse solar é observável apenas da região do planeta que fica sob a sombra da Lua. Se uma pessoa estiver na área da Terra indicada por **A**, ela observará a Lua encobrir o Sol totalmente (eclipse solar total). Já a pessoa que estiver na área da Terra indicada pela letra **B**, observará a Lua encobrir parcialmente o Sol (eclipse solar parcial).

Observe no esquema a seguir uma representação de como ocorre o eclipse solar.

Eclipse solar — Representação sem proporção de tamanho e de distância entre os astros. Cores-fantasia.

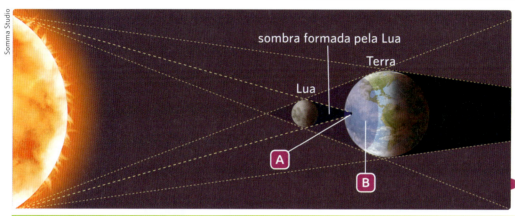

Fonte de pesquisa: Eclipses. *Instituto de Física da Universidade Federal do Rio Grande do Sul (IF/UFRGS)*. Disponível em: <http://astro.if.ufrgs.br/eclipses/eclipse.htm>. Acesso em: 24 set. 2018.

Representação de eclipse solar.

O eclipse é um evento cíclico, ou seja, que se repete em um intervalo de tempo específico. Assim, a cada novo ciclo, os eclipses ocorrem novamente na mesma ordem que ocorreram no ciclo anterior. Dessa maneira é possível prever quando ocorrerá um eclipse solar ou lunar.

Cuidados ao observar um eclipse solar

O eclipse solar é um fenômeno natural muito interessante, mas devemos ter alguns cuidados ao observá-lo. Isso porque durante o eclipse solar parte da luz proveniente do Sol atinge a superfície da Terra. Ao olharmos diretamente para essa estrela durante o eclipse, a luz solar pode danificar os olhos humanos de maneira irreversível, causando a perda parcial ou total da visão.

Por isso, não devemos utilizar como meio de observação de um eclipse solar alguns objetos como negativos fotográficos, radiografias, óculos escuros sem proteção UVA e UVB e vidros esfumaçados, pois nenhum deles é capaz de proteger os olhos contra a ação nociva dos raios solares. Uma maneira segura de se observar um eclipse solar é projetar sua imagem em uma parede, usando um espelho.

Eclipse solar em uma ilha no Oceano Ártico, em 20 de março de 2015.

Os eclipses na cultura dos povos antigos

Como você estudou anteriormente, os astros sempre despertaram a curiosidade do ser humano, que buscava explicações para os fenômenos naturais que observava, como os eclipses. Muitas dessas explicações eram feitas por meio de lendas.

Alguns povos antigos afirmavam que o eclipse ocorria porque o Sol ou a Lua serviam de alimento para determinados animais. Para os povos nórdicos, um par de lobos, chamados Sköll e Hati, perseguiam a Lua e o Sol no céu. No momento em que os lobos conseguiam chegar próximo do Sol e da Lua, eles davam mordidas nesses corpos celestes, originando os eclipses. Já para os chineses, o eclipse solar surgia após um dragão devorar o Sol, regurgitando-o depois de um tempo.

J.C. Dollman. *Os Lobos que perseguem o Sol e Mani*. Essa imagem representa a lenda nórdica de que o Sol e a Lua eram perseguidos por lobos, Sköll e Hati.

Para outros povos, como os mesopotâmicos, o eclipse representava um ataque ao rei. Como esses povos conseguiam prever quando aproximadamente ocorreria um eclipse, eles se preparavam para realizar a segurança do rei. Para isso, durante o eclipse, eles colocavam um cidadão comum no lugar do rei. Enquanto isso, o rei permanecia escondido em um local seguro até o eclipse terminar.

Embora o eclipse fosse considerado algo assustador por alguns povos, outros não o temiam e consideravam esse fenômeno como algo positivo. Esse é o caso dos povos Batammaliba, da África. Para eles, o eclipse lunar representava um conflito entre o Sol e a Lua, e o ser humano era o responsável por ajudar esses corpos celestes a resolver esse confronto. Para isso, os Batammaliba deveriam deixar de lado todos os conflitos e desafetos entre eles, dando o exemplo para o Sol e a Lua.

Os povos incas, além de explicar o eclipse lunar, tentavam explicar o fenômeno conhecido como Lua de sangue, que está relacionado à coloração avermelhada que a Lua fica em algumas situações, por causa da atmosfera terrestre.

Para os incas, esse fenômeno ocorria porque um animal chamado jaguar atacava e comia a Lua, fazendo-a sangrar. Na tentativa de chamar a atenção do jaguar e defender a Lua, os incas faziam barulhos para que o animal parasse de atacá-la.

Vivenciando a Ciência

Dependendo da posição em que a Terra e a Lua se encontram em relação ao Sol, podem ocorrer os eclipses lunar ou solar. Nesta atividade, você vai construir um modelo que permite representar como ocorre cada um desses eclipses.

- Quais são as principais diferenças entre o eclipse solar e o eclipse lunar?

Materiais necessários

- fio de arame de 30 cm de comprimento
- fio de cobre de 25 cm de comprimento
- fio de cobre de 10 cm de comprimento
- 2 canudos de plástico
- alicate
- tesoura com pontas arredondadas
- massa de modelar
- placa de poliestireno expandido de 20 x 20 cm
- lanterna
- régua

Como proceder

A Com uma das mãos, segure firmemente o fio de arame. Utilizando o alicate, faça uma leve dobra a cerca de 4 cm de uma de suas extremidades (**I**). Essa inclinação será uma representação do eixo imaginário de rotação da Terra.

B A aproximadamente 8 cm da extremidade na qual foi feita a dobra no fio de arame, enrole uma das pontas do fio de cobre de 25 cm de comprimento (**II**). Meça 15 cm da ponta enrolada e dobre a outra extremidade do fio de cobre, de maneira que forme uma angulação aproximada de 90° (**III**).

C Para dar mais firmeza à montagem, enrole o fio de cobre de 10 cm no fio de arame, prendendo-o ao fio de cobre inicial (**IV**).

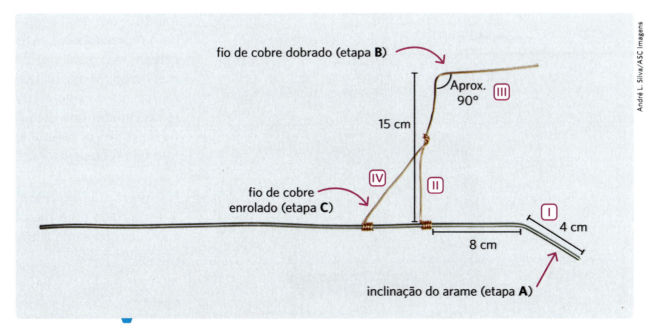

Imagem referente às etapas **A**, **B** e **C**.

19

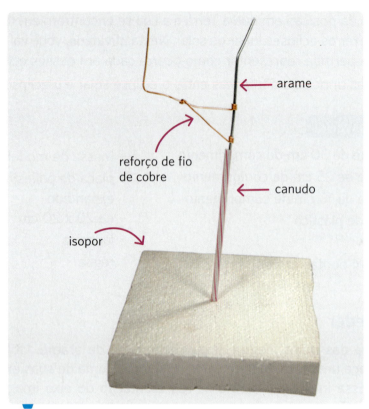

Imagem referente à etapa **D**.

D Coloque um canudo plástico na extremidade do arame em que não foi feita a dobra, corte o excesso do canudo e fixe a montagem no centro da placa de poliestireno expandido, mantendo o canudo plástico em contato com a placa.

E Corte o outro canudo plástico em dois pedaços, um com cerca de 5 cm e o outro com aproximadamente 10 cm. Coloque o pedaço de canudo menor na extremidade livre do arame (**V**), e o pedaço de canudo maior na extremidade livre do fio de cobre (**VI**).

F Utilizando a massa de modelar, faça duas esferas de tamanhos diferentes, uma de aproximadamente 12 cm de diâmetro, para representar o planeta Terra, e outra com aproximadamente 3 cm de diâmetro, para representar a Lua. No canudo que está no arame, introduza a esfera que representa o planeta Terra e, no canudo que está no fio de cobre, encaixe a esfera que representa a Lua.

G Na esfera que representa a Terra, faça uma marcação que represente a localização do Brasil.

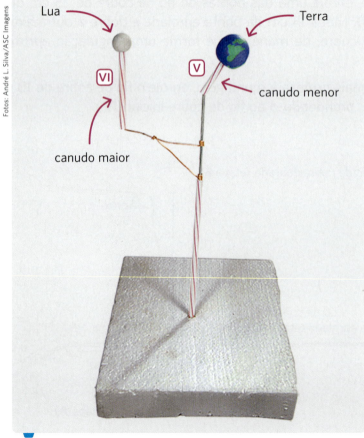

Imagem referente às etapas **E** e **F**.

20

H Utilizando a lanterna ilumine a esfera que representa o planeta Terra.

DICA!
Para uma melhor visualização, realize as etapas **H**, **I**, **J** e **K** em um ambiente com pouca iluminação.

I Peça que um amigo gire a esfera que representa o planeta Terra, simulando o movimento de rotação da Terra. Peça que gire também a Lua, simulando o movimento de rotação deste satélite.

J Movimente a Lua de modo que ela permaneça entre a lanterna e a Terra e observe o modelo. Anote o que você observou.

K Movimente a Lua de modo que ela permaneça atrás da Terra e observe o modelo. Anote o que você observou.

Imagem referente à etapa **H**.

Minhas observações

1. Qual astro do Sistema Solar a lanterna representa?
2. À medida que você simulou o movimento de rotação da Terra, o que aconteceu com o ponto que indicava a localização do Brasil? De que forma essa situação pode ser relacionada à ocorrência dos dias e das noites?
3. Descreva como ficou a incidência de luz sobre a esfera que representa a Terra, ao realizar a etapa **J**. Qual fenômeno natural pode ser relacionado a essa representação dos astros?
4. Descreva como ficou a incidência de luz sobre a esfera que representa a Lua, ao realizar a etapa **K**. Qual fenômeno pode ser relacionado a essa representação dos astros?
5. Relacione o que você observou nesse experimento com a questão inicial e verifique se sua resposta está correta. Se necessário, corrija-a ou complemente-a.

Nossas conclusões

- Compare suas respostas com as de um colega e conversem sobre o que concluíram com esta atividade.

Agora é com você!

- Construa um modelo que represente o ciclo lunar.
- Junte-se a dois colegas para elaborar essa atividade prática. Não se esqueçam de detalhar o passo a passo para a realização da atividade, destacando os materiais necessários.
- Realizem a atividade e apresentem-na aos outros grupos, explicando seu funcionamento.

Atividades

1. Uma maneira de acompanhar as mudanças da face iluminada da Lua durante seu ciclo é registrar diariamente o formato dessa face, que observamos da Terra. Acompanhe o ciclo da Lua durante um mês. Para isso, represente em seu caderno fichas de registro do ciclo lunar. Para cada dia de observação, utilize uma ficha, anotando a data e o horário de suas observações e representando o formato da porção iluminada da Lua vista da superfície da Terra. Veja o exemplo ao lado.

Insira textos sobre as condições do céu em cada noite de observação, enfatizando a presença ou ausência de nuvens, principalmente nos dias em que a observação da Lua não for possível. Ao final das observações, compare suas anotações com as dos colegas e responda às questões a seguir.

Exemplo de ficha para registro do ciclo lunar.

a) As suas observações foram semelhantes às de seus colegas?

b) Como você acha que seriam os formatos aparentes das porções iluminadas da Lua, caso você continuasse as observações ao longo de vários meses?

2. Observe a imagem abaixo. Em seguida, julgue as afirmativas como corretas (**C**) ou incorretas (**I**) e escreva a sequência de letras em seu caderno. Por fim corrija as alternativas que você identificou com a letra **I**.

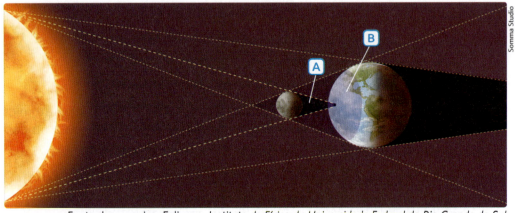

Fonte de pesquisa: Eclipses. *Instituto de Física da Universidade Federal do Rio Grande do Sul (IF/UFRGS)*. Disponível em: <http://astro.if.ufrgs.br/eclipses/eclipse.htm>. Acesso em: 24 set. 2018.

a) Na região **A** se observa eclipse solar parcial.

b) Na região **B** se observa o eclipse solar total.

c) O momento do ciclo lunar em que é possível observar o eclipse solar total é o da lua nova.

d) O momento do ciclo lunar em que é possível observar o eclipse solar é o de quarto crescente.

22

3. Leia o trecho da reportagem abaixo e responda às questões.

> [...]
> Os tupis-guaranis, em virtude da longa prática de observação da Lua, conhecem e utilizam suas fases na caça, no plantio e no corte da madeira. Eles consideram que a melhor época para essas atividades é entre a lua cheia e a lua nova (lua minguando), pois entre a lua nova e a lua cheia (lua crescendo) os animais se tornam mais agitados devido ao aumento de luminosidade. [...]
>
> [...]
> Os guaranis que atualmente habitam o litoral também conhecem a relação das fases da Lua com as marés. Além disso, associam a Lua e as marés às estações do ano (observação dos astros e dos ventos) para a pesca artesanal. Segundo eles, o camarão é mais pescado entre fevereiro e abril, na maré alta de lua cheia, enquanto a época do linguado é no inverno, nas **marés de quadratura** (lua crescente e lua minguante). Em geral, quando saem para pescar, seja no rio ou no mar, os guaranis já sabem quais as espécies de peixe mais abundantes, em função da época do ano e da fase da Lua.
> [...]

Germano Afonso. Mitos e Estações no céu Tupi-Guarani. *Scientific American Brasil*, São Paulo. Disponível em: <http://www2.uol.com.br/sciam/reportagens/mitos_e_estacees_no_ceu_tupi-guarani.html>. Acesso em: 24 set. 2018.

a) Quais atividades os indígenas tupis-guaranis realizam influenciados pelo ciclo lunar?

b) Por que os indígenas tupis-guaranis costumam caçar entre a lua cheia e a lua nova?

c) Pesquise o que é maré e como ela está relacionada com o ciclo lunar.

4. Leia a manchete e faça uma pesquisa para responder às questões.

> **História Hoje:** Há 435 anos Calendário Gregoriano mudou a forma de contagem do tempo

EBC, 24 fev. 2017. Disponível em: <http://radioagencianacional.ebc.com.br/geral/audio/2017-02/historia-hoje-ha-435-anos-calendario-gregoriano-mudou-forma-de-contagem-do-tempo>. Acesso em: 24 set. 2018.

a) Por que o calendário gregoriano mudou a forma de contagem do tempo?

b) Atualmente, existem cerca de 40 calendários sendo utilizados no mundo. Estes podem ser divididos em três categorias: solares, lunares e lunissolares. Explique cada uma dessas categorias e classifique o calendário gregoriano em uma delas.

c) Liste as principais diferenças existentes entre o calendário gregoriano e o calendário lunar.

CAPÍTULO 2

Movimentos da Terra

Observe a imagem abaixo.

▶ Pessoa dirigindo um carro.

1 Você acha que o carro apresentado nessa fotografia estava em movimento ou em repouso quando a imagem foi registrada? Justifique sua resposta.

2 Para responder à questão anterior, o que você usou como referencial para determinar se o carro estava em movimento ou em repouso?

3 Como você estudou, a Terra realiza movimentos ao redor do seu próprio eixo e ao redor do Sol. Em sua opinião, por que não sentimos a Terra se mover? E como podemos verificar essa movimentação?

A Terra faz parte do Sistema Solar e é um dos planetas que gira ao redor do Sol. Esse movimento é chamado **translação**. Ao mesmo tempo em que a Terra se movimenta ao redor do Sol, ela também gira em torno de seu próprio eixo, realizando um movimento chamado **rotação**.

Em geral, no dia a dia, não percebemos diretamente os movimentos que a Terra realiza, pois diferentemente do que ocorre quando viajamos de carro ou ônibus, não temos um ponto de referência em relação ao corpo em movimento, exceto os astros do Universo.

A mudança aparente de posição do Sol no céu é uma das evidências do movimento de rotação da Terra, que também pode ser percebido na mudança de posição das sombras ao longo do período do dia, por exemplo.

Assim, a movimentação da Terra vai além de identificarmos se ela está em movimento ou em repouso em relação a um referencial. Esses movimentos interferem diretamente em diversos fenômenos naturais, como a ocorrência dos dias e das noites e das estações do ano.

Neste capítulo vamos estudar sobre o movimento de rotação e de translação da Terra e como ele influencia as características de nosso planeta e a ocorrência do verão, da primavera, do outono e do inverno.

Eixo de rotação da Terra e o movimento de translação

A Terra demora 23 horas, 56 minutos e 4 segundos para completar uma volta em torno do seu próprio eixo. Uma consequência desse movimento é a ocorrência dos dias e das noites.

Em seu movimento de rotação, a Terra gira em torno de um eixo imaginário no sentido oeste para leste. Esse eixo é conhecido como **eixo de rotação** e é inclinado aproximadamente 23,4° em relação ao plano orbital da Terra.

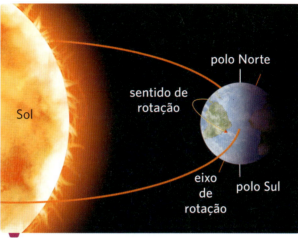

Representação do eixo de rotação da Terra.

Fonte de pesquisa: Movimento anual do Sol e as estações do ano. *Instituto de Física da Universidade Federal do Rio Grande do Sul*. Disponível em: <http://astro.if.ufrgs.br/tempo/mas.htm>. Acesso em: 26 set. 2018.

Representação sem proporção de tamanho e de distância entre os astros. Cores-fantasia.

Essa inclinação do eixo de rotação faz que a orientação da Terra em relação ao Sol mude continuamente durante o movimento de translação, que dura aproximadamente 365 dias, 6 horas e 8 minutos, o equivalente a cerca de um ano terrestre. Veja a seguir.

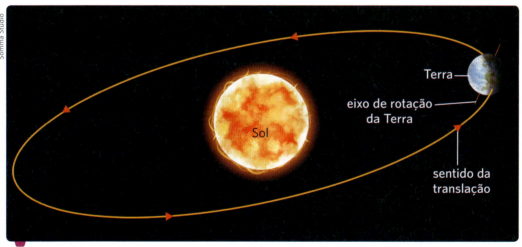

Representação do movimento de translação da Terra.

Representação sem proporção de tamanho e de distância entre os astros. Cores-fantasia.

Fonte de pesquisa: Movimento anual do Sol e as estações do ano. *Instituto de Física da Universidade Federal do Rio Grande do Sul*. Disponível em: <http://astro.if.ufrgs.br/tempo/mas.htm>. Acesso em: 26 set. 2018.

O eixo de inclinação da Terra, associado à curvatura desse planeta e à posição que ele ocupa durante o movimento de translação, faz que cada hemisfério terrestre receba diferentes intensidades de energia luminosa do Sol ao longo do ano. Essa variação na incidência de luz solar ao longo do movimento de translação pode alterar características do clima em diferentes locais da Terra, resultando nas estações do ano.

Estações do ano

4 De que forma você acha que a variação da intensidade de luz solar que atinge as regiões terrestres pode interferir na ocorrência das estações do ano?

Agora, vamos conhecer a relação entre a intensidade de energia luminosa que cada hemisfério terrestre recebe do Sol durante o movimento de translação da Terra e as estações do ano.

5 Qual é estação do ano no Brasil neste momento?

A **Entre 20 e 21 de março**: os hemisférios Norte e Sul recebem aproximadamente a mesma intensidade de luz solar – inicia-se o outono no hemisfério Sul e a primavera no hemisfério Norte.

Pessoas em um parque com cerejeiras floridas durante primavera em Sapporo, no Japão, em maio de 2018.

Árvores com as folhas mudando de coloração para então secarem e caírem durante o outono no Ushuaia, Argentina, em abril de 2017.

ACESSE O RECURSO DIGITAL

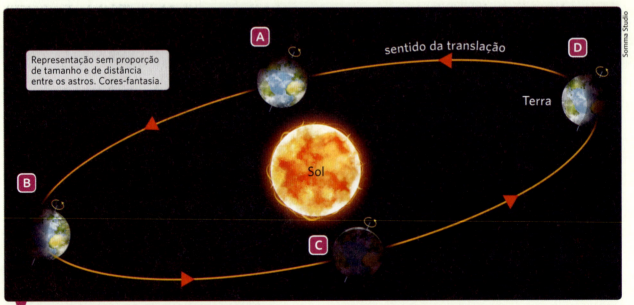

Representação do movimento de translação da Terra, destacando as posições da Terra em quatro momentos do movimento, que se referem aos equinócios e aos solstícios. A Terra não se apresenta em quatro posições ao mesmo tempo.

Fonte de pesquisa: Movimento anual do Sol e as estações do ano. *Instituto de Física da Universidade Federal do Rio Grande do Sul*. Disponível em: <http://astro.if.ufrgs.br/tempo/mas.htm>. Acesso em: 5 out. 2018.

6 Considerando a estação do ano que está ocorrendo em nosso país no momento, qual é a atual estação do ano na China e na Nova Zelândia?

Como você estudou anteriormente, as posições que a Terra ocupa na órbita em torno do Sol em que os dois hemisférios recebem aproximadamente a mesma intensidade de luz solar são chamadas **equinócios**. Já as posições em que um hemisfério terrestre recebe maior intensidade de luz solar são chamadas **solstícios.**

7 Cite as estações do ano que ocorrem durante os equinócios e as que ocorrem durante os solstícios.

B **Entre 22 e 23 de junho**: há maior incidência de raios solares no hemisfério Norte – é o início do verão nesse hemisfério e o início do inverno no hemisfério Sul.

Pessoas praticando patinação sobre o lago Rink, congelado, em Melbourne, Austrália, em junho de 2016.

Pessoas na praia durante o verão em Indiana, Estados Unidos, em julho de 2018.

C **Entre 22 e 23 de setembro**: os hemisférios Norte e Sul recebem aproximadamente a mesma intensidade de luz solar – inicia-se o outono no hemisfério Norte e, no hemisfério Sul, a primavera.

Árvores perdendo suas folhas em Alberta, Canadá, em outubro de 2016.

Festival de comemoração da primavera em Canberra, Austrália, em setembro de 2013.

D **Entre 22 e 23 de dezembro**: há maior incidência de raios solares no hemisfério Sul – é o início do verão nesse hemisfério e o início do inverno no hemisfério Norte.

Pessoas na praia de Ipanema, na capital do estado do Rio de Janeiro, em dezembro de 2017.

Rua coberta com neve em Moscou, Rússia, em janeiro de 2018.

As estações do ano no Brasil

Leia a tira a seguir.

Antonio Luiz Ramos Cedraz. *Turma do Xaxado*. Salvador: Editora e Estúdio Cedraz, 2005. v. 4. p. 6.

Agora, leia o trecho da reportagem abaixo e observe a fotografia.

Inverno começa com temperaturas baixas em SC; estiagem e frio são esperados durante estação

Na madrugada, em Urupema foi registrada a mínima de -1,2 °C e em Bom Jardim da Serra fez -0,4 °C.

G1 Santa Catarina, 21 jun. 2018. Disponível em: <https://g1.globo.com/sc/santa-catarina/noticia/inverno-comeca-com-temperaturas-baixas-em-sc-estiagem-e-frio-sao-esperados-durante-estacao.ghtml>. Acesso em: 26 set. 2018.

Vegetação congelada no município de Urupema, estado de Santa Catarina, em 2017.

8 Com base na tira, na região em que as personagens residem todas as estações do ano apresentam características bem definidas? Justifique sua resposta.

9 Com base na tira e no trecho da reportagem acima e sabendo-se que as personagens da tira residem na Região Nordeste, você acha que o inverno apresenta características semelhantes nas regiões Nordeste e Sul do Brasil? Justifique sua resposta.

Como você pôde perceber ao ler a tira e o trecho da reportagem acima, as características das estações do ano podem variar entre as diferentes regiões brasileiras.

As regiões que se localizam na zona intertropical, ou seja, entre os trópicos de Câncer e de Capricórnio, caracterizam-se por apresentar temperaturas elevadas durante o ano todo. Isso ocorre porque nessa zona os raios solares incidem com maior intensidade e não sofrem grandes variações ao longo do ano. Geralmente, nessas áreas, as estações do ano se caracterizam por apresentar períodos de chuva e de seca.

Já as regiões localizadas nas chamadas zonas temperadas caracterizam-se por apresentar maior variação de temperatura. Isso ocorre porque nessas zonas os raios solares incidem com diferentes intensidades ao longo do ano, sofrendo maior influência do movimento de translação, do formato da Terra e da inclinação de seu eixo de rotação. Geralmente, nessas regiões, as estações do ano são bem definidas, ou seja, apresentam verões chuvosos e com temperaturas elevadas, invernos com menor ocorrência de chuvas e temperaturas baixas e outono e primavera com temperaturas amenas.

Representação sem proporção de tamanho. Cores-fantasia.

Fonte de pesquisa: *Atlas geográfico escolar*. 6. ed. Rio de Janeiro: IBGE, 2012. p. 18.

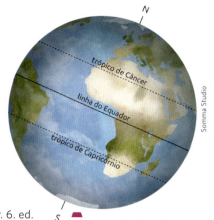

Representação do globo terrestre.

As estações do ano e a migração das aves

As estações do ano interferem direta ou indiretamente nos seres vivos, como as aves. Esses animais se deslocam para diferentes regiões da Terra por diferentes motivos, como maior disponibilidade de alimentos e temperaturas mais amenas, retornando para o local de origem após certo período de tempo.

O maçarico-branco, também conhecido como pilrito-das-praias, é um exemplo de ave migratória. Ela se reproduz no hemisfério Norte, durante o verão, e, quando o outono começa nessa região, alguns indivíduos dessa espécie migram para o hemisfério Sul, onde é primavera, em busca de maior disponibilidade de alimento. Eles permanecem nessas regiões até o período de reprodução, quando retornam para o hemisfério Norte.

Até chegar ao seu destino, as aves migratórias percorrem grandes distâncias, podendo seguir várias rotas e, assim, passar por diversas cidades e diferentes estados e países. O Brasil, por exemplo, é rota de muitas espécies de aves migratórias, como as andorinhas-do-mar, as mariquitas, as batuíras-bicudas e o maçarico-branco.

Maçaricos-brancos voando sobre mar na Holanda, em 2014.

comprimento do maçarico-branco: aproximadamente 20 cm

Maçarico-branco buscando alimento na margem da Lagoa Mirim, no município de Rio Grande, estado do Rio Grande do Sul, em 2015.

▶ **Aprenda mais**

No *site* do *Centro de Previsão de Tempo e Estudos Climáticos* (CPTEC) você encontra mais informações a respeito das estações do ano no Brasil.

Centro de Previsão de Tempo e Estudos Climáticos. Disponível em: <http://linkte.me/h6f8z>. Acesso em: 26 set. 2018.

Vivenciando a Ciência

Os movimentos que a Terra realiza ao redor do próprio eixo e ao redor do Sol influenciam a ocorrência de alguns fenômenos naturais e são essenciais para a existência de vida na Terra.

• Como o eixo de inclinação da Terra, sua curvatura e o movimento de translação que esse planeta realiza influenciam na ocorrência das estações do ano?

Materiais necessários

- suporte de lâmpada com fio e plugue elétricos
- globo terrestre
- fita adesiva
- régua
- lâmpada
- 2 cartolinas pretas
- lápis
- 4 etiquetas

Como proceder

A Com a fita adesiva, prenda uma cartolina à outra de maneira que se obtenha um retângulo de aproximadamente 90 x 60 cm.

B Utilizando a régua, marque o centro da cartolina com o lápis. Peça a um adulto que rosqueie a lâmpada no bocal do suporte e que o fixe sobre esse ponto, utilizando a fita adesiva.

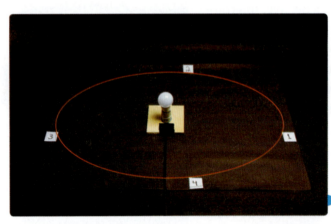

C Com o lápis, marque o centro de cada um dos lados da cartolina. Em seguida, trace uma elipse começando pelo menor lado. Por fim, identifique os pontos com **1**, **2**, **3** e **4**, em sentido anti-horário, usando as etiquetas.

Imagem referente à etapa **C**.

D Coloque o globo terrestre na posição **1**, com a extremidade superior do eixo de rotação voltado para a direita, como mostra a imagem.

Imagem referente à etapa **D**.

E Desligue as luzes do ambiente, feche as cortinas e ligue a lâmpada.

> **DICA!**
> Para um melhor resultado, realize essa atividade em um ambiente com pouca luminosidade.

Imagem referente à etapa **E**.

F Movimente o globo terrestre pelos quatro pontos indicados (**1** a **4**), sempre com a extremidade superior do eixo de rotação voltada para a direita.

G Observe a incidência da luz sobre o globo terrestre nos quatro pontos, anotando suas observações no caderno.

Minhas observações

1. O que a elipse que você traçou na etapa **C** representa?
2. O que representa a movimentação do globo terrestre que você realizou na etapa **F**?
3. O que a lâmpada representa?
4. Considerando a incidência da luz no globo, o que esse modelo representa?
5. Quais são as estações do ano representadas em cada um dos quatro pontos para o hemisfério Norte e para o hemisfério Sul?
6. Em quais pontos o globo terrestre encontra-se na posição de equinócio? E na de solstício?

Nossas conclusões

1. Compare suas observações com as de seus colegas. O que vocês podem concluir ao realizar a etapa **G**?
2. Junte-se a outros três colegas e retomem as respostas que vocês deram à questão inicial, conversando sobre elas e, se necessário, corrigindo-as ou complementando-as.

Agora é com você!

- Como você acha que seria a incidência de luz solar na Terra caso não existisse a inclinação do eixo imaginário de rotação da Terra? Elabore uma atividade para verificar essa informação.
- Junte-se a dois colegas para elaborar essa atividade prática. Não se esqueçam de detalhar o passo a passo para a realização da atividade, destacando os materiais necessários.
- Realizem a atividade e apresentem-na aos outros grupos, explicando o que ocorre.

Ampliando fronteiras

Tecnologia, produção de alimentos e estações do ano

Ao ler o título desta seção, você pode estar se perguntando como a tecnologia, a produção de alimentos e as estações do ano podem estar relacionadas entre si. E, para ajudar você a responder a essa questão, primeiramente, reflita sobre a seguinte informação: as plantas, assim como os animais, são seres vivos e, por isso, precisam de condições ideais para se reproduzir e se desenvolver. Apesar de vivermos em um país predominantemente tropical, em algumas regiões, em determinadas estações do ano, são observadas temperaturas baixas e até mesmo geadas, enquanto em outras ocorrem longos períodos sem chuva. Essas condições não são adequadas para o cultivo de algumas plantas.

No entanto, independentemente da estação do ano, os alimentos são comercializados e precisam ser cultivados. Pensando nisso, foram desenvolvidas tecnologias que permitem o cultivo de plantas e a criação de animais mesmo em condições adversas de temperatura e de disponibilidade de água. A seguir, vamos conhecer algumas delas.

Estufa

Em locais onde a temperatura é muito baixa durante o inverno, os agricultores podem cultivar hortaliças em estufas.

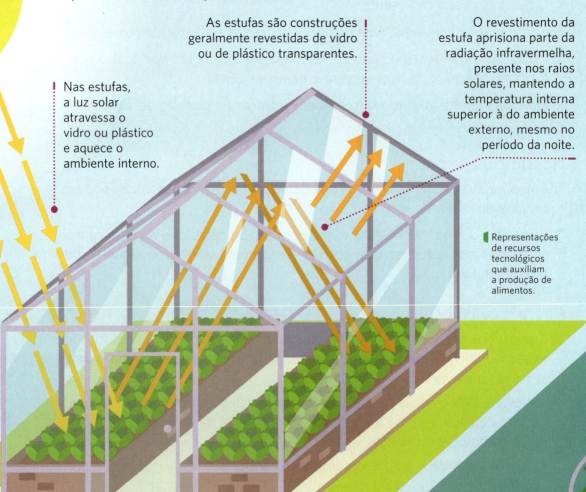

As estufas são construções geralmente revestidas de vidro ou de plástico transparentes.

O revestimento da estufa aprisiona parte da radiação infravermelha, presente nos raios solares, mantendo a temperatura interna superior à do ambiente externo, mesmo no período da noite.

Nas estufas, a luz solar atravessa o vidro ou plástico e aquece o ambiente interno.

Representações de recursos tecnológicos que auxiliam a produção de alimentos.

Rodrigo Gafa

32

1. De que forma a tecnologia pode ser relacionada com as estações do ano e com a produção de alimentos pela agricultura?

2. A tecnologia, de maneira geral, pode ser relacionada ao desenvolvimento de algumas regiões. A região Nordeste, por exemplo, foi considerada, durante muito tempo, uma região pouco produtiva, onde a população desenvolvia principalmente a agricultura de subsistência. Nesse caso, a irrigação foi essencial para o desenvolvimento econômico e social da região. Faça uma pesquisa sobre esse assunto e, em seguida, produza um texto em seu caderno com as informações pesquisadas.

3. Além da tecnologia, é preciso preparar o solo e ter alguns cuidados com o plantio. Faça uma pesquisa sobre o nome do profissional responsável por orientar os agricultores.

4. A tecnologia e as pesquisas científicas são importantes não apenas para a agricultura, como para a criação de animais. Faça uma pesquisa e cite uma tecnologia que possibilita a criação de animais em condições adversas em determinadas estações do ano.

Proteção às geadas

Em alguns locais, durante o inverno, podem ocorrer geadas, que se caracterizam pela formação de cristais de gelo na superfície terrestre e na vegetação. Esse fenômeno pode ser prejudicial e causar a morte de algumas plantas. Baseados na previsão do tempo, antes da chegada da geada, os agricultores conseguem proteger suas plantações com diferentes métodos, como a cobertura das plantas.

Irrigação

Em algumas regiões do Brasil ocorrem longos períodos sem chuva. A luz solar intensa, as características do solo e a falta de água são alguns fatores que podem dificultar o cultivo de certas plantas nesses locais. Nesse caso, uma das soluções é a irrigação. Um recurso tecnológico que foi desenvolvido para auxiliar na irrigação é o bombeamento de água de cisternas com o uso da energia solar.

Em alguns locais da Região Nordeste, por exemplo, a água das chuvas é armazenada em grandes tanques chamados cisternas. A água das cisternas, por sua vez, é bombeada para irrigar as plantações. A energia elétrica necessária ao funcionamento da bomba é gerada em placas fotovoltaicas que transformam a energia presente na luz solar em energia elétrica.

As plantas são cobertas com plásticos ou tecidos especiais antes da geada, criando um microclima abaixo dessa proteção e evitando o acúmulo de gelo nessas plantas.

cisterna

Representação sem proporção de tamanho. Cores-fantasia.

Atividades

1. Sobre o movimento de translação da Terra e as estações do ano, copie as frases a seguir no caderno corrigindo aquelas que apresentam informações incorretas.

   a) Entre 22 e 23 de dezembro, a intensidade de luz solar e de energia térmica proveniente do Sol é maior no hemisfério Norte, caracterizando a primavera nesse hemisfério.

   b) A ocorrência das estações do ano depende unicamente do movimento de translação da Terra.

   c) Entre 22 e 23 de setembro, ambos os hemisférios terrestres recebem aproximadamente a mesma intensidade de luz solar, marcando o início do outono no hemisfério Norte e o início da primavera no hemisfério Sul.

   d) As estações do ano apresentam as mesmas características em qualquer região da Terra.

2. Leia o trecho da reportagem a seguir e responda à questão.

   Seca de 2012 a 2017 no semiárido foi a mais longa na história do Brasil

   [...]

   A seca que castigou o semiárido brasileiro de 2012 a 2017, em especial o sertão do Nordeste, foi a pior da história já registrada no Brasil, aponta levantamento do Inmet (Instituto Nacional de Meteorologia) [...].

   "Hoje a seca atinge menos gente do que em meados do século passado", explica o pesquisador. "A tecnologia, o desenvolvimento econômico e social e o aparato de assistência social são muito mais sofisticados. As pessoas sofrem menos".

   [...]

   Aiuri Rebello. Seca de 2012 a 2017 no semiárido foi a mais longa na história do Brasil. *UOL*, São Paulo, 3 mar. 2018. Ciência e Saúde. Disponível em: <https://noticias.uol.com.br/meio-ambiente/ultimas-noticias/redacao/2018/03/03/seca-de-2012-a-2017-no-semiarido-foi-a-mais-longa-da-historia.htm>. Acesso em: 26 set. 2018.

   - Por que você acha que o trecho da reportagem cita que atualmente a seca atinge menos a população e as pessoas sofrem menos, em comparação com meados do século passado?

3. Leia a manchete a seguir.

   Energia economizada com o horário de verão abasteceria Campinas por 8 dias

   G1 Campinas e Região, 17 fev. 2018. Disponível em: <https://g1.globo.com/sp/campinas-regiao/noticia/energia-economizada-com-o-horario-de-verao-abasteceria-campinas-por-8-dias.ghtml>. Acesso em: 26 set. 2018.

   Faça uma pesquisa e converse com os colegas sobre os seguintes itens: o que é o horário de verão; por que ele entra em vigor durante o verão, em algumas regiões do Brasil; como ele pode favorecer a economia de energia elétrica.

4. As estações do ano apresentam características bem definidas em determinadas regiões do planeta. Veja as fotografias a seguir.

Central Park em Nova York, Estados Unidos, em janeiro de 2016.

Central Park em Nova York, Estados Unidos, em agosto de 2017.

a) Observando as legendas das imagens acima, qual é a estação do ano em que cada uma dessas fotografias foi registrada?

b) Na região em que você vive, as estações do ano são bem definidas como nas fotografias apresentadas acima?

c) Por que em algumas regiões da Terra as estações do ano são bem definidas e em outras a diferenciação entre as estações não é muito evidente?

d) Quanto às características das estações do ano nos locais em que elas são bem definidas, identifique quais frases a seguir estão corretas.

   I) No verão, geralmente, as temperaturas são mais elevadas e os dias mais longos.

   II) No inverno, geralmente, as temperaturas são mais baixas e os dias mais curtos.

   III) No outono e na primavera, geralmente, as temperaturas são mais amenas e os períodos do dia e da noite apresentam duração semelhante.

5. Leia a tira.

Alexandre Beck. *Armandinho Um*. Florianópolis: A. C. Beck, 2014. p. 40.

a) Copie o texto a seguir substituindo as letras **A** e **B** pelas palavras do quadro que o completam corretamente.

> iguais • diferentes • verão • primavera • outono • inverno

Armandinho vive no Brasil. Ele cita que as férias de inverno devem ser no hemisfério Norte porque as estações ocorrem em épocas **A** do ano entre os hemisférios terrestres. Assim, se é inverno no Brasil, é **B** no hemisfério Norte.

b) Observando a tira, você acha que as estações do ano interferem na vida das pessoas? Converse com os colegas sobre esse assunto.

CAPÍTULO 3
Condições atmosféricas – tempo e clima

Leia a tira abaixo.

Mauricio de Sousa. Climakids. *Turma da Mônica*. Disponível em: <www.climakids.com.br/quadrinhos/5>. Acesso em: 1º out. 2018.

1. De acordo com a tira, por que Cascão sugeriu à Cascuda que terminassem o namoro?
2. Que diferenças podemos observar entre as condições atmosféricas do primeiro e do último quadrinho?
3. Você já vivenciou uma situação em que as condições atmosféricas mudaram bruscamente ao longo de um dia? Em caso afirmativo, conte aos seus colegas como foi.
4. Você já ouviu falar em tempo e clima? O que você sabe sobre esse assunto?
5. Em sua opinião, é possível prever as condições atmosféricas ao longo de um dia ou para os próximos dias? Justifique sua resposta.

A tira acima retrata uma situação em que ocorreram variações nas condições atmosféricas, as quais podem acontecer ao longo de um mesmo dia. Em nosso dia a dia comumente ouvimos falar em tempo e clima. Apesar de muitas vezes serem incorretamente considerados sinônimos, tempo e clima são dois conceitos diferentes.

Chamamos de **tempo** as condições atmosféricas em determinado momento e local, e que podem variar em um curto intervalo de tempo, como ao longo de um mesmo dia.

Já o **clima** se refere às condições atmosféricas que caracterizam determinada região. Para a determinação do clima, é preciso acompanhar as condições atmosféricas por um longo período de tempo, pelo menos 30 anos.

O Brasil é um país de grande extensão territorial. Além disso, as diferentes regiões podem sofrer influência de diferentes fatores como relevo, vegetação, altitude, latitude e dinâmica das massas de ar e das correntes marítimas. Como resultado, diferentes tipos de clima podem ser observados no Brasil. A seguir, vamos estudar como cada um dos fatores citados acima interfere no clima.

A distância em relação aos grandes volumes de água, como mares e oceanos, pode influenciar no clima de determinada região.

O continente se aquece mais rapidamente que a água, mas também dissipa esse calor mais rapidamente. Por isso, áreas localizadas no continente estão sujeitas à ação da **continentalidade** e sofrem maior variação de temperatura.

A água, por sua vez, demora mais tempo para se aquecer e dissipa o calor mais lentamente. Por isso, regiões costeiras sofrem influência da **maritimidade**, com menor variação de temperatura entre os períodos do dia e da noite.

A **latitude** é uma coordenada geográfica que se refere à distância em relação à linha do Equador, para norte ou para sul. Devido à inclinação do eixo imaginário de rotação da Terra e ao formato aproximadamente esférico do planeta, quanto mais distante da linha do Equador, menor é a incidência de luz solar e, consequentemente, de calor. Como resultado, regiões localizadas em grandes latitudes apresentam menor temperatura média.

Temperaturas mais elevadas, por sua vez, favorecem a formação de vapor-d'água e, consequentemente, de chuvas.

A **altitude** se refere à distância vertical em relação ao nível do mar. Quanto maior a altitude, menor é a temperatura. Isso ocorre por causa da menor retenção de calor devido à composição da atmosfera em grandes altitudes. Nesses locais, o ar é mais rarefeito, ou seja, há menor concentração de gases em determinado volume de ar, resultando em menor retenção de calor.

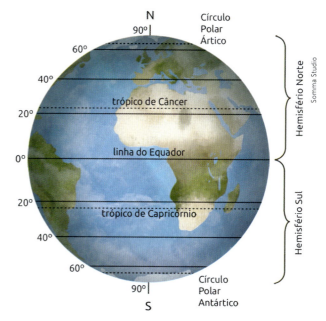

Representação sem proporção de tamanho. Cores-fantasia.

Fonte de pesquisa: *Atlas geográfico escolar*. 6. ed. Rio de Janeiro: IBGE, 2012. p. 18.

Representação do globo terrestre, com destaque aos paralelos.

Monte Fuji, Japão, em 2016. Montanhas muito elevadas, geralmente, apresentam neve em seu cume. Devido à menor retenção de calor, em áreas de grande altitude, observam-se baixas temperaturas, possibilitando a formação de neve. O monte Fuji tem aproximadamente 3 770 m de altura.

As **massas de ar** são grandes porções de ar que se deslocam pela atmosfera terrestre e apresentam características como temperatura, pressão e umidade uniformes em toda sua extensão. Essas características estão de acordo com a região onde se formaram, a qual pode ser polar continental, geralmente fria, seca e estável; polar marítima, geralmente fria, úmida e instável; tropical marítima, geralmente quente, úmida e instável; tropical continental, geralmente quente, seca e instável; equatorial marítima, geralmente quente e úmida; e equatorial continental, geralmente quente e menos úmida.

Ao se deslocarem, as massas de ar carregam consigo as características dos locais onde se formaram e provocam grandes modificações locais no tempo por onde passam. Elas podem provocar instabilidades, favorecendo a formação de nuvens que geram chuvas, tempestades, a formação de ventos, de nevoeiros, entre outras condições atmosféricas.

Imagem de satélite mostrando nuvens que se formaram no encontro de massas de ar na América do Sul, em 1º de janeiro de 2018.

O **relevo** se refere às formas observadas na superfície terrestre, como planaltos e planícies. O relevo também influencia na temperatura e consequentemente no clima das diferentes regiões, pois, além da variação de altitude, as formas observadas na superfície terrestre podem dificultar ou facilitar a circulação das massas de ar.

Vista aérea da Serra da Mantiqueira, no município de Piquete, estado de São Paulo, em 2017. Essa serra é uma formação do relevo que facilita a circulação da massa Polar Atlântica.

As **correntes marítimas** são fluxos de água que se deslocam pelos oceanos e mares do planeta, podendo ou não ser ordenados. Essas correntes apresentam características específicas, como temperatura e umidade. Por isso, influenciam na temperatura e na umidade do ar atmosférico sobre esses corpos-d'água.

As correntes marítimas contribuem para determinar as características das massas de ar próximas e, consequentemente, as condições atmosféricas por onde essas massas de ar se deslocam.

Correntes marítimas

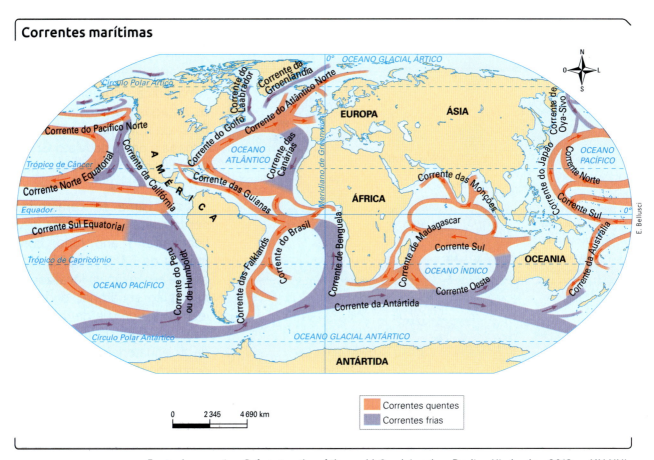

Fonte de pesquisa: *Reference atlas of the world*. 9. ed. London: Dorling Kindersley, 2013. p. XX-XXI.

A **vegetação**, principalmente a de grande porte, dificulta a incidência direta dos raios solares sobre o solo. Além disso, as plantas liberam vapor de água para a atmosfera terrestre. Assim, a presença de vegetação pode interferir na temperatura e na umidade do ar atmosférico. Locais com pouca ou nenhuma vegetação tendem a ser mais quentes e com umidade do ar mais reduzida.

Interior de Mata Atlântica na serra do Mar, no município de São Sebastião, estado de São Paulo, em 2015. O interior da Mata Atlântica se caracteriza pela baixa incidência de luz solar e pela alta umidade do ar.

39

Climas do Brasil

O Brasil apresenta cinco principais tipos de clima: equatorial, semiárido, tropical úmido, tropical típico e subtropical. Veja a seguir algumas características e a localização em que predomina cada um desses climas.

Fonte de pesquisa: Ercília Torres Steinke. *Climatologia fácil*. São Paulo: Oficina de Textos, 2012. p. 18.

Clima equatorial

O clima equatorial é predominante em grande parte da Região Norte do país, principalmente na região da floresta Amazônica, compreendendo os estados do Amazonas, do Pará, de Roraima, do Acre, do Amapá e parte do Mato Grosso, de Rondônia, do Maranhão e do Tocantins.

Esse clima se caracteriza por temperaturas elevadas praticamente o ano todo, com médias de 27 °C e 28 °C. Isso ocorre em razão da localização na região equatorial, onde há intensa incidência de raios solares e influência das massas de ar equatoriais. Nesse clima ocorrem chuvas abundantes, com **índice pluviométrico** médio de 2 300 mm ao ano, podendo chegar até 3 500 mm.

Clima tropical típico ▲ Glossário

O clima tropical típico é predominante em grande parte da região central do país. Ele é caracterizado por temperaturas médias de 24 °C, chuvas abundantes no verão e estiagem no inverno, com índice pluviométrico médio de 1 500 mm ao ano.

Esse clima ocorre em uma região de transição entre o Cerrado, a floresta Amazônica (Noroeste e Norte), o Pantanal (Sudoeste e Oeste), a Caatinga (Nordeste) e a Mata Atlântica (Leste, Sudeste e Sul), cujo clima recebe influências das massas de ar equatoriais e tropicais.

▶ Cerrado no município de Alto Paraíso de Goiás, estado de Goiás, em 2017. Região de clima tropical típico.

40

Clima semiárido

O clima semiárido é predominante no interior da Região Nordeste do país e se caracteriza por apresentar temperaturas elevadas, com média de 26 °C, durante o ano todo. Além disso, observam-se longos períodos de estiagem com as chuvas ocorrendo em poucos meses do ano, resultando em índice pluviométrico médio de 500 mm ao ano. Um dos fatores é a irregularidade da ação das massas de ar.

Esse clima influencia a vegetação de transição entre a floresta Amazônica e a Caatinga, denominada mata dos cocais.

Caatinga no município de Carnaúba dos Dantas, estado do Rio Grande do Norte, durante período de chuvas em 2018.

Clima tropical úmido

O clima tropical úmido é predominante nas áreas litorâneas do Brasil. Apresenta temperatura média de 24 °C e chuvas abundantes ao longo do ano, com índice pluviométrico médio de 1800 mm.

As temperaturas nesse tipo de clima tendem a ser mais amenas durante o inverno, por conta da atuação da massa de ar polar.

Vista aérea da praia da Tiririca, no município de Itacaré, estado da Bahia, em 2018.

Clima subtropical

O clima subtropical é predominante na maioria dos estados da região Sul do país. Esse clima caracteriza-se por apresentar verões quentes e chuvas bem distribuídas durante o ano, com índice pluviométrico médio de 1500 mm.

Em razão da influência de massas de ar polares, originadas de médias e elevadas latitudes, durante o inverno as temperaturas registradas nas regiões de clima subtropical são mais amenas, com média de 18 °C. Nos períodos de inverno podem ocorrer geada e neve em algumas áreas de clima subtropical.

Geada em São Joaquim, estado de Santa Catarina, em 2018.

Ampliando fronteiras

Rios voadores

Como você estudou anteriormente, a pluviosidade é uma característica dos diferentes tipos de clima. A ocorrência de chuvas está intimamente relacionada com a quantidade de vapor de água existente na atmosfera terrestre. No Brasil, observa-se um fenômeno natural chamado rios voadores e que está relacionado com a ocorrência de chuvas em diferentes regiões do país. Veja a seguir.

2 A intensa **evapotranspiração** retorna para a atmosfera uma grande quantidade de vapor de água.

< Glossário

3 O ar carregado de umidade se dissipa pela atmosfera terrestre chegando até a Cordilheira dos Andes. Nela, parte da umidade precipita como chuva, formando as cabeceiras dos rios da Amazônia.

Representação sem proporção de tamanho. Cores-fantasia.

1 A umidade proveniente do oceano Atlântico se movimenta em direção à floresta Amazônica, onde precipita em forma de chuva.

4 As massas de ar continuam se movimentando pelo Brasil, carregando umidade para as regiões Sudeste e Sul, onde ocorrem chuvas que alimentam os reservatórios dessas regiões.

Representação de como ocorre o fenômeno conhecido como rios voadores.

Fonte de pesquisa: Fenômeno dos rios voadores. *Expedição rios voadores*. Disponível em: <http://riosvoadores.com.br/o-projeto/fenomeno-dos-rios-voadores/>. Acesso em: 5 out. 2018.

42

Os rios voadores são massas de ar carregadas de vapor de água. Essas massas de ar se originam no oceano Atlântico e se dissipam para diferentes regiões do Brasil, carregando umidade, a qual, em condições adequadas, resulta na ocorrência de chuvas.

Dessa forma, os rios voadores levam chuvas a centenas de cidades, campos cultivados e pastos, represas, rios e lagos, em diferentes regiões do Brasil.

A floresta Amazônica tem papel fundamental na formação e manutenção dos rios voadores e, consequentemente, na ocorrência de chuvas em diferentes regiões do Brasil.

Apesar de sua importância, a floresta Amazônica vem sendo devastada pelo ser humano por meio do desmatamento, das queimadas e da atividade madeireira.

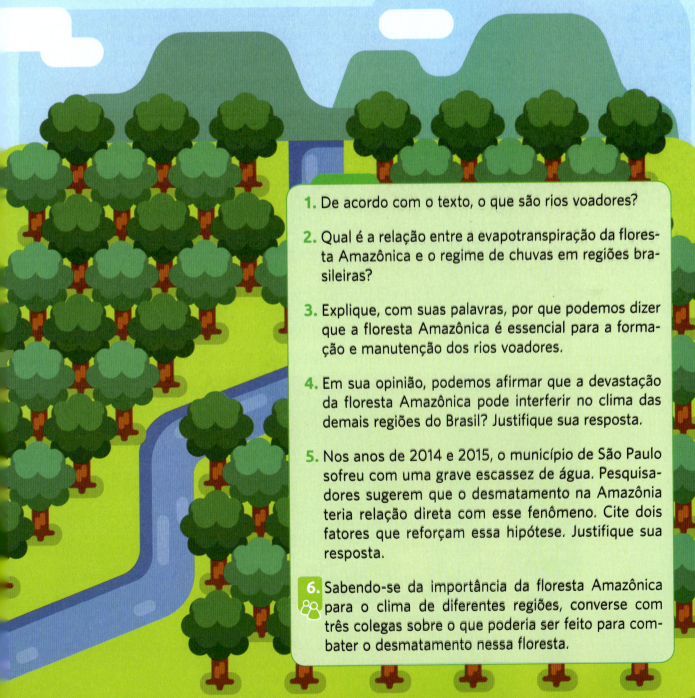

1. De acordo com o texto, o que são rios voadores?

2. Qual é a relação entre a evapotranspiração da floresta Amazônica e o regime de chuvas em regiões brasileiras?

3. Explique, com suas palavras, por que podemos dizer que a floresta Amazônica é essencial para a formação e manutenção dos rios voadores.

4. Em sua opinião, podemos afirmar que a devastação da floresta Amazônica pode interferir no clima das demais regiões do Brasil? Justifique sua resposta.

5. Nos anos de 2014 e 2015, o município de São Paulo sofreu com uma grave escassez de água. Pesquisadores sugerem que o desmatamento na Amazônia teria relação direta com esse fenômeno. Cite dois fatores que reforçam essa hipótese. Justifique sua resposta.

6. Sabendo-se da importância da floresta Amazônica para o clima de diferentes regiões, converse com três colegas sobre o que poderia ser feito para combater o desmatamento nessa floresta.

43

Atividades

1. Explique a diferença entre clima e tempo. Em seguida, exemplifique cada um dos termos de acordo com o local em que você vive.

2. Leia atentamente as frases a seguir e reescreva em seu caderno apenas as que forem relacionadas ao clima.

    I) Em janeiro costuma chover muito na região de São Paulo.

    II) Na Região Centro-Oeste do Brasil as temperaturas médias anuais são superiores a 18 °C e a amplitude térmica, ou seja, a diferença entre as temperaturas máxima e mínima, atinge até 7 °C.

    III) Hoje o dia será ensolarado e com temperaturas elevadas em Cuiabá.

    IV) Na Região Sul, as chuvas são bem distribuídas ao longo do ano.

    V) A chegada de uma massa de ar frio reduz as temperaturas e aumenta a possiblidade de ocorrência de geada.

3. Observe as fotografias a seguir.

Município de São Joaquim, estado de Santa Catarina, em 2017.

Capital do estado do Rio de Janeiro, em 2018.

- Analisando as imagens acima, você acha que as condições atmosféricas influenciam a vida das pessoas? Justifique sua resposta.

4. Leia as manchetes abaixo.

Turistas fogem do frio do sul do Brasil e aproveitam férias no nordeste

R7, 15 ago. 2018. Disponível em: <https://noticias.r7.com/fala-brasil/videos/turistas-fogem-do-frio-do-sul-do-brasil-e-aproveitam-ferias-no-nordeste-15082018>. Acesso em: 5 out. 2018.

Frio, música clássica e gastronomia atraem turistas a Campos do Jordão no inverno

G1, 21 jun. 2018. Disponível em: <https://g1.globo.com/sp/vale-do-paraiba-regiao/inverno/2018/noticia/frio-musica-classica-e-gastronomia-atraem-turistas-a-campos-do-jordao-no-inverno.ghtml>. Acesso em: 5 out. 2018.

- Em sua opinião, podemos dizer que o clima influencia a economia no Brasil? Justifique sua resposta.

5. Observe as imagens e analise as informações das legendas. Em seguida, responda às questões.

Plantação de palma no município de Cabaceiras, estado de Pernambuco, em 2016.

Plantação de trigo no município de Ijuí, estado do Rio Grande do Sul, em 2017.

a) Identifique o clima predominante nos municípios citados nas fotografias acima.

b) Cite algumas das principais influências das massas de ar na caracterização desses climas.

c) Você acha que o clima pode influenciar a agricultura? Em caso afirmativo, de que maneira?

d) Faça uma pesquisa sobre as produções agrícolas que são adequadas ao clima da região em que você reside.

6. Observe novamente o mapa dos climas do Brasil, apresentado na página **40**, e responda às questões.

a) Qual o clima predominante nas regiões Norte, Nordeste, Sudeste, Centro-Oeste e Sul?

b) Qual é o clima que apresenta maior quantidade de chuvas? E o que apresenta menor quantidade de chuvas?

c) Qual é o clima que é observado em maior número de estados?

45

Alterações climáticas relacionadas às atividades humanas

Muitas das atividades desenvolvidas pelo ser humano provocam a emissão de gás carbônico, gás metano e outros gases que intensificam o efeito estufa natural do planeta Terra. O efeito estufa natural é essencial para manter a temperatura terrestre adequada à vida. Contudo, o aumento na concentração de alguns gases de efeito estufa intensifica esse efeito natural. Como resultado, as temperaturas médias da Terra se elevam, caracterizando o aquecimento global.

O aumento da temperatura média da Terra interfere na ocorrência e distribuição de chuvas e, a longo prazo, pode interferir no clima. Agora, vamos estudar algumas atividades humanas que podem interferir no clima.

As queimadas liberam diferentes gases poluentes para a atmosfera terrestre, como gás carbônico, metano, monóxido de carbono e óxido nitroso. Esses gases intensificam o efeito estufa natural da Terra. Além disso, as queimadas podem resultar em incêndios descontrolados que consomem grande área de vegetação.

Como você estudou anteriormente, a vegetação libera vapor de água no ambiente e reduz a incidência de luz solar diretamente no solo. Portanto, a remoção da cobertura vegetal por meio do desmatamento e das queimadas, por exemplo, reduz a umidade do ar e as chances de ocorrência de chuvas, além de contribuir para o empobrecimento do solo.

Representação sem proporção de tamanho. Cores-fantasia.

Representação de atividades humanas que contribuem para alterar o clima.

46

Combustíveis fósseis são amplamente utilizados em atividades industriais e nos transportes. A queima desses combustíveis emite gases poluentes que contribuem para a intensificação do efeito estufa natural.

O gás metano também é produzido durante os processos de decomposição de matéria orgânica. Os aterros sanitários são locais onde são depositados os resíduos sólidos produzidos nas residências. Como eles contêm matéria orgânica, esses aterros são locais de produção de gás metano.

O gás metano é liberado em diferentes processos naturais e artificiais. O processo de digestão de alimento em alguns animais, como os bovinos, libera grande quantidade de gás metano no ambiente. Por isso, atualmente, a pecuária é considerada uma importante fonte desse gás, que tem elevada capacidade de retenção de calor na atmosfera terrestre, auxiliando no aumento da temperatura.

47

Contribuindo para o equilíbrio ambiental

Nas páginas **46** e **47** você conheceu algumas atividades realizadas pelos seres humanos que podem interferir no clima. No entanto, tão importante quanto conhecer essas atividades é aprendermos algumas atitudes que podemos ter em nosso cotidiano e que ajudam a reduzir a emissão de gases que podem interferir no clima da Terra, favorecendo o equilíbrio ambiental.

Representação de atitudes que ajudam a diminuir a emissão de gases que contribuem para alterar o clima.

Oferecer ou pegar carona com colegas a fim de aproveitar a capacidade máxima do veículo.

Preferir o transporte coletivo, evitando a circulação excessiva de automóveis.

Sempre que possível, andar a pé ou de bicicleta.

Evitar o desperdício de alimentos. Os alimentos de origem animal e vegetal que não consumimos são descartados no ambiente, onde sofrem decomposição.

Reaproveitar partes de alimentos que seriam descartados para a produção de outros alimentos, evitando, assim, seu descarte.

Além disso, descartar as embalagens e garrafas nas lixeiras adequadas para reciclagem, se for o caso.

Representação sem proporção de tamanho. Cores-fantasia.

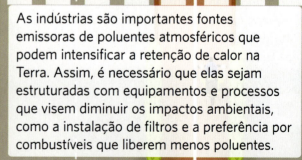

As indústrias são importantes fontes emissoras de poluentes atmosféricos que podem intensificar a retenção de calor na Terra. Assim, é necessário que elas sejam estruturadas com equipamentos e processos que visem diminuir os impactos ambientais, como a instalação de filtros e a preferência por combustíveis que liberem menos poluentes.

Em períodos de estiagem e redução dos níveis dos reservatórios de água das hidrelétricas. Por isso, devemos sempre economizar energia elétrica, em nossas residências, utilizando-a de maneira consciente. Isso porque, nesses períodos, como a geração de energia elétrica em hidrelétricas fica prejudicada, são acionadas as usinas termelétricas. Nelas, a energia elétrica é gerada com base na queima de combustíveis fósseis, aumentando a emissão de gases poluentes na atmosfera.

É importante manter a arborização urbana, que consiste nas árvores e plantas que compõem a paisagem de parques, praças, jardins e vias públicas, como calçadas e canteiros de ruas e avenidas. A existência de vegetação nos ambientes urbanos ajuda a reduzir a temperatura local e a aumentar a umidade.

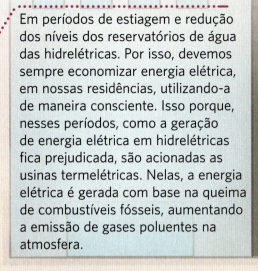

Somma Studio

Os agricultores devem adotar sistemas de produção sustentáveis que promovem, por exemplo, a recuperação de áreas de pastagem, a proteção do solo, a redução da necessidade de criação de novas áreas para agricultura ou pecuária e a redução no uso de agrotóxicos.

- Pesquise exemplos de indústrias responsáveis e práticas que possam contribuir com o equilíbrio ambiental. Compartilhe os resultados de sua pesquisa com os colegas.

Atividades

1. Leia o trecho da reportagem a seguir.

> **Veja possíveis efeitos das mudanças climáticas no Brasil**
> *Aquecimento global pode afetar regiões de formas diversas. Agricultura, regime hídrico e florestas correm risco.*

G1, 8 dez. 2015. Disponível em: <http://g1.globo.com/natureza/noticia/2015/12/veja-possiveis-efeitos-das-mudancas-climaticas-no-brasil.html>. Acesso em: 1º out. 2018.

- Explique, com suas palavras, como as mudanças climáticas podem afetar a agricultura, o regime de chuvas e as florestas.

2. Leia a manchete abaixo.

> **Impostos sobre carbono são necessários para combater mudança climática [...]**

Istoé, 19 set. 2018. Disponível em: <https://istoe.com.br/impostos-sobre-carbono-sao-necessarios-para-combater-mudanca-climatica-diz-bm/>. Acesso em: 6 out. 2018.

a) O carbono é um dos elementos que formam diferentes gases de efeito estufa, como o gás carbônico (CO_2) e o metano (CH_4). Assim, como você acha que a redução da emissão de carbono pode combater as mudanças climáticas?

b) Converse com seus colegas sobre a estratégia citada na manchete para combater as mudanças climáticas. Vocês concordam com essa medida e acham que ela pode ser eficaz?

c) Como cada um de nós pode contribuir para evitar ou minimizar as mudanças climáticas?

3. Em algumas regiões do Brasil, a energia elétrica é gerada em usinas eólicas. Observe a imagem ao lado. Em seguida, faça uma pesquisa e responda às questões.

a) Como a energia elétrica é gerada nas usinas eólicas?

b) Como as usinas eólicas podem ser uma alternativa para o combate às mudanças climáticas?

Turbinas de usina eólica no município de Trairi, estado do Ceará, em 2017.

50

Previsão do tempo

Observe o mapa a seguir.

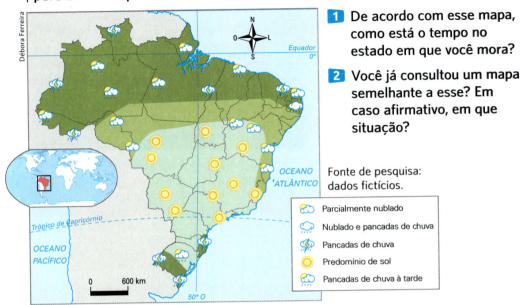

Previsão do tempo no Brasil para um dia específico

Fonte de pesquisa: dados fictícios.

1. De acordo com esse mapa, como está o tempo no estado em que você mora?

2. Você já consultou um mapa semelhante a esse? Em caso afirmativo, em que situação?

3. Em sua opinião, a previsão do tempo pode influenciar as atividades realizadas pelo ser humano? Em caso afirmativo, em quais situações influenciaria?

Ao sair de casa, geralmente olhamos para o céu com a intenção de verificar se vai chover ou não. Se houver muitas nuvens escuras no céu, provavelmente você irá levar um guarda-chuva para se proteger de uma possível chuva. Se o dia estiver ensolarado, provavelmente você irá vestir roupas leves e se proteger da ação nociva dos raios solares, usando óculos de sol e protetor solar, por exemplo. Essas e outras situações cotidianas envolvem a previsão do tempo.

A ciência que estuda as condições atmosféricas e auxilia na previsão do tempo é chamada **Meteorologia** e os profissionais que trabalham nessa área são chamados **meteorologistas**.

Há milhares de anos, os seres humanos já tinham o costume de observar as nuvens no horizonte e o comportamento dos animais na intenção de prever as condições do tempo. O conhecimento das condições do tempo era necessário para saber quando e como buscar alimento e abrigo, por exemplo.

Um dos mais importantes estudiosos gregos, Aristóteles (384 a.C.-322 a.C.), também desenvolveu estudos sobre os fenômenos meteorológicos. Naquela época, mesmo sem instrumentos adequados, como o termômetro, Aristóteles foi capaz de fazer previsões sobre as chuvas.

escultura de Aristóteles

Os fenômenos atmosféricos influenciam diretamente as atividades humanas, como a agricultura, a aviação e a navegação. Veja os exemplos abaixo.

Plantação de maçãs com telas de proteção contra granizo no município de São Joaquim, estado de Santa Catarina, em 2017. Na agricultura, a previsão do tempo é importante para planejar o plantio e a colheita e também para a prevenção contra geadas, granizo e secas.

Embarcação de pesca com pescador em alto-mar, nas proximidades de Fernando de Noronha, em 2017. Ventos muito fortes e tempestades podem comprometer a segurança das embarcações. Por isso a previsão do tempo é importante para a pesca.

▌ Fatores que influenciam a previsão do tempo

Para fazer previsões consistentes sobre o tempo é necessário analisar diversos fatores que interferem nas condições atmosféricas, como temperatura e umidade do ar, pressão atmosférica e movimento das massas de ar.

Temperatura do ar

Para a previsão do tempo, são consideradas as variações de temperatura ao longo do dia em um determinado local. Para isso, são registradas as temperaturas mínimas e máximas, com o auxílio de um termômetro ambiente.

Umidade do ar

A umidade do ar representa a quantidade de vapor de água presente nele. A quantidade máxima de vapor de água que o ar pode reter depende da temperatura atmosférica. Assim, de forma geral com o aumento da temperatura atmosférica o ar se torna menos úmido.

A umidade do ar pode ser medida com o uso de aparelhos, como o higrômetro.

Termômetro ambiente com as escalas Celsius (°C) e Farenheit (°F).

Nesse equipamento o valor de umidade é dado em porcentagem.

higrômetro

52

Pressão atmosférica

A pressão atmosférica é uma das propriedades do ar. Antes de estudar como ela influencia na previsão do tempo, vamos conhecer outras duas propriedades do ar: massa e volume.

4 Se esvaziarmos todas as bexigas de festa de apenas um dos lados do cabide na situação mostrada ao lado, o que vai acontecer?

Se, ao responder a questão acima, você citou que o cabide irá pender para o lado dos balões cheios de ar, mesmo que intuitivamente, você admitiu que o ar possui massa. Essa é uma das propriedades do ar que comprovam a sua existência.

O ar é matéria e, portanto, ocupa lugar no espaço. Se você observar um copo com água até a metade de sua capacidade, por exemplo, a outra metade está ocupada por ar. Como o volume se refere ao espaço ocupado por um corpo ou matéria, conclui-se que o ar possui volume.

Cabide com bexigas de festa presas em suas extremidades.

A atmosfera terrestre é formada por gases e partículas em suspensão e, por isso, tem massa e exerce pressão tanto sobre a superfície terrestre quanto sobre os corpos presentes nessa superfície. Essa pressão é chamada pressão atmosférica e atua sobre os corpos em todas as direções.

As massas de ar se deslocam das áreas de alta pressão atmosférica para as áreas de baixa pressão. Ao se movimentar, essas massas de ar carregam a umidade do local.

Representação da pressão atmosférica agindo sobre o corpo de uma pessoa e de um cachorro.

Desconsiderando a temperatura do ar, quanto maior a quantidade de vapor de água, menor é a pressão atmosférica. O ar rico em umidade sobe para as camadas superiores da atmosfera terrestre, onde as temperaturas são mais baixas, condensando esse vapor e precipitando na forma de chuva.

O barômetro é o instrumento que mede a pressão do ar.

Barômetro. O instrumento apresentado na imagem está equipado com um termômetro.

escalas de pressão
escala de temperatura

Formação de frentes frias e frentes quentes

Como você estudou anteriormente, as massas de ar são grandes porções de ar que possuem características específicas, como temperatura, pressão e umidade, uniformes em toda sua extensão.

As massas de ar podem se formar em diferentes regiões, deslocando-se de regiões de alta pressão para as de baixa pressão. Quando duas massas de ar com temperaturas diferentes se encontram, podem formar regiões conhecidas como frentes frias ou frentes quentes. Observe os esquemas a seguir.

Frente fria e frente quente

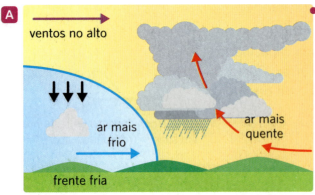

Nas chamadas frentes frias (**A**), o ar frio empurra a massa de ar quente para cima e se posiciona abaixo dela. Essas frentes podem provocar alterações nas condições do tempo, como formação de névoa, formação de nuvens baixas e escuras, fortes chuvas e diminuição da temperatura.

Nas chamadas frentes quentes (**B**), o ar quente desliza por cima da massa de ar frio, posicionando-se acima dela. Essas frentes podem provocar alterações nas condições atmosféricas, como formação de nuvens altas e brancas e, logo em seguida, formação de nuvens escuras, com chuva.

Representação da formação da frente fria (**A**) e da frente quente (**B**).

Representação sem proporção de tamanho. Cores-fantasia.

Fonte de pesquisa: Instituto Nacional de Metrologia (INMET). BDMEP – *Banco de Dados Meteorológicos para Ensino e Pesquisa*. Disponível em: <http://www.inmet.gov.br/portal/index.php?r=bdmep/bdmep>. Acesso em: 2 out. 2018.

Monitoramento das condições atmosféricas

Para realizar a previsão do tempo, bem como prever fenômenos naturais, como tempestades, é necessário monitorar as condições atmosféricas. Esse monitoramento é realizado continuamente em diversas organizações nacionais e internacionais.

No Brasil, esse trabalho é desenvolvido por instituições como o Instituto Nacional de Pesquisas Espaciais (INPE), o Centro de Previsão de Tempo e Estudos Climáticos (CPTEC), o Instituto Nacional de Meteorologia (INMET) e o Centro Nacional de Monitoramento e Alerta de Desastres Naturais (CEMADEN).

Em escala mundial, o monitoramento das condições atmosféricas é realizado pela Organização Mundial de Meteorologia (OMM), das Nações Unidas, que divulga os dados meteorológicos de várias regiões do planeta e organiza os dados meteorológicos recebidos de 169 países associados.

Para realizar o monitoramento das condições atmosféricas em escala mundial, a OMM recebe informações meteorológicas, simultaneamente, de diversas fontes de dados. Veja a seguir algumas delas.

Monitoramento das condições atmosféricas

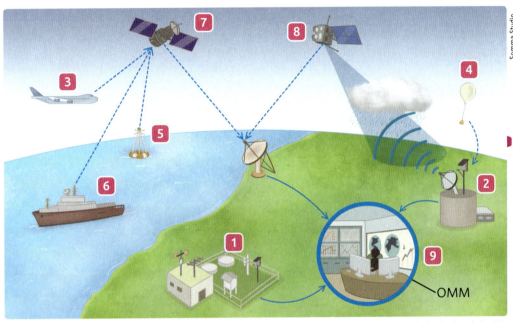

Representação sem proporção de tamanho. Cores-fantasia.

Representação artística de algumas fontes de informações meteorológicas que auxiliam na previsão do tempo e de fenômenos atmosféricos. Trata-se de cena hipotética.

Fonte de pesquisa: *Capacitação em gestão de riscos*. 2. ed. Porto Alegre: Universidade Federal do Rio Grande do Sul, 2016. Disponível em: <https://www.researchgate.net/profile/Luiz_Carlos_Silva_Filho/publication/322801189_Capacitacao_em_gestao_de_riscos/links/5a70a5a8458515015e63f115/Capacitacao-em-gestao-de-riscos.pdf?origin=publication_detail>. Acesso em: 8 out. 2018.

As estações meteorológicas (**1**) são equipadas com diferentes instrumentos que permitem a coleta de informações como temperatura e umidade do ar, pressão atmosférica e velocidade e direção dos ventos.

Já os radares (**2**) permitem identificar a presença e a aproximação de nuvens que podem ser relacionadas com a ocorrência de chuvas.

Os equipamentos localizados na superfície terrestre, de maneira geral, não são capazes de captar informações de grandes altitudes. Nesses casos, os dados podem ser fornecidos por aviões comerciais (**3**), conveniados à OMM e que trafegam a grandes altitudes (aproximadamente 11 mil metros), e balões meteorológicos (**4**), que podem alcançar até 30 mil metros de altura.

A captação de dados das regiões localizadas sobre mares e oceanos pode ser realizada por boias meteorológicas (**5**) e navios meteorológicos (**6**). Todos esses dados são enviados à OMM por meio de satélites artificiais (**7**).

Outra ferramenta essencial são os satélites meteorológicos (**8**), que fornecem imagens, que permitem monitorar a temperatura, umidade e movimentação das nuvens, ajudando a compreender a dinâmica das chuvas.

Todos esses dados coletados são repassados à OMM (**9**), que os disponibiliza para as instituições associadas, como o INMET, onde meteorologistas, auxiliados por computadores, analisam os dados e geram a previsão do tempo para todas as áreas do Brasil.

Vivenciando a Ciência

O vento é a movimentação horizontal do ar na atmosfera. Sua formação está relacionada à diferença de temperatura, que gera diferença de pressão do ar, de um local para outro.

- Os ventos podem apresentar velocidades variadas. Quais fatores interferem diretamente nessa velocidade?

Materiais necessários

- cartolina
- tesoura com pontas arredondadas
- compasso
- lápis
- régua
- vela
- fósforo
- palito de dente
- 20 cm de linha para costura

Como proceder

A Com o compasso, faça na cartolina um círculo de 5 cm de raio.

B Utilizando a régua, trace quatro linhas no círculo, dividindo-o em oito partes iguais. Em seguida, recorte o círculo.

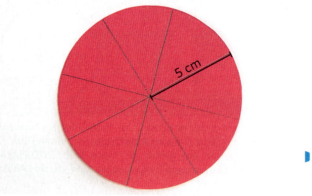

Imagem referente às etapas **A** e **B**.

C Com a tesoura, recorte todas as oito linhas divisórias, deixando uma distância de 0,5 cm do corte até o centro do círculo.

D Dobre cada uma das divisórias, para o mesmo lado, de forma semelhante às hélices de um cata-vento.

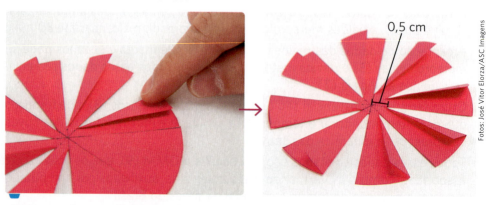

Imagens referentes às etapas **C** e **D**.

Fotos: José Vitor Elorza/ASC Imagens

E Amarre a linha de costura no palito de dente e, em seguida, encaixe a ponta do palito no centro do cata-vento.

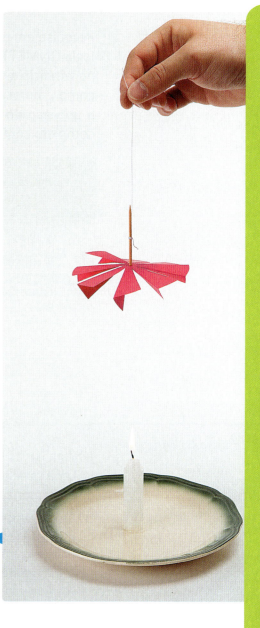

Imagem referente à etapa **E**.

F Peça a um adulto que acenda a vela, e que segure o cata-vento pela linha e suspenda-o a uma altura de cerca de 15 cm acima da chama da vela.

> **CUIDADO!**
> Oriente o adulto que mantenha a distância especificada na etapa **F**. A redução dessa distância pode queimar sua montagem e causar acidentes.

Imagem referente à etapa **F**.

G Observe o que acontece, anotando suas observações no caderno.

Minhas observações

1. O que aconteceu com o cata-vento após ser colocado sobre a vela?

2. Explique a relação do que vocês observaram com a formação dos ventos.

3. Cite alguns objetos nos quais podemos perceber a formação de correntes de ar durante seu funcionamento.

4. Qual é a principal forma de transferência de calor envolvida na movimentação do cata-vento? Explique sua resposta.

Nossas conclusões

Junte-se a outros dois colegas e analisem as respostas dadas às questões iniciais da página **56**, corrigindo-as ou completando-as, caso necessário.

Atividades

1. Pesquise em um *site* de Meteorologia, como o Instituto Nacional de Meteorologia (INMET), a previsão do tempo para os próximos cinco dias consecutivos no município em que você mora. Organize as informações em um quadro, como o apresentado abaixo, completando inicialmente as colunas referentes à previsão do tempo de cada um dos dias. Para cada um dos dias listados, complete com informações observadas, vivenciadas no dia.

Informações	1º dia Previsão	1º dia Observado	2º dia Previsão	2º dia Observado
Temperatura máxima/mínima				
Umidade relativa do ar				
Condições do tempo (ensolarado, chuvoso, encoberto)				
Fenômenos atmosféricos (geadas, tempestades)				

a) Analise as informações da previsão ao longo desses cinco dias e elabore uma conclusão a respeito de como devem ser as condições do tempo nessa semana.

b) O que você pode dizer a respeito da previsão do tempo e as condições atmosféricas observadas?

2 Leia a manchete abaixo.

Aeroporto de Guarulhos registra 43 voos cancelados após nevoeiro em SP

G1. 22 maio 2018. Disponível em: <https://g1.globo.com/sp/sao-paulo/noticia/aeroporto-de-guarulhos-registra-43-voos-cancelados-apos-nevoeiro-em-sp.ghtml>. Acesso em: 9 nov. 2018.

Voos atrasados no Aeroporto Internacional de Guarulhos, no estado de São Paulo, devido às más condições do tempo.

a) De acordo com o trecho de reportagem acima, de que maneira as condições atmosféricas interferem na aviação?

b) Por que a previsão do tempo é essencial para a aviação?

3 Leia a manchete abaixo.

Frente fria chega ao sul do Estado nesta quarta prometendo mudanças no tempo

Midiamax, 3 out. 2018. Disponível em: <https://www.midiamax.com.br/cotidiano/2018/frente-fria-chega-ao-sul-do-estado-nesta-quarta-feira-prometendo-mudancas-no-tempo/>.
Acesso em: 8 out. 2018.

a) A manchete cita mudanças no tempo causadas pela chegada de uma frente fria. Quais são essas possíveis mudanças?

b) Explique com suas palavras como se formam as frentes frias.

4. Observe abaixo dois alpinistas.

O alpinista **A** está iniciando sua escalada, enquanto o alpinista **B** já alcançou o topo da montanha, a 8 850 metros de altitude.

Alpinistas escalando montanha.

Representação sem proporção de tamanho. Cores-fantasia.

a) O peso da coluna de ar sobre o alpinista **A** é menor ou maior que o peso da coluna de ar sobre o alpinista **B**?

b) O que é possível concluir sobre a pressão atmosférica exercida sobre o alpinista **A** e a pressão atmosférica exercida sobre o alpinista **B**?

Verificando rota

1. Retome a resposta dada à questão **4** da página **16**, corrigindo-a ou completando-a, se necessário.

2. Desenhe um esquema em seu caderno que represente os movimentos da Terra e as consequências deles para a vida terrestre. Não se esqueça de representar e citar a importância da inclinação do eixo imaginário de rotação da Terra e do formato aproximadamente circular do planeta.

3. Retome a resposta da questão **4** da página **36** e verifique se é necessário alterá-la ou complementá-la. Em seguida, cite uma situação de seu cotidiano que se refere ao clima e outra que se refere ao tempo.

4. Reflita sobre o município em que você vive e as atividades desenvolvidas nele. Em seguida, faça uma lista de situações que contribuem para a ocorrência das mudanças climáticas, bem como atitudes que podem ajudar a minimizar esses danos.

ACESSE O RECURSO DIGITAL

UNIDADE 2
Reprodução

Capítulos desta unidade
- **Capítulo 4** - Aspectos gerais da reprodução dos seres vivos
- **Capítulo 5** - A reprodução nos diferentes grupos de animais
- **Capítulo 6** - A reprodução nos diferentes grupos de plantas

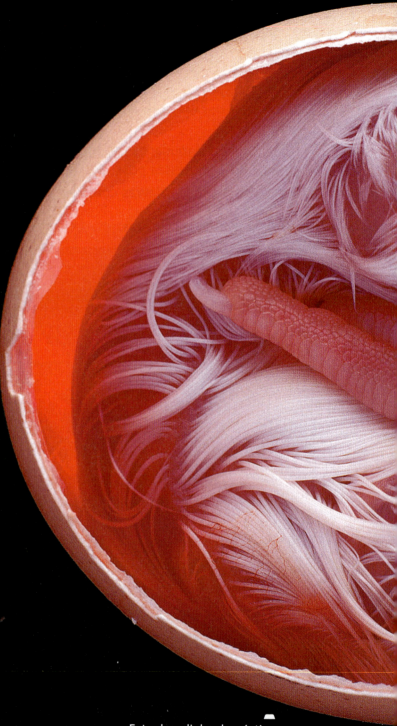

Feto de galinha doméstica (*Gallus gallus domesticus*) no interior do ovo em corte.

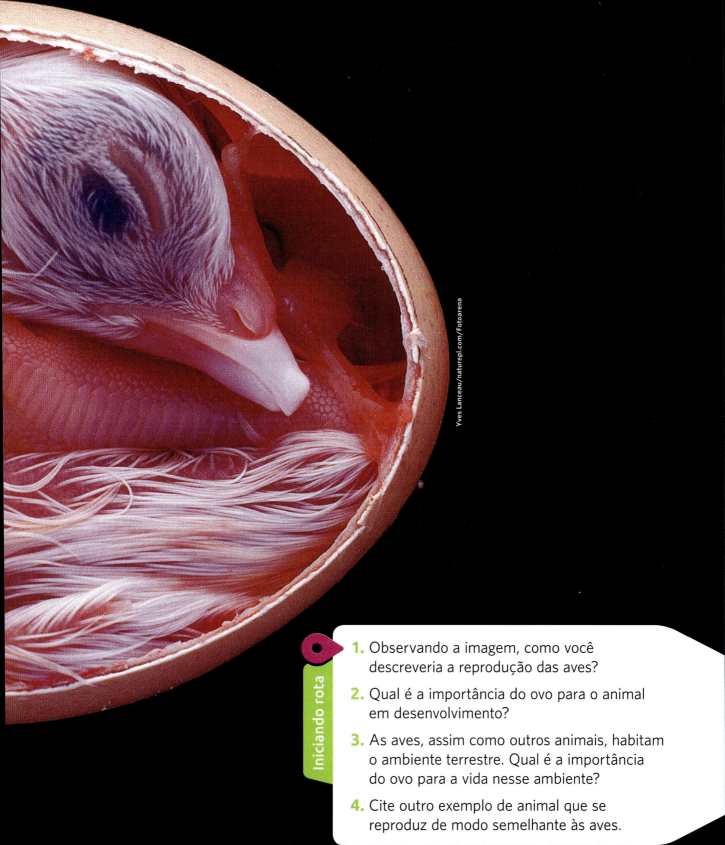

Iniciando rota

1. Observando a imagem, como você descreveria a reprodução das aves?
2. Qual é a importância do ovo para o animal em desenvolvimento?
3. As aves, assim como outros animais, habitam o ambiente terrestre. Qual é a importância do ovo para a vida nesse ambiente?
4. Cite outro exemplo de animal que se reproduz de modo semelhante às aves.

CAPÍTULO 4
Aspectos gerais da reprodução dos seres vivos

Leia o trecho da história em quadrinhos a seguir.

[...]

[...] Mauricio de Sousa. Faltando um....*Chico Bento*: natal interior, São Paulo, Panini Comics, n. 96, p. 39, dez. 2014.

1. Que característica dos seres vivos está representada na história em quadrinhos acima?

2. Qual a importância dessa característica para os seres vivos?

3. O menino apresentado na história em quadrinhos acima se chama Chico Bento. O que os animais que ele está observando estão fazendo? Qual a importância dessa ação?

4. Em que grupo de seres vivos os animais que Chico Bento está observando são classificados? Cite uma característica desse grupo.

Em determinado período do seu ciclo de vida, os animais podem se reproduzir, ou seja, podem gerar outros indivíduos da mesma espécie. Esse processo é essencial para a continuidade da espécie e pode ocorrer de diferentes maneiras.

Existem seres vivos que produzem células especializadas para a reprodução, os chamados gametas. Quando dois gametas se unem, eles dão origem a uma nova célula, denominada célula-ovo ou zigoto, a qual irá formar um novo indivíduo. A reprodução que envolve a união de gametas é chamada **sexuada**.

Há também animais que podem se reproduzir sem a união de gametas. Essa forma de reprodução é denominada **assexuada**.

Neste capítulo vamos estudar os diferentes tipos de reprodução dos animais. Mas, antes de aprofundarmos nossos conhecimentos sobre esse assunto, vamos estudar as divisões celulares, que são processos necessários para que ocorra a reprodução, tanto a sexuada quanto a assexuada.

5. Qual é a importância das divisões celulares?

Divisão celular

De maneira geral, os animais são compostos por milhões de células. Você já parou para pensar como é possível, por exemplo, formar um ser humano adulto a partir de uma única célula, o zigoto? Isso é possível graças ao ciclo celular, em que as células duplicam seu material e, em seguida, dividem-se, originando outras células completas.

Zigoto humano. Fotografia obtida por microscópio e colorizada por computador. Imagem aumentada cerca de 1000 vezes.

bebê humano

ser humano adulto

Em um organismo pluricelular, ou seja, formado por mais de uma célula, o processo de formação e desenvolvimento de tecidos e órgãos ocorre, basicamente, pelo aumento da quantidade de células e sua diferenciação.

Sucessivas divisões celulares fazem aumentar o número de células no organismo. Por meio da diferenciação celular, as células se especializam em realizar determinados papéis no organismo.

O DNA contém informações essenciais ao funcionamento da célula e, consequentemente, do organismo como um todo. Por isso, durante a divisão celular, esse material genético precisa ser distribuído de forma correta entre as células-filhas formadas após a divisão da célula-mãe.

O DNA está associado a proteínas, formando a chamada cromatina, que compõe o cromossomo. Entre outros benefícios, essa organização facilita a divisão do DNA entre as novas células durante a divisão celular.

Cromossomo

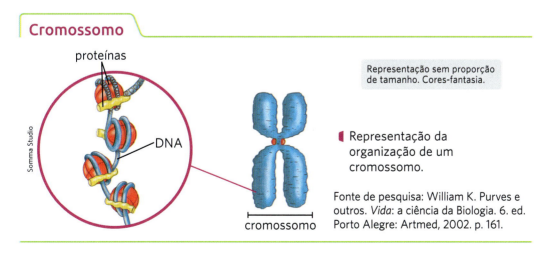

Representação sem proporção de tamanho. Cores-fantasia.

Representação da organização de um cromossomo.

Fonte de pesquisa: William K. Purves e outros. *Vida*: a ciência da Biologia. 6. ed. Porto Alegre: Artmed, 2002. p. 161.

Há dois tipos de divisão celular, a mitose e a meiose, que estudaremos a seguir.

Mitose

A mitose é um tipo de divisão celular em que uma célula-mãe dá origem a duas células-filhas idênticas a ela. Por meio desse processo, aumenta-se a quantidade de células do organismo, o que é necessário ao desenvolvimento e crescimento dos seres vivos pluricelulares. Nos organismos unicelulares, a mitose é forma de geração de novos indivíduos. Além disso, a mitose possibilita a reposição das células mortas e a regeneração dos tecidos que compõem o corpo, ou seja, esse processo também permite a manutenção do organismo.

O esquema a seguir representa, de forma simplificada, o processo de divisão celular por mitose.

Mitose

Representação sem proporção de tamanho. Cores-fantasia.

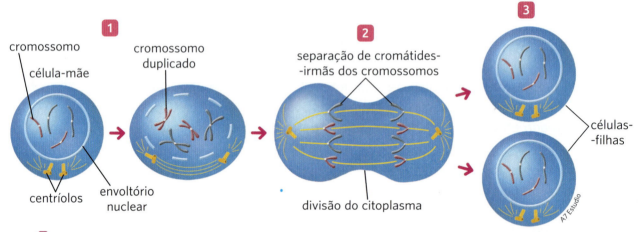

Representação da divisão celular por mitose de uma célula hipotética composta por dois pares de cromossomos.

Fonte de pesquisa: Neil A. Campbell e outros. *Biology*. 8. ed. San Francisco: Pearson Benjamin Cummings, 2009. p. 232-3.

1 Antes de iniciar a divisão, a célula-mãe duplica cada um de seus cromossomos. Observe que os cromossomos duplicados são representados com um formato semelhante a um X. No início da divisão celular, o envoltório nuclear se desfaz. Ocorre também a duplicação dos centríolos, estruturas que migram para os polos opostos da célula.

2 Sem o envoltório nuclear, determinadas proteínas presentes no citoplasma ligam-se aos cromossomos, puxando-os e separando-os. Cada **cromátide-irmã** do cromossomo é puxado para uma extremidade da célula-mãe. Ao final desse processo, ocorre uma divisão do citoplasma e a formação de membrana plasmática.   ◄ Glossário

3 Por fim, formam-se duas células-filhas, cada uma com a mesma quantidade de cromossomos que a célula-mãe. O envoltório nuclear é novamente produzido, delimitando o núcleo em cada célula-filha.

Meiose

Na divisão celular do tipo meiose, uma célula-mãe dá origem a quatro células-filhas, diferentes entre si e da célula-mãe. As células formadas apresentam metade do número de cromossomos da célula-mãe. Esse tipo de divisão ocorre nas células que darão origem aos gametas. Portanto, a meiose é essencial para que ocorra a reprodução sexuada.

Como possuem somente metade da quantidade de cromossomos da célula-mãe, as células-filhas apresentam um único conjunto de cromossomos, sendo chamadas **haploides**. Já a célula-mãe é chamada **diploide**, pois apresenta dois conjuntos de cromossomos. No caso dos seres humanos, as células diploides apresentam 23 pares de cromossomos (46 cromossomos no total) e as células haploides (gametas) apresentam metade do material genético, ou seja, 23 cromossomos no total.

O esquema a seguir representa, de forma simplificada, o processo de divisão celular por meiose.

Meiose

Representação sem proporção de tamanho. Cores-fantasia.

Representação da divisão celular por meiose de uma célula hipotética composta por dois pares de cromossomos.

Fonte de pesquisa: Neil A. Campbell e outros. *Biology*. 8. ed. San Francisco: Pearson Benjamin Cummings, 2009. p. 254-5.

1 Antes de iniciar a meiose, a célula-mãe duplica seus cromossomos.

2 Durante a meiose, o envoltório nuclear se desfaz. Os pares de **cromossomos homólogos**, já duplicados, pareiam-se, ou seja, ficam lado a lado. Proteínas presentes no citoplasma se ligam a cada um dos cromossomos duplicados e aos centríolos, separando os pares de cromossomos.

3 Ao final dessa primeira fase da meiose, formam-se duas células, cada uma delas com um dos cromossomos de cada par. Observe que cada cromossomo está duplicado.

4 Ocorre uma nova divisão celular, na qual há separação de cada uma das cromátides-irmãs dos cromossomos duplicados.

5 Ao final da meiose, formam-se quatro células-filhas, cada uma com metade da quantidade de cromossomos da célula-mãe. Isso acontece porque cada célula-filha recebe apenas um cromossomo de cada par.

Glossário

Tanto a mitose quanto a meiose ocorrem em outros seres vivos, como as plantas, permitindo a eles se reproduzirem e se desenvolverem.

Durante a divisão celular, os cromossomos se tornam altamente condensados e, por isso, são facilmente observados por microscópio na célula.

6 Identifique os momentos da divisão celular representados em **A**, **B**, **C** e **D**.

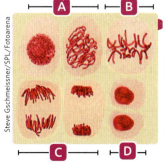

Células da raiz de cebola em diferentes momentos da mitose. Fotografia obtida por microscópio e colorizada artificialmente. Imagem aumentada cerca de 1000 vezes.

Atividades

1. Observe abaixo um esquema simplificado que apresenta a formação e o desenvolvimento inicial do ser humano.

Formação e desenvolvimento do ser humano

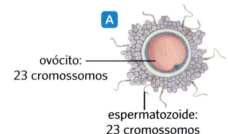

A
ovócito: 23 cromossomos
espermatozoide: 23 cromossomos

B
zigoto: 46 cromossomos

C
mórula: 46 cromossomos

D
feto: cada célula tem 46 cromossomos

Representação sem proporção de tamanho. Cores-fantasia.

Representação de algumas etapas do desenvolvimento do ser humano, incluindo a união dos gametas (**A**) e a formação do zigoto (**B**), da mórula (**C**) e do feto (**D**).

Fonte de pesquisa: Keith L. Moore e T. V. N. Persaud. *Embriologia básica*. 6. ed. Rio de Janeiro: Elsevier, 2004. p. 6, 35.

a) A divisão celular que deu origem ao ovócito e ao espermatozoide é a mesma que deu origem à mórula? Justifique sua resposta.

b) O que aconteceu com a quantidade de cromossomos após a formação do zigoto? Por que você acha que isso ocorreu?

c) Quantos cromossomos teria o feto, caso a formação dos gametas não envolvesse a divisão celular que você citou no item **a**? Justifique sua resposta.

2. Leia o texto a seguir.

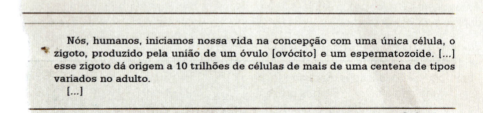

Nós, humanos, iniciamos nossa vida na concepção com uma única célula, o zigoto, produzido pela união de um óvulo [ovócito] e um espermatozoide. [...] esse zigoto dá origem a 10 trilhões de células de mais de uma centena de tipos variados no adulto.
[...]

Sergio Danilo Pena. Nós, as bactérias. *Ciência Hoje*, Rio de Janeiro, Instituto Ciência Hoje, n. 347, 10 ago. 2007. Disponível em: <http://cienciahoje.org.br/coluna/nos-as-bacterias/>. Acesso em: 27 set. 2018.

- Que processo possibilita o aumento na quantidade de células citado no texto? Descreva, com suas palavras, como ocorre esse processo.

3. Reproduza o quadro abaixo no caderno e complete-o com as informações corretas, diferenciando a mitose e a meiose nas células humanas.

	Mitose	Meiose
Quantidade de cromossomos nas células-mães.		
Quantidade de células-filhas formadas.		
Quantidade de cromossomos nas células-filhas.		

66

Reprodução assexuada dos seres vivos

Alguns seres vivos, como certos animais invertebrados, protozoários e bactérias, se reproduzem sem a união de gametas, ou seja, realizam reprodução assexuada. Nesse tipo de reprodução é observada a divisão celular do tipo mitose e os novos seres vivos são gerados a partir de um único indivíduo.

Por meio da reprodução assexuada, o número de indivíduos de uma população pode aumentar rapidamente. Isso ocorre, entre outros fatores, porque não é necessária a participação de outro indivíduo para ocorrer o acasalamento, processo que envolve gasto de energia. Além disso, a reprodução assexuada é um processo mais simples, se comparado com a reprodução sexuada, e o período de desenvolvimento, de maneira geral, é mais curto.

Apesar de possibilitar o aumento do número de indivíduos em um curto período de tempo, a reprodução assexuada gera indivíduos clones, ou seja, com as mesmas características e material genético do indivíduo que os deu origem. Esse processo não contribui para a variação genética da população, o que pode ser desvantagem em um ambiente em mudança.

A reprodução assexuada, no entanto, não deve ser considerada um "defeito" de reprodução. Ela representa vantagens, como as citadas anteriormente, para os seres vivos que a realizam, e é mantida entre os seres vivos há milhões de anos.

Existem vários tipos de reprodução assexuada, como brotamento, fissão binária e fragmentação. A partir de agora, vamos estudar cada um desses tipos.

Brotamento

Na reprodução assexuada por brotamento, um pequeno broto se desenvolve preso ao animal adulto. Após certo tempo, o broto, já com tecidos formados e corpo organizado, se desprende do animal adulto e se desenvolve em um novo indivíduo, geneticamente idêntico ao progenitor. A hidra é um exemplo de animal que pode se reproduzir assexuadamente por brotamento.

Veja no esquema a seguir a reprodução da hidra por brotamento.

Brotamento em hidra

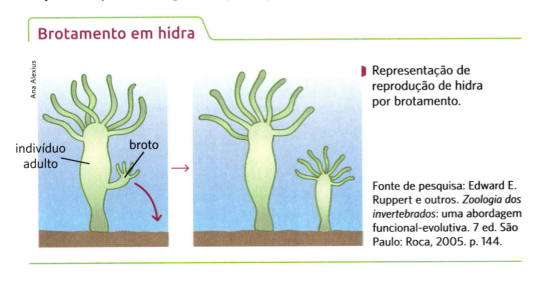

Representação de reprodução de hidra por brotamento.

Fonte de pesquisa: Edward E. Ruppert e outros. *Zoologia dos invertebrados*: uma abordagem funcional-evolutiva. 7 ed. São Paulo: Roca, 2005. p. 144.

Representação sem proporção de tamanho. Cores-fantasia.

Fissão binária

Na reprodução por fissão binária um organismo unicelular se divide por mitose formando duas partes semelhantes. Cada uma dessas partes se desenvolve e dá origem a um novo indivíduo, idêntico ao progenitor. Esse tipo de reprodução é comum em protozoários e bactérias.

Veja no esquema a seguir a reprodução por divisão binária de um protozoário.

Divisão binária em protozoário

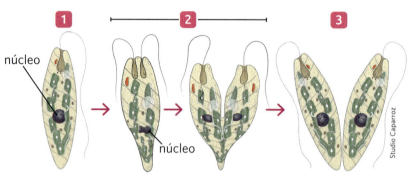

Representação sem proporção de tamanho. Cores-fantasia.

Fonte de pesquisa: Richard C. Brusca e Gary J. Brusca. *Invertebrados*. 2. ed. Rio de Janeiro: Guanabara Koogan, 2007. p. 136.

1 O material genético e algumas **organelas** e estruturas, como o flagelo, começam a se duplicar.

2 O núcleo se divide e inicia a divisão do citoplasma.

3 Ocorre a divisão total do citoplasma, gerando dois indivíduos, cada um com um núcleo.

Representação de reprodução assexuada por fissão binária de um protozoário.

Fragmentação

Na reprodução por fragmentação, um organismo se divide em duas ou mais partes e cada uma delas é capaz de originar um novo indivíduo por meio da regeneração das partes perdidas. Esse tipo de reprodução ocorre em estrelas-do-mar.

Veja no esquema abaixo a reprodução por fragmentação de uma estrela-do-mar.

Fragmentação em estrela-do-mar

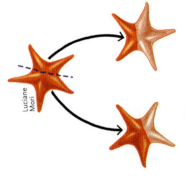

Fonte de pesquisa: Edward E. Ruppert e outros. *Zoologia dos invertebrados*: uma abordagem funcional-evolutiva. 7. ed. São Paulo: Roca, 2005. p. 1035.

Representação sem proporção de tamanho. Cores-fantasia.

Representação de reprodução assexuada por fragmentação de uma estrela-do-mar. Nessa ilustração, as regiões que se regeneraram foram destacadas com cores mais claras.

Partenogênese

Na reprodução por partenogênese, o embrião se desenvolve a partir de um ovócito que não foi fecundado. Esse tipo de reprodução pode ocorrer em alguns vermes e em alguns insetos, como abelhas, vespas e formigas.

Para compreender esse tipo de reprodução assexuada, vamos analisar como ocorre entre as abelhas.

As fêmeas férteis de abelhas, chamadas rainhas, produzem ovócitos que podem ou não ser fecundados pelos machos. Quando os ovócitos não são fecundados, pode ocorrer a partenogênese, que origina machos haploides, os chamados zangões.

Veja no esquema a seguir a reprodução por partenogênese da abelha.

comprimento: aproximadamente 1,7 cm

abelha zangão

Representação sem proporção de tamanho. Cores-fantasia.

Partenogênese em abelha

Na partenogênese, uma célula-mãe do indivíduo adulto pluricelular, nesse caso a rainha, (**A**) sofre meiose e dá origem a duas células-filhas, os ovócitos, com metade da quantidade de cromossomos que a célula de origem. Os ovócitos não são fecundados e sofrem inúmeras divisões celulares por mitose, resultando em indivíduos adultos pluricelulares, nesse caso os zangões (**B**).

Fonte de pesquisa: *Biologia do desenvolvimento interativo*. Disponível em: <http://www.devbio.biology.gatech.edu/model-organisms-for-developmental-biology/apis-mellifera/the-dice-of-fate-the-csd-gene-and-how-its-allelic-composition-regulates-sexual-development-in-the-honey-bee-apis-mellifera/>. Acesso em: 27 set. 2018.

Representação de reprodução assexuada por partenogênese em uma abelha.

Tipo de alimentação e posição social das abelhas fêmeas

Quando os ovócitos são fecundados pelo espermatozoide, originam as abelhas fêmeas, as quais podem se tornar operárias ou rainhas, dependendo do tipo de alimento que recebem na fase de larvas.

- As abelhas operárias se originam de larvas que são alimentadas com mel e pólen.
- As abelhas rainhas se originam de larvas que receberam geleia real durante seu desenvolvimento.

comprimento: aproximadamente 1,5 cm

abelhas operárias

comprimento: aproximadamente 2,0 cm

abelha rainha

Atividades

1. Leia o trecho da reportagem a seguir.

🔖 **Glossário**

Peixe se reproduz sem sexo e desafia teoria de extinção da espécie

A teoria da evolução sugere que as espécies que se reproduzem de forma assexuada tendem a desaparecer rapidamente, uma vez que seu **genoma** acumula mutações mortais ao longo do tempo.

Mas um estudo sobre um peixe lançou dúvidas sobre a velocidade desse declínio. Apesar de milhares de anos de reprodução assexuada, o genoma da molinésia-amazona (*amazon molly*, em inglês), que vive no México e no sul dos Estados Unidos, é notavelmente estável e a espécie sobreviveu.

[...]

A molinésia-amazona sobrevive há cerca de meio milhão de gerações – muito além do que a teoria sugeria.

[...]

Jonathan Ball. Peixe se reproduz sem sexo e desafia teoria de extinção da espécie. *BBC News Brasil*, 19 fev. 2018. Disponível em: <https://www.bbc.com/portuguese/internacional-43062040>. Acesso em: 27 set. 2018.

🔍 • Faça uma pesquisa e converse com seus colegas sobre por que as teorias evolutivas consideram a reprodução assexuada como prejudicial à manutenção da espécie no ambiente.

2. Leia o trecho da reportagem a seguir.

Dados indicam que mudança climática já afeta vida do planeta

[...]

A pulga-de-água depende da temperatura como poucos animais. Esse pequeno crustáceo não se reproduz a partir da união do óvulo com o gameta masculino. As células sexuais femininas se desenvolvem sem terem sido fecundadas. <u>Esse mecanismo de reprodução assexuada, conhecido como **A**, é iniciado por um sinal ambiental ou químico. No caso das pulgas-de-água, é o calor do ambiente.</u> Durante os meses quentes, se reproduzem mais e as crias são fêmeas. No inverno, a taxa de reprodução é menor e são machos. [...]

Miguel Ángel Criado. Dados indicam que mudança climática já afeta vida do planeta. *El País*, 15 nov. 2016. Disponível em: <https://brasil.elpais.com/brasil/2016/11/14/ciencia/1479114531_563621.html>. Acesso em: 27 set. 2018.

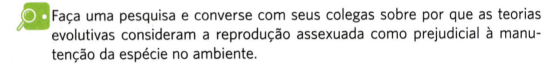

pulga-de-água com ovos

a) Reescreva em seu caderno o trecho sublinhado, substituindo a letra **A** pelo termo correto, de acordo com o tipo de reprodução que está sendo descrito.

b) Com base nas informações citadas no texto acima, qual seria uma possível consequência da mudança climática no ambiente para a população de pulgas-de-água?

Reprodução sexuada dos seres vivos

Observe as imagens a seguir.

Faisões macho e fêmea durante estação de acasalamento.

filhote de faisão

1 De que forma você acha que o filhote de faisão da imagem **B** foi gerado?

2 Onde o embrião do faisão se desenvolve?

3 Cite a principal diferença entre o modo de reprodução do faisão e a reprodução assexuada.

Animais como o faisão se reproduzem de forma sexuada, ou seja, pela união de gametas.

Os machos produzem o gameta masculino e as fêmeas produzem o gameta feminino. Como você estudou anteriormente, a união desses gametas forma a célula-ovo ou zigoto, a partir da qual o novo indivíduo será formado.

Dependendo do ser vivo, o zigoto pode se desenvolver em diferentes locais, como no interior do corpo da fêmea, no interior de ovos que permanecem fora do corpo da fêmea, ou no interior de ovos que permanecem dentro do corpo da fêmea.

No caso do faisão, o zigoto se desenvolve no interior de ovos que são depositados no ambiente, ou seja, fora do corpo da fêmea.

Ovos de faisão em ninho.

Diferentemente da reprodução assexuada, na reprodução sexuada os indivíduos gerados não são clones. Eles apresentam características específicas, resultantes de informações provenientes dos dois progenitores. Por isso, podemos dizer que a reprodução sexuada possibilita o aumento da diversidade dos seres vivos.

Apesar de favorecer a variação genética entre os indivíduos, a reprodução sexuada produz menor número de indivíduos em um intervalo de tempo, resultando em um aumento populacional menos acelerado, se comparado com a reprodução assexuada.

A reprodução sexuada envolve alguns processos, como a produção de gametas, a fecundação e o desenvolvimento do novo ser vivo. Agora vamos estudar cada um deles.

Produção de gametas

Como você estudou anteriormente, os gametas são células formadas por meiose e que possuem apenas um conjunto de cromossomos, ou seja, são células haploides. Nos animais, elas são produzidas em órgãos específicos, chamados gônadas, em um processo denominado gametogênese.

Os gametas recebem nomes específicos dependendo do ser vivo em que são produzidos. Nos animais, por exemplo, os gametas masculinos são chamados espermatozoides e os femininos são chamados ovócitos.

Espermatozoide de rinoceronte. Fotografia obtida por microscópio e colorizada por computador. Imagem aumentada cerca de 8 000 vezes.

Ovócito de *hamster*. Fotografia obtida por microscópio. Imagem aumentada cerca de 4 000 vezes.

Fecundação

O zigoto se forma da união do gameta masculino com o gameta feminino, a chamada fecundação. Veja o esquema ao lado.

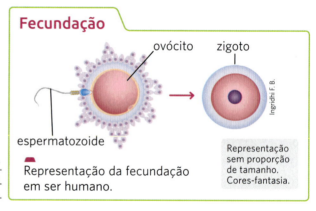

Representação da fecundação em ser humano.

Representação sem proporção de tamanho. Cores-fantasia.

Fonte de pesquisa: Keith L. Moore e T. V. N. Persaud. *Embriologia básica*. 6. ed. Rio de Janeiro: Elsevier, 2004. p. 14.

Casal de faisões em ritual de acasalamento.

Algumas espécies de animais realizam um ritual chamado acasalamento. Nesse ritual, esses seres vivos apresentam comportamentos específicos para atrair o indivíduo do sexo oposto. Em geral, o macho tenta impressionar a fêmea para se acasalarem.

Os machos utilizam diferentes estratégias para atrair as fêmeas, como cantos, danças e disputas com outros machos. Além disso, eles costumam exibir chifres, jubas e caudas chamativas.

Na época do acasalamento, o macho de faisão, por exemplo, emite um som rouco, briga com outros machos e exibe suas penas para a fêmea.

Após o encontro dos parceiros para a reprodução e o acasalamento, pode ocorrer a fecundação, de maneira interna ou externa.

A **fecundação interna** é aquela na qual a união do gameta masculino com o gameta feminino ocorre no interior do sistema genital feminino. Para isso, o macho insere seus gametas no corpo da fêmea durante o acasalamento.

Como o sistema genital feminino é úmido, os gametas estão protegidos da desidratação, ou seja, perda excessiva de água, auxiliando a fecundação. Esse tipo de fecundação ocorre em animais como seres humanos, gatos, cachorros, porcos, golfinhos, leões, cágados e cascavéis.

Onças-pintadas macho e fêmea acasalando.

Já a **fecundação externa** é aquela na qual a união do gameta masculino com o feminino ocorre no ambiente, ou seja, fora do corpo da fêmea. Esse tipo de fecundação ocorre em algumas espécies de anfíbios, como sapos, rãs e pererecas. Nesses animais, geralmente, o macho abraça a fêmea e a estimula a liberar seus ovócitos no ambiente. Em seguida, o macho libera os espermatozoides sobre os ovócitos, possibilitando a fecundação e a formação dos ovos.

Macho e fêmea de anfíbios (*Rana temporaria*) se acasalando. Durante o acasalamento, ambos os indivíduos liberam grande quantidade de gametas no ambiente.

Ovos de anfíbios (*Rana temporaria*) depositados no ambiente aquático.

Os animais que realizam fecundação externa produzem um grande número de gametas masculinos e femininos, o que aumenta as chances de ocorrer a fecundação no ambiente. Os seres vivos que realizam a fecundação interna, por sua vez, produzem menor quantidade de gametas, o que pode representar uma vantagem para esses progenitores, quando comparados àqueles que realizam a fecundação externa. Isso porque a produção de gametas é um processo que tem elevado custo energético para o animal. Por outro lado, indivíduos que realizam fecundação interna, de maneira geral, geram menor número de descendentes, quando comparado com espécies que realizam reprodução assexuada.

Desenvolvimento embrionário

Após a formação do zigoto, inicia-se o processo de desenvolvimento do novo ser vivo. O embrião formado pode se desenvolver de diferentes maneiras, de acordo com a espécie de ser vivo. Dependendo do modo de desenvolvimento do embrião, os animais podem ser classificados em ovíparos, ovovivíparos também chamada vivíparos lecitotróficos, e vivíparos.

Os animais cujo embrião se desenvolve no interior de ovos mantidos fora do corpo da fêmea até o nascimento são chamados **ovíparos**, os quais podem apresentar fecundação interna ou externa. Nos animais ovíparos, os embriões obtêm nutrientes do ovo.

Muitos animais ovíparos apresentam fecundação interna em que os ovos já fecundados são depositados no ambiente.

Ninho de pássaro-preto (*Gnorimopsar chopi*) com ovos e filhote. Essa espécie é ovípara com fecundação interna.

Animais como sapos, rãs, pererecas e algumas espécies de peixes são ovíparos com fecundação externa.

Piranha-vermelha (*Pygocentrus nattereri*): essa espécie de peixe é ovípara com fecundação externa.

Animais **vivíparos** apresentam fecundação interna e o desenvolvimento embrionário ocorre dentro do corpo da fêmea até o nascimento. Nesses animais, o embrião é totalmente ou parcialmente nutrido pela mãe. Em algumas espécies, como os seres humanos, todos os nutrientes são provenientes da mãe. Em outras, parte dos nutrientes é fornecida por estruturas de reserva ligadas ao embrião e semelhantes às observadas no interior de ovos.

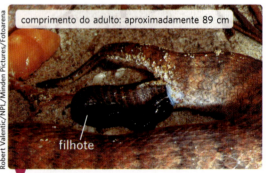

Escorpião-imperador (*Pandinus imperator*), uma espécie vivípara, com filhotes.

Nascimento de filhote de serpente (*Acanthophis praelongus*), uma espécie vivípara.

Animais **ovovivíparos** apresentam fecundação interna e o desenvolvimento embrionário ocorre dentro de ovos que permanecem no interior do corpo da fêmea até o nascimento. Os embriões obtêm nutrientes do ovo.

Alguns peixes, como o lebiste, a maioria dos tubarões e das raias, algumas espécies de lagartos e serpentes, como a cascavel, são animais ovovivíparos.

Nascimento de filhote de peixe-mosquito (*Gambusia affinis*), uma espécie ovovivípara.

Tubarão-serra (*Pristiophorus cirratus*), uma espécie ovovivípara.

Desenvolvimento embrionário em cavalo-marinho

Quando se trata de desenvolvimento de embrião no interior do corpo do progenitor, você provavelmente associa esse papel à fêmea. No entanto, os embriões de cavalo-marinho se desenvolvem no interior de ovos que permanecem dentro do corpo do macho.

Nesses animais, o ritual de acasalamento ocorre com a união da cauda do macho com a da fêmea em uma dança com movimentos circulares. Durante o acasalamento, a fêmea transfere seus gametas para o interior da bolsa incubadora, presente no macho. Este, por sua vez, libera os espermatozoides no interior dessa bolsa, onde ocorre a fecundação. Os embriões formados são nutridos pelo macho.

Durante o período de incubação, ou seja, de desenvolvimento do embrião e nascimento do filhote, o macho permanece preso por meio de sua cauda a estruturas no ambiente, como corais ou algas.

Macho de cavalo-marinho (*Hippocampus zosterae*) expelindo os filhotes de sua bolsa incubadora.

Ampliando fronteiras

Atividades humanas e a reprodução das tartarugas marinhas

As tartarugas são répteis ovíparos que depositam seus ovos no ambiente. Anualmente, cinco espécies de tartarugas marinhas fazem a postura dos ovos nas praias do litoral do Brasil, entre os meses de setembro a dezembro. Elas cavam buracos na areia, botam centenas de ovos e voltam para o mar. Cerca de dois meses depois da postura, nascem os filhotes, que se movem em direção ao mar. Nesse ambiente, os filhotes crescem e alguns deles chegam à fase adulta, quando acasalam e retornam ao ambiente terrestre para a postura dos ovos, geralmente na região onde nasceram.

Apesar dos milhares de ovos depositados nas areias do litoral brasileiro, o número de filhotes que atinge a fase adulta é bastante reduzido. Acredita-se que, em média, a cada mil tartarugas que nascem, apenas duas ou três chegam à idade adulta.

A baixa sobrevivência das tartarugas está relacionada a diferentes fatores naturais, como a captura por predadores. No entanto, além das ameaças naturais, as atividades humanas também ameaçam a sobrevivência das tartarugas marinhas. Veja na página seguinte algumas dessas atividades.

Representação sem proporção de tamanho. Cores-fantasia.

Representação do ciclo de vida de uma tartaruga marinha.

Rodrigo Gafa

76

- **Luzes da beira-mar:** as luzes artificiais dos postes e estabelecimentos próximos às praias podem confundir os filhotes que saem dos ovos. Assim, esses animais se movimentam em direção oposta à do mar, ficando mais expostos a riscos, como atropelamento, desidratação e ataque de outros animais, como cães e aves.
- **Destruição do hábitat:** a ocupação inadequada do local de desova e a poluição desses ambientes aumenta a transmissão de doenças a esses animais e favorece a ingestão de materiais como plástico, prejudicando sua nutrição.
- **Pisoteio das áreas de desova:** a presença de pessoas e de veículos compacta a areia, dificultando a construção dos ninhos pelas tartarugas, e prejudica a saída dos filhotes.
- **Sombreamento:** a determinação do sexo dos filhotes é influenciada pela temperatura da areia em que os ovos são incubados. Assim, construções que provocam o sombreamento dos locais de desova reduzem a temperatura da areia, resultando em aumento na geração de machos e consequentemente em desequilíbrio entre machos e fêmeas.
- **Pesca incidental:** as tartarugas marinhas ficam presas em redes de pesca ou anzóis utilizados para a pesca de outros animais marinhos. Por isso, muitas delas não conseguem subir à superfície da água para respirar ou não conseguem se alimentar adequadamente, prejudicando sua sobrevivência.
- **Coleta de ovos e caça:** em alguns locais do Brasil, os ovos de tartaruga e os animais adultos são utilizados na alimentação.

Projeto Tamar

Apesar de algumas atividades humanas serem prejudiciais às tartarugas marinhas, outras atividades realizadas pelo ser humano podem proteger esses seres vivos, como as desenvolvidas no Projeto Tamar. Esse projeto atua de diferentes maneiras na proteção das cinco espécies de tartaruga marinha que visitam o Brasil, como por meio do desenvolvimento de pesquisas, da proteção de áreas de desova e da conscientização das pessoas na proteção dessas espécies.

Projeto Tamar. Fac-símile: ID/BR

1. Quando você vai à praia ou a outro ambiente natural, você costuma identificar danos ambientais nesses locais ou ameaças à sobrevivência de seres vivos presentes nele? Em caso afirmativo, compartilhe essas informações com os colegas, comentando sobre as possíveis maneiras de reverter a(s) situação(ões) observada(s).

2. A informação é uma importante ferramenta na proteção dos ambientes e das espécies de seres vivos. Junte-se a dois colegas e produzam um panfleto com algumas curiosidades e dados a respeito das tartarugas marinhas, sua preservação e risco de extinção. Em seguida, apresente o material produzido aos demais colegas e aos familiares.

3. Cite uma ação individual e uma ação coletiva que podem auxiliar na proteção das tartarugas marinhas.

Provavelmente, você já deve ter visto um filhote de cachorro ou gato. Esses filhotes são semelhantes ao animal adulto da mesma espécie, quanto ao número de membros e presença de determinadas estruturas no corpo. Outros, porém, são muito diferentes dos animais adultos da espécie.

A aparência do animal ao nascer, quando comparada com a do indivíduo adulto da espécie, permite identificar dois tipos de desenvolvimento: o direto e o indireto.

No **desenvolvimento direto**, o filhote apresenta muitas semelhanças com o animal adulto da mesma espécie, apresentando a mesma organização da estrutura corpórea. O jovem animal nasce, cresce e se desenvolve até chegar à forma adulta sem alteração extrema de seu corpo. Esse tipo de desenvolvimento é observado em animais como o ser humano e outros mamíferos, aves e alguns répteis como o da imagem ao lado. Peixes como o cavalo-marinho também apresentam desenvolvimento direto.

Filhotes de tartaruga (*Terrapene carolina*) eclodindo dos ovos.

Tartaruga (*Terrapene carolina*) adulta.

No **desenvolvimento indireto**, o filhote apresenta muitas diferenças em relação ao animal adulto da mesma espécie. Por isso, após o nascimento, o ser vivo jovem sofre mudanças intensas até atingir a fase adulta. Essas mudanças caracterizam a chamada metamorfose.

Esse tipo de desenvolvimento é observado em insetos, como borboletas e algumas moscas, em sapos, rãs e pererecas e algumas espécies de peixes.

Observe o esquema a seguir:

Metamorfose em sapo

Etapas do desenvolvimento indireto do sapo-japonês (*Bufo japonicus*).

O ciclo de vida do sapo se inicia com o ovo (**1**), passa pelo estágio larval conhecido como girino (**2**) e atinge a fase adulta (**3**). Do ovo nasce um girino. Logo após o nascimento, os girinos apresentam algumas características específicas, como brânquias que realizam as trocas gasosas com o ambiente, cauda, que auxilia na movimentação na água, e ausência de membros. Ao longo de seu desenvolvimento, a cauda dos girinos é absorvida e os membros se desenvolvem. Ao atingir a fase adulta, o sapo apresenta membros anteriores e posteriores bem desenvolvidos e adequados à locomoção no ambiente terrestre, as brânquias são absorvidas e as trocas gasosas são realizadas pela pele e por pulmões.

Atividades

1. Leia o trecho do texto a seguir.

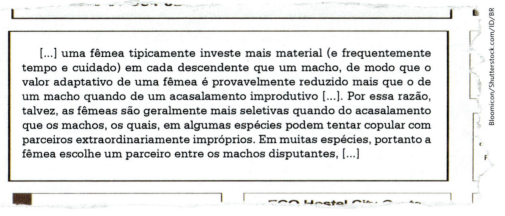

[...] uma fêmea tipicamente investe mais material (e frequentemente tempo e cuidado) em cada descendente que um macho, de modo que o valor adaptativo de uma fêmea é provavelmente reduzido mais que o de um macho quando de um acasalamento improdutivo [...]. Por essa razão, talvez, as fêmeas são geralmente mais seletivas quando do acasalamento que os machos, os quais, em algumas espécies podem tentar copular com parceiros extraordinariamente impróprios. Em muitas espécies, portanto a fêmea escolhe um parceiro entre os machos disputantes, [...]

Douglas J. Futuyma. *Biologia evolutiva*. Tradução de Maria de Vivo. 2. ed. Ribeirão Preto: Funpec - RP, 2002. p. 292-3.

a) O trecho de texto acima trata de um processo comum entre organismos que realizam reprodução sexuada. Em seu caderno, reescreva o código, substituindo os números pelas letras correspondentes, de acordo com o quadro abaixo e descubra o nome desse processo.

1	2	3	4	5	6	7	8	9	10
O	E	U	Ç	S	X	L	Ã	U	A

| Código: | 5 | 2 | 7 | 2 | 4 | 8 | 1 | 5 | 2 | 6 | 9 | 10 | 7 |

b) Na espécie de besouro *Brentus anchorago*, os machos com rostros mais longos geralmente vencem as disputas com outros machos e, de maneira geral, são prioritariamente escolhidos pelas fêmeas. Você acha que essa característica pode ser considerada essencial para o processo citado no item **a**? Justifique sua resposta.

Besouros (*Brentus anchorago*) macho e fêmea.

c) Vimos na página **72** que o faisão macho apresenta diferenças físicas, principalmente em relação à cor das penas, que apresentam cores mais vibrantes e plumagens diferenciadas, quando comparado com a fêmea, que apresenta plumagem mais discreta. Você acha que essas características interferem de alguma maneira na reprodução dessa espécie? Em caso afirmativo, como isso ocorre?

d) Cite um possível benefício para a espécie da presença de cores discretas nas fêmeas.

2. Leia o trecho da reportagem a seguir.

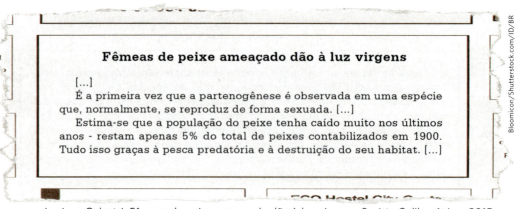

Luciana Galastri. Fêmeas de peixe ameaçado dão à luz virgens. *Revista Galileu*, 1º jun. 2015. Disponível em: <https://revistagalileu.globo.com/Ciencia/noticia/2015/06/femeas-de-peixe-ameacado-dao-luz-virgens.html>. Acesso em: 1º out. 2018.

a) Faça uma pesquisa sobre o que é pesca predatória.

b) Como você acha que a pesca predatória pode interferir na ocorrência de reprodução sexuada da espécie?

c) Explique com suas palavras por que a pesca excessiva de indivíduos jovens e fêmeas fecundadas pode levar muitas espécies de peixes à extinção.

3. Leia o texto abaixo e responda às questões.

tracajá

Tracajá é uma espécie de tartaruga tradicionalmente utilizada como alimento pelos povos indígenas do Parque do Xingu, no Mato Grosso. Nos últimos anos, a população desse réptil vem diminuindo devido ao aumento da caça, do desmatamento e da poluição dos rios.

Em 2006, a comunidade Kamaiurá-Morená iniciou um projeto de recuperação das populações de tracajá. Desde 2007, esse projeto conta com o apoio da Embrapa Recursos Genéticos e Biotecnologia e do Instituto Chico Mendes de Conservação da Biodiversidade (ICMBio).

a) Uma das ações desse projeto é proteger os ovos, os filhotes e as fêmeas adultas de tracajás. Explique como essa estratégia pode contribuir com a preservação dessa tartaruga.

b) Como no Parque do Xingu existem outras comunidades indígenas além da Kamaiurá-Morená, um dos objetivos do projeto é conscientizar as demais comunidades. Em sua opinião, essa ação é importante? Justifique sua resposta.

CAPÍTULO

A reprodução nos diferentes grupos de animais

5

Observe as fotografias a seguir.

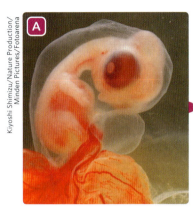

Embrião de galo-branquiva (*Gallus gallus*), uma espécie de ave.

Embrião de morcego (*Miniopterus natalensis*), uma espécie de mamífero.

1 Onde se desenvolve o embrião do animal da fotografia **A**? E o da fotografia **B**?

2 Cite uma semelhança e uma diferença entre os modos de reprodução do ser vivo apresentado na fotografia **A** e do apresentado na fotografia **B**.

Como estudamos no capítulo anterior, a reprodução é essencial para a manutenção das espécies no ambiente para que sejam gerados novos indivíduos. Os seres vivos apresentam diferentes tipos de reprodução, que pode envolver a participação de gametas ou não, e diferentes tipos de desenvolvimento.

Embora os seres vivos apresentem alguns aspectos comuns quanto à reprodução, eles também apresentam características reprodutivas específicas que podem variar entre os grupos ou até mesmo entre as espécies de um mesmo grupo. Por exemplo, algumas espécies apresentam rituais de acasalamento e cuidado parental dos filhotes, o qual pode ser realizado tanto pelo macho quanto pela fêmea, dependendo da espécie. Esse cuidado aumenta a chance de sobrevivência da prole e pode ser realizado de diferentes maneiras, como protegendo e incubando os ovos, fornecendo alimento ou construindo ninhos. Veja os exemplos a seguir.

Macho da espécie *Opistognathus macrognathus* realizando cuidado parental. Nessa espécie de peixe, o macho mantém os ovos dentro da boca até que os filhotes nasçam.

comprimento: aproximadamente 20 cm

Ovos de perca (*Perca fluviatilis*) depositados na vegetação aquática. Essa espécie de peixe de água doce não apresenta cuidado parental.

Neste capítulo, vamos conhecer um pouco mais sobre a reprodução dos diferentes grupos de animais.

81

Poríferos

Os poríferos podem se reproduzir de maneira sexuada ou assexuada. Esta última pode ocorrer de duas maneiras: por fragmentação ou por brotamento.

Na reprodução por fragmentação, uma nova esponja se desenvolve do fragmento de outra esponja. Esse fragmento pode se fixar no substrato e regenerar as partes perdidas, dando origem a um novo indivíduo. A fragmentação pode ocorrer por diferentes motivos, como pela ação das correntes de água e ondas ou em virtude do ataque de outros animais.

Na reprodução por brotamento, uma nova esponja se forma dos brotos. A esponja formada pode se separar do indivíduo progenitor ou permanecer unida a ele. No último caso, os indivíduos formam uma colônia de esponjas.

▶ Esponja (*Pseudoceratina crassa*) com brotos.

Na reprodução sexuada ocorre a formação de gametas masculinos e femininos, os quais se fundem e originam o zigoto. A maioria das espécies de esponjas é hermafrodita, ou seja, um mesmo indivíduo pode produzir ovócitos e espermatozoides. No entanto, a reprodução é geralmente cruzada, ou seja, o espermatozoide de um indivíduo fecunda o ovócito de outro, e vice-versa. Veja, no esquema a seguir, um exemplo de reprodução sexuada em poríferos.

Reprodução sexuada em esponja-do-mar

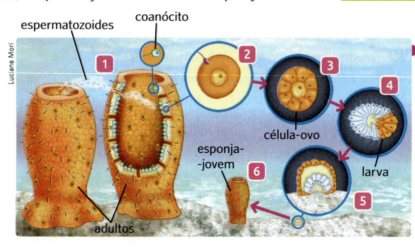

▶ Representação da reprodução sexuada de uma esponja-do-mar. Nessa ilustração, as imagens **2** a **5** representam ampliações de estruturas de tamanho reduzido.

Fonte de pesquisa: Richard C. Brusca e Gary J. Brusca. *Invertebrados*. 2. ed. Rio de Janeiro: Guanabara Koogan, 2007. p. 207-208.

Representação sem proporção de tamanho. Cores-fantasia.

Um indivíduo libera espermatozoides na água, que são transportados pelas correntes de água até as proximidades de outra esponja (**1**). O fluxo de água gerado pelas células flageladas, chamadas coanócitos, transporta os espermatozoides até o interior da esponja, onde são encaminhados por células específicas até o local onde se encontra o ovócito (**2**). Após a fecundação, forma-se uma célula-ovo (**3**) que se desenvolve em uma larva (**4**). Essa larva é liberada no ambiente, onde se fixa no substrato (**5**) e se desenvolve, formando um novo indivíduo (**6**).

Em algumas espécies de esponjas, a união entre os gametas masculino e feminino ocorre no ambiente, resultando na formação do zigoto que pode originar uma larva.

Cnidários

Os cnidários podem apresentar reprodução assexuada e sexuada e podem ser hermafroditas ou apresentar sexos separados, ou seja, indivíduos que produzem ovócitos e indivíduos que produzem espermatozoides.

A reprodução assexuada ocorre, principalmente, por brotamento. Esse tipo de reprodução é comum em algumas espécies de anêmonas e também em hidras, como você estudou no capítulo anterior. Quando o broto permanece ligado ao indivíduo progenitor, pode ser formada uma colônia. Além disso, as esponjas também apresentam alta capacidade de regeneração.

Na reprodução sexuada, os gametas são liberados na água, onde pode ocorrer a fecundação e a formação do zigoto. Em algumas espécies de cnidários, o zigoto se desenvolve e origina um novo indivíduo. Em outras, o zigoto origina uma larva, a qual se desenvolve, dando origem a um novo indivíduo.

Durante o ciclo de vida de algumas espécies de cnidários, como as do gênero *Obelia*, observa-se uma fase de reprodução assexuada e uma fase de reprodução sexuada. Veja o esquema a seguir.

Ciclo de vida com fases sexuada e assexuada

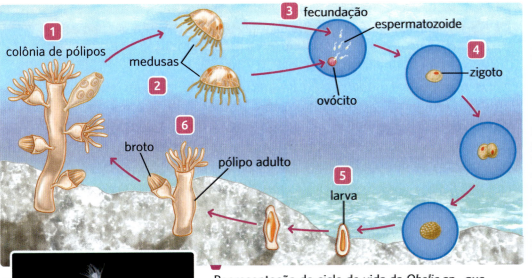

Representação sem proporção de tamanho. Cores-fantasia.

Fonte de pesquisa: Edward E. Ruppert e outros. *Zoologia dos invertebrados*: uma abordagem funcional-evolutiva. 7. ed. São Paulo: Roca, 2005. p. 190.

Representação do ciclo de vida da *Obelia* sp., que apresenta fase sexuada e fase assexuada.

altura da colônia: aproximadamente 60 cm

Colônia de *Obelia longissima*.

O pólipo adulto se reproduz assexuadamente por brotamento, originando uma colônia de pólipos (**1**). Determinados indivíduos da colônia originam medusas (**2**), as quais se desprendem como indivíduos livre-natantes. Quando adultas, as medusas se reproduzem de maneira sexuada. Elas produzem ovócitos e espermatozoides, os quais são liberados na água, onde pode ocorrer a fecundação (**3**). A união dos gametas masculino e feminino origina um zigoto (**4**), o qual se desenvolve e origina uma larva (**5**). Esta se fixa no substrato e também se desenvolve, originando um novo pólipo (**6**), que representa a fase assexuada.

83

Platelmintos

Leia o trecho da reportagem a seguir.

Verme enviado ao espaço desenvolve segunda cabeça

Platelmintos passaram cinco semanas a bordo da Estação Espacial Internacional

[...]

Após o retorno do espaço, os vermes foram analisados imediatamente e ao longo de 20 meses. Os pesquisadores identificaram uma série de diferenças entre os vermes espaciais e os terrestres, sendo a mais surpreendente a regeneração de uma segunda cabeça. Nos últimos cinco anos, os cientistas da Tufts manejaram mais de 15 mil platelmintos da espécie e nunca observaram o desenvolvimento espontâneo de uma segunda cabeça. [...]

Outro fato observado foi que todos os animais enviados ao espaço apresentaram fissão espontânea, a divisão do corpo em dois ou mais indivíduos idênticos, o que não foi observado no grupo de controle em terra. Para os pesquisadores, isso pode ter sido causado pela diferença das temperaturas em Terra e no espaço.

[...]

Verme enviado ao espaço desenvolve segunda cabeça. *O Globo*, 14 jun. 2017. Disponível em: <https://oglobo.globo.com/sociedade/ciencia/verme-enviado-ao-espaco-desenvolve-segunda-cabeca-21476531>. Acesso em: 5 out. 2018.

3 No segundo parágrafo do trecho da reportagem é descrito um tipo de reprodução que ocorre em platelmintos. Essa reprodução é sexuada ou assexuada? Justifique sua resposta.

Os platelmintos podem se reproduzir tanto de maneira assexuada quanto sexuada. Em geral, são hermafroditas e sua fertilização é interna. No entanto, cada grupo de platelmintos apresenta suas particularidades em relação à reprodução. A seguir vamos estudar como alguns representantes dos grupos de platelmintos se reproduzem.

Planárias

A reprodução das planárias pode ocorrer de forma assexuada ou sexuada. Quando adulta, a planária é hermafrodita. No entanto, na maioria das espécies desse grupo ocorre a reprodução sexuada cruzada. Veja nos esquemas a seguir como ocorrem essas duas formas de reprodução das planárias.

Reprodução assexuada

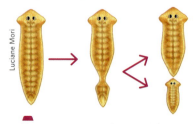

Representação da reprodução assexuada de uma planária.

A reprodução assexuada ocorre por fissão transversal. Nesse tipo de reprodução, o verme estica-se e divide-se em dois. Cada parte desenvolve-se e origina uma nova planária completa. Isso é possível porque as planárias têm grande capacidade de regeneração.

Fonte de pesquisa: Edward E. Ruppert e outros. *Zoologia dos invertebrados*: uma abordagem funcional-evolutiva. 7. ed. São Paulo: Roca, 2005. p. 275.

Representação sem proporção de tamanho. Cores-fantasia.

Reprodução sexuada

Na reprodução sexuada, duas planárias unem-se pela porção ventral do corpo e trocam espermatozoides. No interior do corpo da planária, os espermatozoides de uma se unem aos ovócitos da outra. Os ovos resultantes da fecundação são depositados no ambiente dentro de pequenos casulos, que os protegem. Após o desenvolvimento dos ovos, as planárias jovens saem do interior dos casulos. Esses animais apresentam desenvolvimento direto, ou seja, sem estágio larval.

Fonte de pesquisa: Richard C. Brusca e Gary J. Brusca. *Invertebrados*. 2. ed. Rio de Janeiro: Guanabara Koogan, 2007. p. 316.

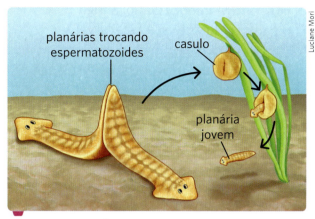

Representação da reprodução sexuada de uma planária.

Representação sem proporção de tamanho. Cores-fantasia.

Tênias e esquistossomos

As tênias também são hermafroditas e possuem o corpo formado por segmentos chamados proglotes ou proglótides. Cada um desses segmentos é dotado de estruturas dos sistemas reprodutores feminino e masculino.

A reprodução sexuada desses animais pode, principalmente, por autofecundação. Nesse caso, o ovócito e o espermatozoide de um mesmo indivíduo se unem, originando um zigoto. Após a fecundação, a proglote que contém os zigotos é chamada proglote grávida.

Diferentemente das planárias e das tênias, os esquistossomos apresentam sexos separados. Eles se reproduzem de maneira sexuada e o corpo do macho e da fêmea possuem algumas diferenças, ou seja, apresentam dimorfismo sexual. Veja ao lado.

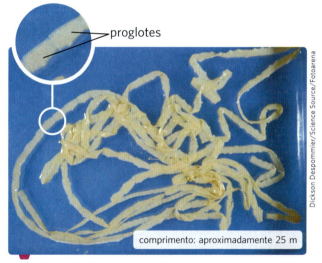

Taenia saginata

Macho e fêmea de *Schistosoma mansoni*. Fotografia obtida por microscópio e colorizada por computador. Imagem aumentada cerca de 50 vezes.

As tênias e os esquistossomos são parasitas e, portanto, precisam de outros seres vivos como hospedeiros para completar seu ciclo de vida.

As fêmeas são finas e podem se alojar no sulco do corpo dos machos.

Os machos possuem corpo mais curto do que a fêmea e apresentam um sulco na região ventral.

Assim, no ciclo de vida de muitos parasitas há dois hospedeiros. Veja abaixo.

- **Hospedeiro intermediário:** abriga o parasita durante sua fase larval.
- **Hospedeiro definitivo:** abriga o parasita durante sua fase adulta e onde ocorre a reprodução sexuada.

Veja a seguir o ciclo de vida de um desses platelmintos parasitas.

Ciclo de vida de *Taenia solium*

1. As proglotes grávidas, localizadas na porção final do corpo da tênia, desprendem-se do verme e são eliminadas com as fezes da pessoa parasitada. No meio externo, as paredes das proglotes se abrem e liberam os ovos, contaminando o solo e a água.

2. Ao ingerir água ou alimentos contaminados, o porco adquire esses ovos. No estômago do porco, o envoltório do ovo se desfaz, liberando a larva, que atravessa a parede do intestino e chega à circulação sanguínea.

3. Por meio do sangue, a larva chega aos músculos do porco, onde se aloja e se desenvolve, formando outro tipo de larva denominada cisticerco.

4. Ao comer carne de porco contaminada e malcozida, o ser humano ingere o cisticerco vivo. No intestino humano, o cisticerco pode se desenvolver em um verme adulto e se reproduzir sexuadamente, reiniciando o ciclo.

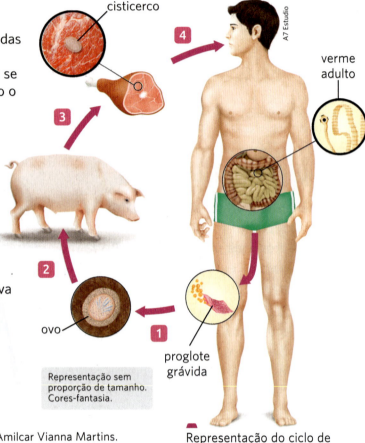

Representação sem proporção de tamanho. Cores-fantasia.

Representação do ciclo de vida de *Taenia solium*.

Fonte de pesquisa: Samuel Barnsley Pessôa e Amilcar Vianna Martins. *Parasitologia médica*. 11. ed. Rio de Janeiro: Guanabara Koogan, 1982. p. 452.

4. Com base no ciclo de vida da tênia, apresentado acima, como podemos prevenir a teníase?

5. Observando o esquema acima, qual é o hospedeiro intermediário e o hospedeiro definitivo da *Taenia solium*?

Ao parasitar o ser humano, as tênias podem provocar uma doença denominada **teníase**. Em geral, há apenas uma tênia por hospedeiro, por isso são chamadas popularmente de solitárias. Os principais sintomas da teníase são dores abdominais, diarreia, prisão de ventre e perda de peso.

Já o parasitismo por esquistossomo pode provocar uma doença denominada **esquistossomose**. Na fase mais avançada dessa doença, o volume do fígado e do baço da pessoa infectada aumenta pelo acúmulo de líquido na região abdominal, elevando também o volume do abdome do doente. Por isso, a esquistossomose é popularmente conhecida como barriga-d'água.

Nematódeos

Em geral, os nematódeos realizam reprodução sexuada. A maioria desses vermes possui sexos separados e fertilização interna. Nesse grupo de animais também se observa o dimorfismo sexual. Veja ao lado.

Alguns nematódeos são parasitas, como a *Ascaris lumbricoides*, conhecida popularmente como lombriga. Veja o esquema abaixo.

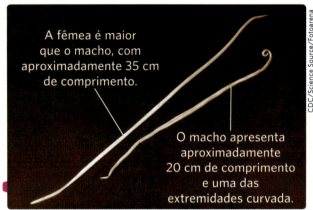

Macho e fêmea de *Ascaris lumbricoides*.

Ciclo de vida de *Ascaris lumbricoides*

1. As lombrigas adultas acasalam-se no interior do intestino humano. A fêmea deposita seus ovos no intestino humano, os quais são eliminados com as fezes da pessoa contaminada.
2. No ambiente, os ovos da lombriga podem contaminar a água, o solo e os alimentos.
3. Ao ingerir alimentos ou água contaminados, os ovos entram no sistema digestório do ser humano. No intestino, as larvas são liberadas dos ovos e atravessam a parede desse órgão, atingindo a circulação sanguínea humana.
4. Por meio dos vasos sanguíneos, as larvas migram para como os pulmões, onde se desenvolvem e se transformam em lombrigas jovens. Essas formas jovens saem do pulmão e alcançam a laringe, sendo deglutidas, atingindo novamente o intestino, onde se desenvolvem em vermes adultos capazes de se acasalar e reiniciar o ciclo.

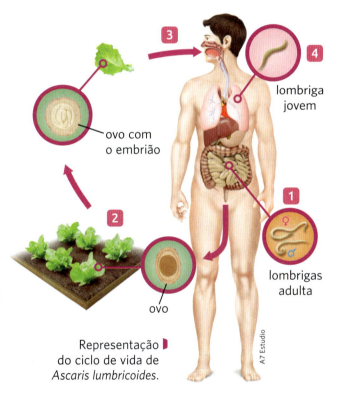

Representação do ciclo de vida de *Ascaris lumbricoides*.

Representação sem proporção de tamanho. Cores-fantasia.

Fontes de pesquisa: Samuel Barnsley Pessôa e Amilcar Vianna Martins. *Parasitologia médica*. 11. ed. Rio de Janeiro: Guanabara Koogan, 1982. p. 575.
Luís Rey. *Parasitologia*: parasitos e doenças parasitárias do homem nos trópicos ocidentais. 4. ed. Rio de Janeiro: Guanabara Koogan, 2008. p. 586-589.

Ao parasitar o ser humano, a lombriga pode provocar uma doença denominada **ascaridíase**. Os sintomas envolvem tosse, bronquite e febre, durante a passagem das larvas pelos pulmões, além de dor abdominal, náuseas, e perda de apetite, quando o verme se instala no intestino.

Anelídeos

As minhocas e as sanguessugas são exemplos de anelídeos hermafroditas. No entanto, elas não realizam a autofecundação. Por isso, para haver reprodução, é necessário que dois indivíduos se encontrem, acasalem e realizem a fecundação cruzada. Veja o esquema a seguir.

Reprodução sexuada em minhocas

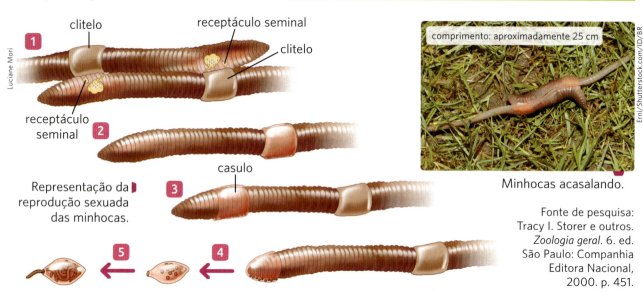

Representação da reprodução sexuada das minhocas.

Minhocas acasalando.

Fonte de pesquisa: Tracy I. Storer e outros. *Zoologia geral*. 6. ed. São Paulo: Companhia Editora Nacional, 2000. p. 451.

1. Durante o acasalamento, duas minhocas alinham seus corpos em direções opostas, e cada uma deposita seu esperma no receptáculo seminal da outra, onde ficam armazenados.
2. Ao redor do clitelo de cada uma das minhocas forma-se um casulo.
3. Por causa da contração da musculatura da minhoca, esse casulo desliza em direção à extremidade anterior do animal. À medida que se desloca pelo corpo da minhoca, o casulo recebe os óvulos e os espermatozoides recebidos do parceiro que estavam armazenados. A fecundação ocorre no interior do casulo, formando os ovos.
4. O casulo com os ovos continua a se deslocar pelo corpo do animal até ser liberado pela extremidade anterior do animal, quando se fecha e é depositado no ambiente.
5. Os ovos se desenvolvem no interior do casulo. Após cerca de três semanas, nascem minhocas jovens.

Representação sem proporção de tamanho. Cores-fantasia.

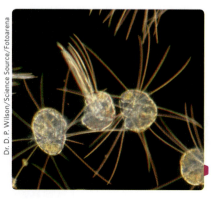

Já os poliquetas, em geral, são exemplos de anelídeos que possuem sexos separados. Eles liberam seus gametas diretamente na água, onde ocorre a fecundação que dá origem a um zigoto. Este, por sua vez, forma uma larva, que se desenvolve em um animal adulto.

Algumas espécies de poliquetas podem se reproduzir assexuadamente por fragmentação e regeneração.

Larvas de um poliqueta (*Sabellaria alveolata*). Fotografia obtida por microscópio. Imagem aumentada cerca de 43 vezes.

Moluscos

Os moluscos são animais que realizam reprodução sexuada. Eles podem ser hermafroditas ou apresentar sexos separados. Sua fecundação pode ser interna ou externa, dependendo do grupo de moluscos ao qual o animal pertence. Veja a seguir.

Gastrópodes

A maioria dos gastrópodes marinhos apresenta sexos separados. Nessas espécies, os gametas são liberados na água, onde se encontram e formam o zigoto, que se desenvolve e origina um novo indivíduo.

As espécies terrestres, geralmente, são hermafroditas, embora não realizem a autofecundação. Durante o acasalamento do caracol, por exemplo, há transferência de espermatozoides de um indivíduo para o outro através do poro genital. Em seguida, os caracóis se separam e ocorre a fecundação interna. Os ovos formados são depositados em um local úmido, onde se desenvolvem e dão origem a novos indivíduos.

Caracóis acasalando.

Cefalópodes

Os cefalópodes possuem sexos separados e a fecundação é interna. Durante o acasalamento desses animais, o macho transfere seus espermatozoides para o interior do corpo da fêmea com o auxílio de um de seus braços. Os ovos fecundados são depositados no ambiente, onde se desenvolvem e dão origem a novos indivíduos.

Ovos de polvo-gigante (*Enteroctopus doflein*). Os ovos de cefalópodes são revestidos por uma camada gelatinosa, que os protege e contribui para sua fixação sobre conchas e rochas.

Bivalves

A maioria dos bivalves possui sexos separados e sua fecundação, em geral, é externa. Os gametas são liberados na água, onde se unem e formam o ovo. Nem sempre os indivíduos que nascem são parecidos com os pais, uma vez que muitos bivalves passam por um estágio larval antes de se tornarem adultos.

Larvas de bivalve. Fotografia obtida por microscópio. Imagem aumentada cerca de 50 vezes.

Atividades

1. Daiana resolveu organizar uma horta no quintal de sua casa. Ela sabia que a qualidade do solo é essencial para o desenvolvimento adequado das plantas. Por isso, ela resolveu povoar o solo com minhocas. Sabendo que as minhocas são hermafroditas, Daiana adicionou uma única minhoca no solo para que ela originasse outros indivíduos.

comprimento: aproximadamente 25 cm

minhoca no solo

a) Em sua opinião, a estratégia de Daiana está correta? Por quê?

b) O que você faria para obter o resultado desejado por Daiana: povoar o solo de minhocas?

c) Faça uma pesquisa sobre a importância das minhocas para o solo. Em seguida, produza em seu caderno um pequeno texto incentivando essa estratégia para o cultivo de plantas.

2. Leia a manchete a seguir e responda às questões propostas.

Turistas relatam infecção causada por bicho-geográfico após visita à praia de Maresias em São Sebastião

G1, 13 jan. 2018. Disponível em: <https://g1.globo.com/sp/vale-do-paraiba-regiao/noticia/turistas-tem-infeccao-causada-por-bicho-geografico-apos-visita-a-praia-de-maresias-em-sao-sebastiao.ghtml>. Acesso em: 5 out. 2018.

a) O bicho-geográfico relatado na manchete acima é o nome popular da doença *larva migrans* cutânea. Essa doença é causada pela fase larval do nematódeo do gênero *Ancylostoma*, que vive nos intestinos de cães e gatos. Faça uma pesquisa sobre esse parasita e a doença que ele causa. Em seguida, desenhe em seu caderno o ciclo de vida desse parasita.

b) Com base nas informações que você leu a respeito do nematódeo causador do bicho-geográfico, de que maneira as situações relatadas na manchete podem ser evitadas?

3. Leia o trecho da reportagem a seguir e responda às questões propostas.

Até 2030, Brasil quer controlar 5 espécies de animais invasores: veja quais

Um animal invasor rapidamente se alastrou e ameaça o litoral brasileiro, de Sergipe a Santa Catarina. Apesar de belo e parecer inofensivo, trata-se de uma praga mortal: o coral-sol é apontado pela ONU (Organização das Nações Unidas) como a espécie responsável pela maior perda da biodiversidade no mundo, de acordo com o relatório Global Biodiversity Outlook.

Para monitorar essa e outras quatro espécies, o Ministério do Meio Ambiente (MMA) atualizou um documento que aborda o impacto desses animais no ecossistema nacional. [...]

O papel lista cinco espécies estranhas à nossa fauna, que ameaçam o equilíbrio nacional. São elas: coral-sol, javali, mexilhão dourado, sagui e caramujo gigante africano. O MMA espera tê-las sob controle até 2030.

[...]

Aline Torres. Até 2030, Brasil quer controlar 5 espécies de animais invasores: veja quais. *O Globo*, 6 set. 2018. Disponível em: <https://noticias.uol.com.br/meio-ambiente/ultimas-noticias/redacao/2018/09/06/brasil-identifica-5-especies-exoticas-invasoras-e-prepara-combate-ate-2030.htm?cmpid=copiaecola>. Acesso em: 5 out. 2018.

a) A que grupo de animais pertence cada uma das espécies sublinhadas no texto acima?

b) Pesquise por que as espécies invasoras podem ser consideradas um risco às espécies nativas.

c) Dentre as espécies aquáticas citadas acima, atualmente, o coral-sol é a mais preocupante do ponto de vista ambiental, sendo responsável pela redução da biodiversidade em muitos recifes de corais. Faça uma pesquisa sobre esse coral invasor e responda às questões abaixo.

- Como o coral-sol pode interferir na biodiversidade local?
- A espécie de coral-sol é hermafrodita e pode se reproduzir sexuada e assexuadamente por brotamento. Como essas características favorecem a invasão dos ambientes?

4. Sobre a reprodução dos poríferos, reescreva em seu caderno a sentença abaixo substituindo os números romanos pelas respectivas palavras do quadro.

brotos • fragmentação • espermatozoides • sexuada • larva

Os poríferos podem se reproduzir de maneira assexuada por meio da **I** e do brotamento, no qual a esponja produz **II**. Esses animais também se reproduzem de maneira **III**, na qual um indivíduo libera **IV** na água, que são transportados por meio da corrente de água até o interior da outra esponja. Após a fecundação, forma-se uma célula-ovo que se desenvolve em uma **V**, que sai da esponja e se adere ao substrato, dando origem a uma nova esponja-do-mar.

91

Artrópodes

Em geral, os artrópodes realizam reprodução sexuada, apresentam sexos separados e fertilização interna, podendo ser ovíparos ou vivíparos lecitotróficos (ovovivíparos). No entanto, os animais dos diferentes grupos de artrópodes apresentam algumas particularidades em relação à reprodução. Vamos estudar a seguir a reprodução de alguns grupos de artrópodes: crustáceos, aracnídeos e insetos.

Crustáceos

Caranguejo-vermelho (*Gecarcoidea natalis*) fêmea com ovos em seu abdome.

comprimento: aproximadamente 11 cm

massa de ovos

Em muitas espécies de crustáceos, como lagostas e lagostins, os machos utilizam um par de apêndices para inserir os espermatozoides no interior do corpo da fêmea, onde ocorrerá o encontro dos gametas.

De maneira geral, após a fecundação, os ovos são depositados no ambiente. Algumas espécies, no entanto, incubam seus ovos na superfície externa do corpo da fêmea.

A maioria dos crustáceos apresenta um ou mais estágios larvais durante seu desenvolvimento, ou seja, o desenvolvimento é indireto. Veja a seguir.

Desenvolvimento de um caranguejo

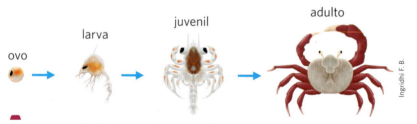

Representação do desenvolvimento de um caranguejo.

Representação sem proporção de tamanho. Cores-fantasia.

Fonte de pesquisa: *Projeto Uçá*. Disponível em: <http://projetouca.org.br/2015/01/com-voces-o-caranguejo-uca/>. Acesso em: 3 out. 2018.

O ovo origina uma larva, que se desenvolve e forma o indivíduo juvenil. Este passa por várias mudas até formar o indivíduo adulto, pois o corpo desses animais apresenta uma estrutura externa rígida (exoesqueleto) que não acompanha o respectivo crescimento, portanto precisa ser trocada para permitir o crescimento do animal.

Aracnídeos

Na maioria das espécies de escorpiões, o macho deposita no ambiente uma estrutura contendo espermatozoides, chamada espermatóforo. As fêmeas recolhem essa estrutura por meio de seu poro genital. Dessa maneira, ocorre a fecundação interna e a formação dos ovos. A maioria dos escorpiões são vivíparos lecitotróficos.

Nas aranhas, em geral, os pedipalpos dos machos encontram-se modificados e são utilizados para introduzir os espermatozoides no interior do corpo da fêmea. A maioria das espécies de aranhas é ovípara.

Insetos

Nos insetos, em geral, os machos possuem um órgão copulador, o qual conduz os espermatozoides até o interior do corpo da fêmea, onde os gametas femininos são fecundados e os ovos são formados. Os ovos são depositados no ambiente e o desenvolvimento pode ser direto ou indireto. Veja a seguir um exemplo de inseto com desenvolvimento direto.

Aranha macho, destacando os pedipalpos com bolsas de esperma para ser depositado no corpo da fêmea.

Desenvolvimento de uma traça

Após a eclosão do ovo, o juvenil de traça, semelhante ao adulto, sofre algumas mudas, aumenta de tamanho e chega à fase adulta.

Fonte de pesquisa: American Museum of Natural History. *Arthropod Morphology*. Disponível em: <www.amnh.org/ learn/ biodiversity_ counts/ident_help/ Parts_ Arthropods/ metamorphosis. htm>. Acesso em: 5 out. 2018.

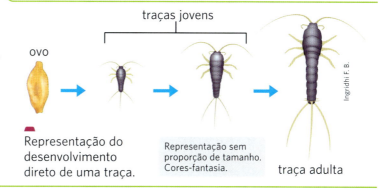

Representação do desenvolvimento direto de uma traça.

Representação sem proporção de tamanho. Cores-fantasia.

Agora, observe o desenvolvimento indireto de um inseto.

Desenvolvimento de um piolho

Sequência de fotografias representando a metamorfose incompleta de um piolho. Os indivíduos apresentados não estão em proporção de tamanho.

O ovo do piolho, popularmente chamado lêndea, adere-se a um fio de cabelo. Após um período de 7 a 10 dias de desenvolvimento do ovo, eclodem as ninfas, que passam por três estágios de desenvolvimento até originar o piolho adulto.

Em outras espécies, como as abelhas, as borboletas, as formigas e os besouros, o desenvolvimento é indireto com metamorfose completa, passando por fases como ovo, larva, pupa e adulto.

▎Equinodermos

Na maioria dos equinodermos a reprodução ocorre de maneira sexuada. No entanto, algumas espécies com grande capacidade de regeneração podem se reproduzir assexuadamente, como as estrelas-do-mar, que são capazes de regenerar partes perdidas.

▎Estrela-do-mar (*Echinaster luzonicus*) regenerando partes perdidas a partir de um braço original.

Em geral, os animais desse filo apresentam sexos separados e fertilização externa. Assim, machos e fêmeas liberam os gametas na água, onde ocorre a fecundação e a formação dos ovos. O desenvolvimento é indireto, ou seja, passa por estágios de larvas.

▎Pepino-do-mar (*Holothuria turriscelsa*) liberando esperma na água. O esperma contém espermatozoides.

Observe o esquema abaixo.

Reprodução e desenvolvimento de uma estrela-do-mar

Representação sem proporção de tamanho. Cores-fantasia.

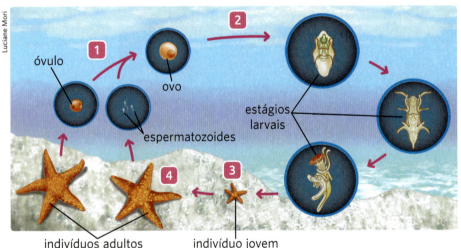

Os gametas são liberados na água, onde ocorre a fecundação (**1**). O ovo desenvolve-se e origina uma larva (**2**), que passa por vários estágios até originar o indivíduo jovem (**3**). Este se desenvolve e origina o indivíduo adulto (**4**). As larvas fixam-se no substrato durante seu desenvolvimento.

Fonte de pesquisa: Richard C. Brusca e Gary J. Brusca. *Invertebrados*. 2. ed. Rio de Janeiro: Guanabara Koogan, 2007. p. 865.

▎Representação da reprodução sexuada e do desenvolvimento indireto de uma estrela-do-mar. Os gametas, o ovo e as fases larvais foram representados nessa ilustração, de forma ampliada.

94

Atividades

1. Leia o trecho da reportagem a seguir.

> **A invasão dos clones: espécie mutante de lagostim se espalha pelo mundo**
> *Crustáceo que se reproduz sem sexo surgiu em aquário na Alemanha e agora ameaça outros animais*

O Globo, 6 fev. 2018. Disponível em: <https://oglobo.globo.com/sociedade/ciencia/a-invasao-dos-clones-especie-mutante-de-lagostim-se-espalha-pelo-mundo-22371558>. Acesso em: 6 out. 2018.

O trecho da reportagem acima trata de uma espécie mutante de lagostim. De acordo com os conhecimentos apresentados neste capítulo, responda às questões a seguir.

a) Qual é a consequência da mutação apresentada por essa espécie de lagostim?

b) De acordo com a sua resposta anterior, como é a reprodução dos lagostins que não apresentam a mutação?

2. Observe as imagens a seguir.

A — aranha-de-jardim — comprimento: aproximadamente 5 cm

B — abelha — comprimento: aproximadamente 15 mm

C — ouriço-do-mar — diâmetro: aproximadamente 15 cm.

Em seu caderno, faça a relação das imagens com as afirmações abaixo.

I) Em seu desenvolvimento, observa-se a metamorfose completa.

II) Possui desenvolvimento indireto com estágios larvais.

III) Apresenta desenvolvimento direto, em que o indivíduo jovem apresenta semelhanças com o animal adulto.

3. Leia o trecho da reportagem a seguir.

[...]

O escorpião-amarelo, com ampla distribuição em todas as regiões do país, é a espécie que provoca maior preocupação, por causa do potencial de gravidade do envenenamento. Além disso, a fácil adaptação ao meio urbano e a <u>reprodução que independe da presença de outro indivíduo da espécie</u> também contribuem com a incidência dos casos.

[...]

escorpião-amarelo com filhotes

Vigilância Ambiental alerta sobre a presença de escorpiões em Joinville. *A Notícia*, Joinville, 14 set. 2018. Disponível em: <http://anoticia.clicrbs.com.br/sc/geral/joinville/noticia/2018/09/vigilancia-ambiental-alerta-sobre-a-presenca-de-escorpioes-em-joinville-10582406.html>. Acesso em: 6 out. 2018.

a) Faça uma pesquisa sobre a reprodução do escorpião-amarelo e, em seguida, explique com suas palavras o trecho grifado no texto acima.

b) Cite uma medida para evitar acidentes com escorpião-amarelo. Se necessário, faça uma pesquisa.

4. Leia a tira abaixo e responda às questões.

Fernando Gonsales. *Níquel Náusea*: um tigre, dois tigres, três tigres. São Paulo: Devir, 2009. p. 23.

a) Qual processo de desenvolvimento a tira acima representa?

b) Diferencie o processo citado no item **a** daqueles observados em traças e em piolhos.

Peixes

Assim como os demais animais vertebrados (anfíbios, répteis, aves e mamíferos), os peixes, em geral, possuem sexos separados e a fecundação pode ser interna ou externa.

A fecundação interna é mais comum nos peixes cartilaginosos, os quais possuem duas estruturas externas em sua região genital chamadas clásperes. Essas estruturas auxiliam na deposição dos gametas no interior do sistema genital das fêmeas.

raia (*Manta birostris*)

Já a fecundação externa é mais comum nos peixes ósseos. Nesse caso, os gametas masculinos e femininos são liberados no ambiente, onde ocorrem a fecundação e a formação dos ovos.

Trutas (*Salvelinus fontinalis*) macho e fêmea liberando gametas na água. Nesta fotografia, é possível ver uma espécie de nuvem formada por espermatozoides liberados pelo macho e os gametas femininos.

Algumas espécies de peixes passam por uma fase larval durante seu desenvolvimento. A larva geralmente é chamada alevino.

Ovos e alevinos de salmão. Nessa imagem, os alevinos ainda apresentam parte do saco vitelino, que fornece nutrientes ao embrião durante seu desenvolvimento.

Ampliando fronteiras

A piracema e a pesca predatória

Algumas espécies de peixes fazem grandes migrações na época da reprodução. Certos peixes de água-doce, como o lambari, nadam contra a correnteza em direção à nascente do rio para se reproduzirem, pois nesses locais as chances de sobrevivência podem ser maiores. Essa migração dos peixes na época reprodutiva é conhecida como piracema.

O esforço realizado pelos peixes durante o trajeto migratório na piracema estimula a produção de hormônios responsáveis pelo seu amadurecimento sexual, tornando-os preparados para a reprodução. O tempo de deslocamento até o local da reprodução varia entre as espécies, algumas das quais levam até seis meses para conseguir completar esse trajeto.

Após a fecundação, os ovos e os alevinos são levados pela correnteza da água para outras regiões, muitos juvenis eclodem dos ovos e os alevinos crescem e se desenvolvem.

Proibida a pesca durante o período de defeso da piracema

Representação sem proporção de tamanho. Cores-fantasia.

Durante o período de reprodução dos peixes, a pesca é proibida por lei para garantir a preservação das espécies. Esse período de proibição é chamado defeso, que na maior parte do Brasil ocorre entre os meses de novembro e fevereiro.

No entanto, mesmo previsto por lei, muitas pessoas não respeitam o defeso, dificultando a reprodução dos peixes e a preservação das espécies.

De acordo com a Lei n. 9.605, de 1998, quem pescar durante o defeso poderá ter os seus utensílios de pesca apreendidos, pagar multa de R$ 700,00 a R$ 100.000,00 ou ser preso.

Raul Aguiar

1. Faça uma pesquisa e cite outra atividade humana que pode prejudicar a piracema. Em seguida, discuta com um colega como esses impactos podem ser evitados.

2. Muitas comunidades brasileiras dependem da pesca como fonte de alimento e de renda. Em sua opinião, essas comunidades podem sofrer as consequências do desrespeito ao defeso?

3. Quais as consequências do desrespeito ao defeso para as espécies de peixes que realizam a piracema e para o ecossistema em que vivem?

4. Você concorda com a fiscalização durante a piracema? Discuta com seu colega sobre essa questão e sobre como cada cidadão pode contribuir com a piracema.

5. O Brasil apresenta uma das maiores redes fluviais do mundo. Você acha que essa característica pode interferir na fiscalização da piracema?

99

Anfíbios

Leia o trecho da reportagem a seguir.

Seis espécies de anfíbios invasores são identificadas no Brasil

[...]

A ideia de fazer um levantamento dos anfíbios invasores nos biomas brasileiros surgiu no verão de 2013-2014, quando Forti observou nos jardins de um condomínio no Guarujá (SP) uma infestação de pererecas-das-bromélias (*Phyllodytes luteolus*). [...]

O herpetólogo suspeita que as pererecas-das-bromélias devem ter sido introduzidas no Guarujá acidentalmente, por meio do comércio de plantas ornamentais, uma vez que a espécie, como seu nome indica, costuma viver nos acúmulos de água entre as folhas das bromélias.

Segundo Forti, a invasão põe em risco a sobrevivência de pererecas nativas que vivem em hábitats semelhantes na Baixada Santista, especialmente a do gênero *Ischnocnema*. O risco advém da vocalização dos invasores. Ocorre que os machos de *P. luteolus*, em seus cantos noturnos para chamar a atenção das fêmeas, vocalizam na mesma faixa de frequência dos machos de *Ischnocnema*.

Peter Moon. Seis espécies de anfíbios invasores são identificadas no Brasil. *Exame*, 10 nov. 2017. Ciência. Disponível em: <https://exame.abril.com.br/ciencia/seis-especies-de-anfibios-invasores-sao-identificadas-no-brasil/>. Acesso em: 6 out. 2018.

1 Qual é o assunto abordado no trecho da reportagem acima?

2 A reportagem relata que as pererecas-das-bromélias vivem nos acúmulos de água entre as folhas de bromélias. Qual é a importância dessa característica para a reprodução dessa espécie de anfíbio?

3 De acordo com as informações do texto, explique com suas palavras como a introdução da perereca-das-bromélias pode colocar em risco as espécies de anfíbios nativas.

Na maioria dos anfíbios, o acasalamento ocorre na água e a fecundação pode ser interna ou externa. Em geral, os animais desse grupo são ovíparos e depositam os ovos em ambientes úmidos e com sombra, como beiras de rios e lagoas, evitando que eles se desidratem. Muitas vezes, os ovos possuem camadas gelatinosas que os mantêm unidos e protegidos.

Como vimos no trecho da reportagem acima, em muitas espécies de anuros, o macho produz um som característico para atrair a fêmea. Essa ação é chamada **vocalização**.

Quando a fêmea encontra o macho, ele a estimula a liberar os ovócitos na água, ao mesmo tempo em que ele libera os espermatozoides. Nesse caso, a fecundação é externa. Em algumas espécies de anfíbios, no entanto, a fecundação é interna

bolsa vocal
comprimento: aproximadamente 27 mm

Macho anuro (*Dendropsophus ebraccatus*) com a bolsa vocal inflada. Essa bolsa auxilia na vocalização e intensifica o som produzido pelo animal.

A maioria dos ovos de anuros, ao eclodir, libera uma larva chamada girino, o qual apresenta muitas diferenças em relação ao animal adulto. Durante o processo de desenvolvimento, os girinos da maioria dos anuros sofrem metamorfose completa. Algumas espécies de salamandras, como a da imagem ao lado, mantêm algumas características larvais na fase adulta.

Veja o esquema a seguir do ciclo de vida de um anuro.

Axolote (*Ambystoma mexicanum*), espécie de salamandra que vive na água e conserva algumas características larvais na fase adulta, como as brânquias e a cauda.

Ciclo de vida de uma rã

Representação do ciclo de vida de uma rã. Nessa ilustração, os espermatozoides foram representados como ampliação.

Fonte de pesquisa: Cleveland P. Hickman e outros. *Princípios integrados de zoologia*. 11. ed. Rio de Janeiro: Guanabara Koogan, 2009. p. 527.

Representação sem proporção de tamanho. Cores-fantasia.

1. No acasalamento, o macho libera os espermatozoides que fertilizam os ovócitos liberados pela fêmea, formando os ovos.
2. O embrião se desenvolve no interior do ovo.
3. Depois de algumas semanas origina o girino, que logo após eclodir do ovo apresenta brânquias e cauda envolta por membrana.
4. Ao longo da metamorfose, desenvolvem-se os membros, primeiramente os posteriores.
5. Em seguida, desenvolvem-se os membros anteriores.
6. Com o tempo, a cauda diminui de tamanho até desaparecer por completo.
7. O ser vivo cresce e, ao final da metamorfose completa, chega à fase adulta, quando pode se reproduzir e reiniciar o ciclo de vida.

Diferente da maioria dos anuros, as salamandras e cobras-cegas, em geral, possuem fecundação interna. Entre as salamandras, são comuns os rituais de acasalamento, nos quais o macho deposita os espermatozoides em uma superfície e guia a fêmea até o local. Ela recolhe os espermatozoides e os guarda no interior de seu corpo até a liberação dos ovócitos. O encontro dos espermatozoides com os ovócitos ocorre no interior do corpo da fêmea.

Fêmea de salamandra (*Speleomantes strinatii*) com seus ovos.

Répteis

Leia os textos e observe as fotografias abaixo.

As serpentes *Vipera berus* machos apresentam órgãos copuladores que facilitam a transferência dos espermatozoides para o interior do corpo da fêmea.

As tartarugas marinhas geralmente põem grande quantidade de ovos em ambientes terrestres. Para isso, elas cavam um buraco na areia da praia, onde depositam os ovos.

Órgão copulador da serpente *Vipera berus*.

Tartaruga-verde depositando seus ovos em um ninho na areia.

4 Com base no texto e na imagem **A**, como é a fecundação dos répteis?

5 Em sua opinião, o órgão copulador e os ovos, apresentados nas fotografias **A** e **B**, respectivamente, contribuem para a vida no ambiente terrestre? Justifique sua resposta.

Assim como a tartaruga-verde, apresentada na fotografia **B**, a maioria das espécies de répteis é ovípara. No entanto, algumas espécies são vivíparas lecitotróficas, como é o caso de alguns lagartos, e outras, vivíparas. Diferente dos anfíbios, os ovos dos répteis são mais resistentes, dotados de uma casca rígida, mas porosa, que permite a troca de gases com o ambiente. Essas e outras características lhes permitem depositar os ovos no ambiente terrestre.

No interior desses ovos, existem reservas de nutrientes utilizadas pelo embrião durante seu desenvolvimento. Além disso, os ovos possuem água no seu interior, o que garante um meio adequado ao desenvolvimento do réptil.

Ao eclodirem, os filhotes são semelhantes aos adultos e não sofrem metamorfose durante seu ciclo de vida. Logo ao nascer, em geral, são independentes, não necessitando de cuidados dos pais.

Filhote de jacaré-de-papo-amarelo eclodindo do ovo.

Aves

Observe na fotografia ao lado um casal de fragatas durante o ritual de acasalamento.

6 As fragatas macho e fêmea da imagem apresentam características externas diferentes? Em caso afirmativo, indique.

7 Você já viu ou conhece alguma estratégia das aves para atrair o parceiro para o acasalamento? Conte aos colegas.

Casal de fragatas (*Fregata magnificens*) durante o ritual de acasalamento.

Como vimos na fotografia acima, os machos e as fêmeas de aves, geralmente, apresentam diferentes características externas. Por exemplo, os machos de muitas espécies destacam-se pela plumagem mais vistosa. Além das características externas, na época de reprodução, eles emitem sons característicos e realizam rituais para atrair as fêmeas.

Nas aves, a fecundação é interna e na maioria delas a cópula ocorre por meio do contato das **cloacas** do macho e da fêmea. Como todas as aves são ovíparas, o desenvolvimento do embrião ocorre no interior dos ovos.

Após a postura, os ovos precisam ser aquecidos para que o embrião se desenvolva adequadamente. Em muitas espécies, como o trinca-ferro, o macho e a fêmea chocam seus ovos e costumam revezar a busca por alimento. Em outras, como a galinha, somente a fêmea choca os ovos. A quantidade de ovos postos e o tempo de incubação variam de acordo com a espécie.

Macho de pinguim-imperador (*Aptenodytes forsteri*) chocando o ovo. Nessa espécie, enquanto o macho choca o ovo, a fêmea sai em busca de alimento.

Muitas aves constroem ninhos, onde os ovos e os filhotes ficam protegidos enquanto se desenvolvem. A maioria delas cuida de seus filhotes alimentando-os e protegendo-os tanto do frio e do calor excessivos quanto de predadores.

Sabiá-laranjeira (*Turdus rufiventris*) alimentando seus filhotes no ninho.

Mamíferos

Leia a tira abaixo.

Alexandre Beck. *Armandinho nove*. Florianópolis: A. C. Beck, 2016. p. 74

8 A bolsa a que Armandinho se refere na tira é a mesma a que seus colegas se referem? Justifique sua resposta.

9 Qual é o animal silvestre representado na tira?

10 Qual é a importância do marsúpio, a bolsa citada por Armandinho, para esse animal?

11 Você conhece outro animal que possui marsúpio? Em caso afirmativo, cite um exemplo.

Assim como o animal relatado na tira acima, a maioria das espécies de mamíferos é vivípara. Elas apresentam fecundação interna e um órgão copulador. Após o nascimento, os filhotes são alimentados por certo tempo com o leite produzido pelas glândulas mamárias das fêmeas. Apesar dessas características comuns, existem algumas particularidades dos diferentes mamíferos em relação à reprodução que nos permite organizá-los em grupos. Veja a seguir.

Placentários

Os mamíferos placentários possuem placenta, estrutura que liga o embrião, e posteriormente o feto, à mãe, transferindo a ele os nutrientes do corpo materno, além de realizar trocas gasosas e eliminar resíduos. Ligando o embrião/feto à placenta existe o cordão umbilical.

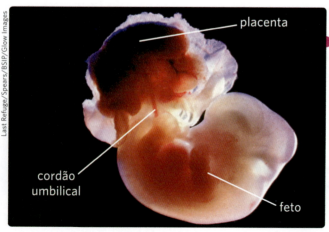

embrião de rato.

12 Cite outro exemplo de mamífero placentário.

Marsupiais

Nos marsupiais, o feto não completa todo o seu desenvolvimento no interior do corpo da fêmea, como é o caso do animal silvestre retratado na tira da página anterior. Nesses mamíferos, a nutrição dos embriões em desenvolvimento ocorre por meio de uma placenta primitiva, ou seja, uma placenta menos complexa que as dos placentários.

Ao nascer, o filhote desses animais não está completamente formado, então, geralmente, migra para o marsúpio, uma expansão externa da pele da fêmea em forma de bolsa, presente em alguns marsupiais. Nele, os filhotes encontram as glândulas mamárias e completam o seu desenvolvimento.

Fêmea de canguru (*Macropus eugenii*) com o filhote em seu marsúpio.

Monotremados

Os monotremados são um pequeno grupo de mamíferos ovíparos. Neles, o embrião se desenvolve no interior de um ovo, que permanece fora do corpo da fêmea. Um exemplo de representante desse grupo de mamíferos é o ornitorrinco.

ornitorrinco (*Ornithorhynchus anatinus*)

Castração consciente de animais

Você já deve ter visto animais domésticos, como gatos e cachorros, sem donos e maltratados andando pelas ruas. Esses animais geralmente estão perdidos ou foram abandonados por seus donos.

Uma maneira de mudar essa situação é fazer a castração consciente de animais domésticos. A castração consiste na retirada dos órgãos produtores de gametas por meio de um procedimento cirúrgico. Nas fêmeas podem ser removidos os ovários e o útero. Nos machos, são removidos os testículos.

Por impedir a reprodução, esse procedimento contribui para o controle de população, evitando que mais animais vivam nas condições de abandono. Além de controlar a população, veja a seguir outros benefícios da castração.

| Evita a fuga do animal para se reproduzir na rua. | Reduz o risco de desenvolvimento de doenças no aparelho reprodutor, como tumores. | Reduz a agressividade e a marcação de territórios pelos machos. |

A castração deve ser realizada de maneira consciente, apenas por um profissional adequado em clínicas especializadas.

Atividades

1. Leia o trecho da reportagem a seguir e responda às questões.

> **Filhote de teiú nasce com tons esverdeados e ovos são cuidados pelos pais**
>
> *Período de incubação é de 90 dias e, diferentemente de outros répteis, as fêmeas do teiú protegem os ovos até o nascimento.*
>
> G1, 18 jan. 2018. Disponível em: <https://g1.globo.com/sp/campinas-regiao/terra-da-gente/noticia/filhote-de-teiu-nasce-com-tons-esverdeados-e-ovos-sao-cuidados-pelos-pais.ghtml>. Acesso em: 6 out. 2018.

filhote de teiú (*Tupinambus teguixin*)

a) Com base no trecho sublinhado no texto podemos afirmar que o teiú apresenta cuidado parental? Justifique sua resposta.

b) Descreva de maneira geral como é a reprodução e o desenvolvimento dos répteis.

2. O gráfico abaixo compara os períodos de gestação e lactação entre animais de dois grupos de mamíferos.

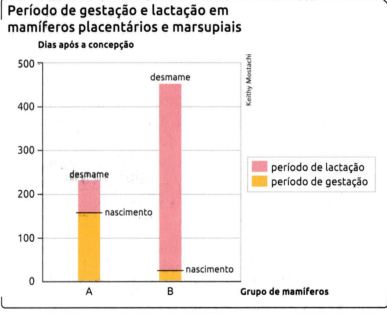

Fonte de pesquisa: Cleveland P. Hickman Jr., Larry S. Roberts e Allan Larson. *Princípios integrados de zoologia*. 11. ed. Rio de Janeiro: Guanabara Koogan, 2009. p. 594.

a) Com base na leitura do gráfico e nos seus conhecimentos sobre o assunto, qual das letras indicadas no gráfico representa um animal marsupial e qual delas representa um animal placentário? Justifique sua resposta.

b) Se você fosse construir um gráfico semelhante a esse, para representar a reprodução de um monotremado, como ele seria? Justifique sua resposta.

3. Leia o trecho da reportagem a seguir.

> **Reprodução da ararinha-azul em cativeiro é conquista histórica**
>
> [...]
>
> Vítima do tráfico de animais, a ararinha-azul desapareceu do seu habitat, a Caatinga brasileira, sendo considerada extinta na natureza desde o ano 2000. Mas o futuro da espécie ganhou ares de esperança no último mês de outubro [de 2014], com o nascimento de dois filhotes no criadouro Nest. O acontecimento é um marco histórico para o nosso país, que há 14 anos não reproduzia a ararinha-azul em cativeiro.
>
> [...]
>
> Nana Brasil. Reprodução da ararinha-azul em cativeiro é conquista histórica. *ICMBio*, 23 dez. 2014. Disponível em: <http://www.icmbio.gov.br/portal/ultimas-noticias/20-geral/6669-reproducao-da-ararinha-azul-em-cativeiro-e-conquista-historica>. Acesso em: 6 out. 2018.

Ararinhas-azuis (*Cyanopsitta spixii*) nascidas na Associação para a Conservação dos Papagaios Ameaçados (ACTB, em inglês), sediada em Berlim, Alemanha. Além do Brasil, outros países, como a Alemanha, possuem exemplares dessa ave em cativeiro, buscando, em conjunto, a reintrodução dessa espécie de ave no ambiente.

comprimento do adulto: aproximadamente 57 cm

a) De acordo com a notícia apresentada acima, a ararinha-azul que vive no criadouro Nest, no estado de São Paulo, conseguiu se reproduzir resultando em dois filhotes. Explique como ocorre o processo de reprodução nas aves.

b) De que forma o tráfico de animais silvestres pode interferir na manutenção desses seres vivos no ambiente?

c) Além do tráfico de animais silvestres, outros fatores contribuíram para a extinção da ararinha-azul do ambiente natural, como a remoção de áreas florestais e a ampliação de áreas de criação de cabras, na região da Caatinga, seu hábitat natural. De que forma você acha que essas atividades contribuíram para a extinção dessa espécie do ambiente?

d) Explique por que animais silvestres não devem ser criados em ambientes domésticos. Se necessário, faça uma pesquisa.

4. Leia o texto a seguir sobre a reprodução do anuro *Pipa pipa*.

Os anuros da espécie *Pipa pipa* se reproduzem de maneira semelhante aos demais anuros até a fase de formação dos ovos. A partir daí, essa espécie apresenta algumas particularidades. Os ovos formados são transferidos pelo macho para o dorso da fêmea. Os ovos são então envoltos pela pele da fêmea, ficando incubados no dorso da mãe. Os ovos e, posteriormente, as larvas ficam protegidos por uma fina camada de pele e mantidos sobre o dorso da mãe. Após a metamorfose, os filhotes rompem a membrana de pele e ficam livres no ambiente.

Fêmea de *Pipa pipa* com ovos aderidos às suas costas.

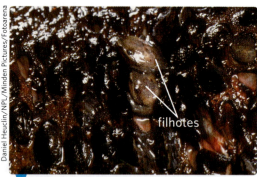
Filhotes de *Pipa pipa* emergindo das costas de uma fêmea.

a) Em seu caderno, desenhe um esquema que represente a reprodução do *Pipa pipa*. Não se esqueça de, além dos desenhos, incluir textos explicativos.

b) Qual é a importância de o *Pipa pipa*, diferentemente de outros anuros, incubar os ovos em suas costas?

5. Leia a manchete abaixo.

> **Morre Sudan, o último macho de rinoceronte branco do norte que restava no mundo**

El País, 21 mar. 2018. Disponível em: <https://brasil.elpais.com/brasil/2018/03/20/internacional/1521530509_048941.html>. Acesso em: 6 out. 2018.

Atualmente, restam duas fêmeas de rinoceronte branco no mundo. Por que, apesar de existirem essas fêmeas, a morte de Sudan representa um grande risco à espécie?

6. Esturjão é o nome dado a um grupo de peixes da família *Acipenseridae*. A maior parte de seus membros encontra-se em risco de extinção e uma das principais causas é a pesca predatória para a obtenção do caviar, item de luxo na gastronomia mundial. O caviar é retirado do ovário das fêmeas, ou seja, trata-se dos ovócitos desses peixes.

Como o consumo de caviar pode prejudicar a preservação dos peixes dos quais ele é obtido?

caviar de esturjão

CAPÍTULO

A reprodução nos diferentes grupos de plantas

6

Leia a manchete abaixo.

Conheça a árvore que produz 40 tipos diferentes de frutas

Galileu, 21 jul. 2015. Disponível em: <https://revistagalileu.globo.com/blogs/buzz/noticia/2015/07/conheca-arvore-que-produz-40-tipos-diferentes-de-frutas.html>. Acesso em: 26 out. 2018.

1 Como você acha que é possível uma planta produzir 40 tipos de frutas?

Pode parecer impossível, mas o professor holandês Sam van Aken (1972-) desenvolveu uma árvore capaz de produzir 40 frutos diferentes, como pêssegos, damascos, ameixas, cerejas e amêndoas. Aliás, quando adulta, além dos frutos, essa planta apresenta diferentes tipos de flores.

Para desenvolvê-la, van Aken utilizou uma técnica conhecida como **enxertia**. Ele removeu ramos de diferentes plantas e depois os uniu a uma árvore com o auxílio de uma fita. Com o tempo, essas partes foram incorporadas à planta base, permitindo a elas continuar seu desenvolvimento.

< **Glossário**

Sam van Aken e a árvore de 40 frutos ao fundo.

Ramo da árvore de 40 frutos mostrando dois tipos diferentes de frutos produzidos por essa planta.

2 O texto acima cita flores e frutos. Qual é a relação existente entre essas partes das plantas?

3 Em sua opinião, todas as plantas possuem flores e frutos?

Assim como os animais e outros seres vivos, as plantas também podem se reproduzir sexuada e assexuadamente.

As plantas apresentam diferentes características, portanto podem se reproduzir de diferentes maneiras. Alguns grupos de plantas, por exemplo, dependem da água para que ocorra a fecundação. Outras se tornaram independentes da água, mas ainda dependem do vento para que haja o encontro entre os gametas. Por fim, algumas plantas não dependem do vento nem da água, mas sua reprodução é dependente, principalmente, de animais. É sobre os diferentes tipos de reprodução das plantas que vamos estudar neste capítulo.

109

As plantas são diversas. Por isso elas podem ser classificadas em diferentes grupos de acordo com algumas de suas características. O esquema abaixo representa a classificação das plantas em relação à presença ou à ausência de tecidos condutores, de sementes e de frutos.

```
                        Plantas
                   ┌───────┴────────┐
         Ausência de              Presença de
         tecido condutor          tecido condutor
                              ┌────────┴────────┐
                       Ausência de         Presença de
                       sementes            sementes
                                       ┌────────┴────────┐
                                 Ausência           Presença
                                 de frutos          de frutos

   Briófitas       Pteridófitas       Gimnospermas       Angiospermas
   Ex.: musgos     Ex.: samambaias    Ex.: pinheiros     Ex.: laranjeiras
```

A partir de agora, vamos estudar a reprodução de cada um desses grupos de plantas.

▶ **Aprenda mais**

Os jardins botânicos são instituições que abrigam coleções de plantas vivas. Além de serem locais de lazer, têm a importante função de difundir o conhecimento e contribuir para pesquisas científicas sobre plantas. Dessa forma, a visita a um jardim botânico é uma oportunidade para aprender mais sobre elas.

Jardim Botânico do Rio de Janeiro, na capital do estado do Rio de Janeiro, em 2015. Fundado em 1808, por dom João VI, é considerado o mais antigo do Brasil.

Caso no município em que você vive, ou próximo a ele, não exista jardim botânico, é possível conhecer uma dessas instituições virtualmente, como o Jardim Botânico de São Paulo.

Jardim Botânico de São Paulo.
Disponível em: <http://linkte.me/u2ps7>.
Acesso em: 19 out. 2018.

Plantas sem fruto

A imagem abaixo representa uma floresta de um período passado. Observe-a.

Representação sem proporção de tamanho. Cores-fantasia.

Representação de uma floresta do período Carbonífero (354 a 290 milhões de anos atrás).

4 As plantas do período Carbonífero, representadas na imagem, não apresentavam flores, frutos nem sementes. Em sua opinião, como se reproduzem as plantas que não possuem sementes?

Se pudéssemos voltar no tempo, há aproximadamente 300 milhões de anos, a paisagem que veríamos seria bem diferente da atual. Com o estudo dos fósseis e das características de algumas plantas atuais, é possível reconstruir a paisagem daquela época, como foi feito na imagem acima, que mostra uma reconstituição de uma floresta do período Carbonífero.

Assim como em outros grupos de seres vivos, os ancestrais das plantas eram aquáticos. Somente há cerca de 500 milhões de anos é que elas, ainda minúsculas, ocuparam e modificaram o ambiente terrestre, criando condições para que plantas de grande porte se desenvolvessem, como as observadas na imagem.

Ao longo do tempo, com a evolução das espécies, surgiram diferentes grupos de plantas com especializações que lhes permitiram habitar os mais diversos ambientes da Terra e tornar-se cada vez mais semelhantes às plantas que conhecemos hoje. Entre essas especializações, estão características relacionadas à reprodução e ao transporte de substâncias nas plantas. Algumas dessas características serão estudadas ao longo desta unidade.

Para começar nosso estudo sobre as plantas, vamos estudar os três grupos que não produzem frutos: briófitas, pteridófitas e gimnospermas.

Briófitas

altura: aproximadamente 5 cm

Quando pensamos em ambiente aquático e em ambiente terrestre, a primeira grande diferença que percebemos entre eles é a disponibilidade de água. Esse foi o principal desafio para as plantas terrestres, como as briófitas.

As briófitas são plantas de pequeno porte e de estrutura simples em relação a outros grupos de plantas. Em geral, são encontradas em locais úmidos, como o interior de florestas tropicais e temperadas e às margens de cursos-d'água. As hepáticas e os musgos são exemplos de briófitas.

▌ Hepática, um exemplo de briófita. As hepáticas são plantas geralmente achatadas e pequenas, que vivem sobre solos, rochas e troncos, por exemplo.

As briófitas não possuem tecidos condutores de seiva (xilema e floema), presentes nas demais plantas, por isso, elas são chamadas avasculares. Nelas, o transporte de materiais ocorre lentamente, de uma célula para outra.

5 Em sua opinião, essa forma de transporte de substâncias (célula a célula) seria eficaz em plantas de grande porte, como um pinheiro? Justifique sua resposta.

As briófitas, assim como as plantas dos outros grupos, apresentam duas fases reprodutivas em seu ciclo de vida, uma sexuada e outra assexuada. A fase sexuada do ciclo reprodutivo é representada pelo gametófito, na qual ocorre a formação dos gametas. Já a fase assexuada é representada pelo esporófito, momento em que ocorre a formação de esporos. Observe a representação abaixo.

Musgo

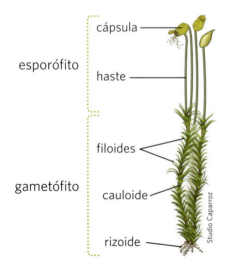

Cápsula – estrutura na qual ocorre a formação dos esporos.

Haste – responsável pela sustentação da cápsula.

Filoide – responsável, principalmente, pela realização de fotossíntese.

Cauloide – responsável, principalmente, pela sustentação dos filoides.

Rizoide – responsável, principalmente, pela fixação da planta em um substrato.

▌ Representação de um musgo.

Representação sem proporção de tamanho. Cores-fantasia.

Fonte de pesquisa: Neil A. Campbell e outros. *Biology*. 8. ed. San Francisco: Pearson Benjamin Cummings, 2009. p. 607.

Reprodução das briófitas

A fase sexuada do ciclo de vida das briófitas envolve a produção de gametas masculinos, denominados anterozoides, e femininos, denominados oosferas. Os anterozoides possuem flagelos que auxiliam na sua locomoção. Já as oosferas não possuem estruturas de locomoção, ou seja, são imóveis. Em geral, os anterozoides locomovem-se na água, com os movimentos de seus flagelos, até chegar à oosfera. Por isso, as briófitas dependem de água para sua reprodução.

Observe a seguir o ciclo de vida de um musgo.

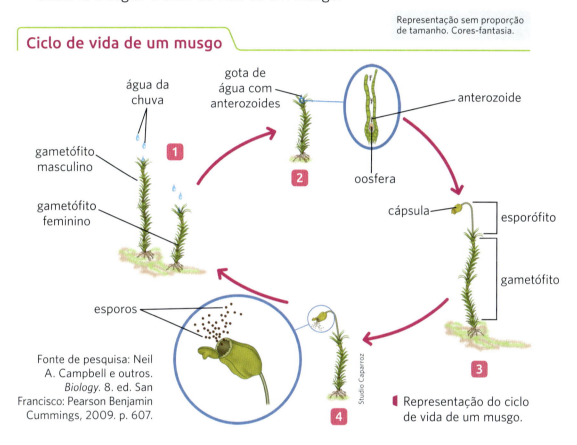

Representação do ciclo de vida de um musgo.

1. Na extremidade dos filoides do gametófito desenvolve-se uma estrutura responsável pela produção dos gametas. No gametófito masculino ocorre a produção dos anterozoides, e, no feminino, a produção das oosferas.
2. Quando o anterozoide encontra a oosfera, com o auxílio da água ocorre a fecundação, ou seja, a união desses gametas e a formação do zigoto.
3. O zigoto se desenvolve e dá origem ao esporófito, que cresce preso à extremidade superior do gametófito no qual se formou. No interior da cápsula do esporófito ocorre a formação dos esporos.
4. Os esporos maduros são liberados da cápsula e podem ser transportados pelo vento. Ao entrar em contato com o substrato adequado, germinam e dão origem a novos gametófitos.

Muitas briófitas têm capacidade de regeneração. Por isso, elas também podem se reproduzir assexuadamente, por meio da fragmentação dos seus gametófitos.

Pteridófitas

As pteridófitas são plantas vasculares, ou seja, apresentam um sistema de vasos condutores (xilema e floema). Esse sistema possibilita sustentação do corpo da planta e transporte mais rápido e eficiente de materiais, como água e nutrientes, tornando possível o surgimento de plantas com dimensões maiores que as briófitas. Os exemplos mais comuns de pteridófitas são as samambaias e as avencas.

Assim como ocorre com as outras plantas, o ciclo de vida das pteridófitas envolve gametófitos e esporófitos. Diferentemente das briófitas, nas pteridófitas observa-se a formação de estruturas, como caule, raiz e folha. As avencas e samambaias costumam ser cultivadas para ornamentação, por exemplo, correspondem ao esporófito dessas plantas.

Avenca, um exemplo de pteridófita. As avencas vivem em locais úmidos, principalmente nas florestas tropicais.

Observe abaixo uma representação do esporófito de uma samambaia.

Samambaia

soros

Folha – as folhas das pteridófitas são os principais órgãos fotossintetizantes. No período reprodutivo, contêm estruturas denominadas esporângios, onde ocorre a formação dos esporos. Na maioria das espécies de pteridófitas, os esporângios se unem, formando conjuntos visíveis a olho nu, os chamados soros.

Caule – em muitas espécies, apresenta-se na forma de rizoma. ◂ Glossário

Raízes – não existe uma raiz principal, mas várias raízes semelhantes. Além de fixar a planta, elas absorvem água e sais minerais do substrato.

Representação do esporófito de uma samambaia.

Representação sem proporção de tamanho. Cores-fantasia.

Fonte de pesquisa: Neil A. Campbell e outros. *Biology*. 8. ed. San Francisco: Pearson Benjamin Cummings, 2009. p. 611.

O gametófito da maioria das espécies de pteridófitas é uma estrutura pequena com formato de coração achatado. No gametófito ocorre a formação dos gametas – o anterozoide e a oosfera.

Reprodução das pteridófitas

O ciclo de vida das pteridófitas possui duas fases: a sexuada e a assexuada.

Na fase sexuada ocorre produção de gametas, oosfera e anterozoide, nos gametófitos. Em muitas espécies, um único gametófito é capaz de produzir tanto os gametas masculinos quanto os femininos. Porém, em algumas espécies esses gametas são produzidos em gametófitos diferentes.

Na fase assexuada ocorre a produção de esporos no esporófito. Cada esporo origina um gametófito. Veja abaixo um esquema da reprodução de uma samambaia.

Ciclo de vida de uma samambaia

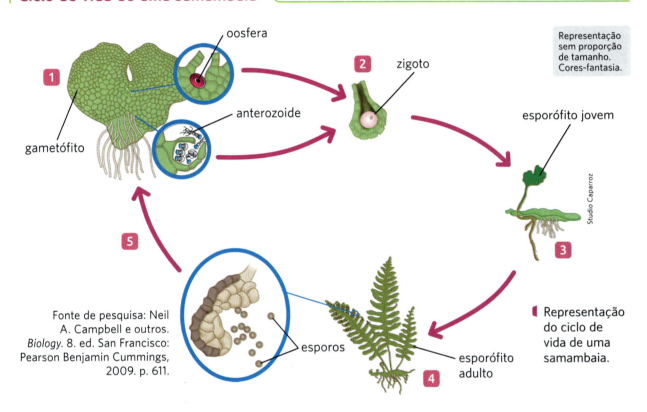

Fonte de pesquisa: Neil A. Campbell e outros. *Biology*. 8. ed. San Francisco: Pearson Benjamin Cummings, 2009. p. 611.

Representação sem proporção de tamanho. Cores-fantasia.

Representação do ciclo de vida de uma samambaia.

1. Os gametófitos produzem os anterozoides e as oosferas. Os anterozoides são móveis e, com o auxílio da água, conseguem chegar à oosfera. Esta é imóvel e pode produzir substâncias para atrair os anterozoides.
2. O anterozoide e a oosfera se unem, formando o zigoto, que se desenvolve em um embrião.
3. Em condições adequadas, o embrião se desenvolve e forma o esporófito jovem.
4. O esporófito jovem se desenvolve e dá origem ao esporófito adulto, que produz esporos, os quais são liberados no ambiente.
5. Ao encontrar um local adequado, os esporos germinam, desenvolvem-se e originam novos gametófitos.

Ao contrário das briófitas, o gametófito da maioria das espécies de pteridófitas tem vida curta e morre depois que o esporófito se desenvolve.

Gimnospermas

As gimnospermas são um grupo de plantas vasculares que possuem sementes, mas não formam frutos. Ou seja, as sementes são nuas, pois não são protegidas por frutos. Esse grupo é bastante diversificado, incluindo espécies como a cica, a araucária, o pinheiro e a sequoia.

6 Para você, qual é a importância da semente para a planta?

Em geral, as gimnospermas encontram-se em regiões de clima frio ou temperado.

Araucaria angustifolia, conhecida popularmente como araucária ou pinheiro-do-paraná. Essa espécie de gimnosperma é nativa do Brasil e, atualmente, considerada ameaçada de extinção.

As gimnospermas apresentam raízes, caule, folhas e sementes. Além disso, têm folhas modificadas, denominadas estróbilos, que contêm estruturas responsáveis pela formação dos gametas.

Em algumas espécies, como *Pinus contorta*, estróbilos masculinos e femininos são observados em um mesmo indivíduo, considerado hermafrodita. Em outras espécies, como *Araucaria angustifolia*, os indivíduos apresentam estróbilos masculinos ou estróbilos femininos.

Pinheiro (*Pinus contorta*), um exemplo de gimnosperma hermafrodita. Note a presença simultânea de estróbilos masculinos (contornados em vermelho) e femininos (contornados em azul).

Estróbilos femininos de *Araucaria angustifolia*. Essas estruturas participam da formação dos óvulos.

Estróbilos masculinos de *Araucaria angustifolia*. Essas estruturas participam da formação dos grãos de pólen, que contêm os gametas masculinos.

Reprodução das gimnospermas

Agora, vamos conhecer como ocorre a reprodução das gimnospermas. Veja a seguir um esquema simplificado que representa a reprodução de um pinheiro, uma planta que apresenta estróbilos masculinos e femininos em um mesmo indivíduo.

Ciclo de vida de um pinheiro

Representação sem proporção de tamanho. Cores-fantasia.

Representação do ciclo de vida de um pinheiro.

Fonte de pesquisa: Neil A. Campbell e outros. *Biology*. 8. ed. San Francisco: Pearson Benjamin Cummings, 2009. p. 624.

1. Os estróbilos masculinos produzem grãos de pólen (gametófitos masculinos), nos quais são produzidos os gametas masculinos. No pinheiro, os grãos de pólen são dispersos pelo vento.

2. Os estróbilos femininos produzem óvulos, estruturas que contêm o gameta feminino – a oosfera – e um tegumento que os reveste. Esse tegumento possui uma abertura em uma de suas extremidades, denominada micrópila.

3. Ao encontrar o óvulo, o grão de pólen se adere a ele e, posteriormente, desenvolve-se, formando um tubo polínico. Esse tubo se desenvolve e penetra na micrópila do óvulo até alcançar a oosfera.

4. Os gametas masculino e feminino unem-se e formam um zigoto, que se desenvolve e forma a semente com um embrião. A semente nutre e protege o embrião.

5. A semente contendo o embrião é dispersa no ambiente. Ao encontrar as condições adequadas, o embrião contido na semente se desenvolve e dá origem a uma nova planta.

Como você estudou na página anterior, nas gimnospermas os gametas masculinos são dispersos pelo grão de pólen, não necessitando de água para alcançar o gameta feminino. Ou seja, diferentemente das briófitas e das pteridófitas, as gimnospermas, assim como as outras plantas com sementes, não dependem da água para se reproduzir.

Enquanto os embriões das plantas sem sementes são liberados diretamente no ambiente, nas gimnospermas os embriões são protegidos e nutridos pelas sementes. Essa característica aumenta as chances de sobrevivência dos embriões. Além disso, as sementes também atuam na dispersão, em substituição aos esporos das briófitas e das pteridófitas. Veja a seguir algumas estruturas de uma semente de araucária.

Tegumentos: tecidos que revestem externamente a semente, dando-lhe proteção.

Embrião: estrutura que dará origem ao novo indivíduo.

Nucelo: tecido nutritivo que contém reservas de alimento para o embrião.

comprimento: aproximadamente 6 cm

Sementes de araucária aberta (à esquerda) e fechadas.

Além da proteção e da nutrição citadas acima, as sementes podem favorecer a sobrevivência dos embriões de outra forma. Quando as condições ambientais não são adequadas, os embriões podem ficar dormentes no interior das sementes. Nesse estado, eles não se desenvolvem até que água, gás oxigênio e temperatura, por exemplo, estejam disponíveis em quantidades adequadas no ambiente. Essa característica favorece a sobrevivência da planta em desenvolvimento.

▶ **Aprenda mais**

 Glossário

No *site* do *Programa Reflora* é possível consultar diversas espécies de plantas depositadas em **herbários**. Você pode procurar a planta de seu interesse pelo nome popular ou científico. Além de diferentes informações, você também tem acesso a imagens de algumas plantas e pode pesquisar em regiões específicas do Brasil.

Programa Reflora. Disponível em: <http://linkte.me/q1efe>. Acesso em: 19 out. 2018.

Atividades

1. Leia o texto a seguir.

Esfagno (*Sphagnum* sp.) é um tipo de musgo encontrado em regiões úmidas e frias. Apesar de ser estruturalmente mais simples que as demais plantas, esfagno apresenta algumas propriedades bastante interessantes. Esse musgo tem grande capacidade de absorção e é capaz de criar um ambiente ácido ao seu redor, o que reduz o crescimento de bactérias. Por causa dessas características, o esfagno foi amplamente utilizado durante a Primeira Guerra Mundial (1914-1918) no tratamento das feridas dos combatentes. Nesse caso, esse musgo era capaz de absorver grande quantidade de sangue e evitava a infecção das feridas, evitando o crescimento bacteriano. Atualmente, o esfagno é utilizado para a produção de biocombustíveis.

esfagno (*Sphagnum palustre*)

a) A que grupo de plantas pertence o esfagno?
b) Cite duas características do grupo de plantas citado no item **a**.
c) De acordo com o texto, por que o esfagno foi utilizado no tratamento das feridas de soldados durante a Primeira Guerra Mundial?
d) Faça uma pesquisa sobre o que são biocombustíveis.

2. A sequoia General Sherman pertence ao grupo das gimnospermas e é uma das maiores árvores do mundo.
    a) Quais são as principais características do grupo das gimnospermas?
    b) As gimnospermas foram as primeiras plantas terrestres de grande porte. Explique, com suas palavras, como é possível a sequoia General Sherman transportar nutrientes e água para todas as suas partes.
    c) Por que as espécies de briófitas não alcançam grandes alturas como algumas gimnospermas?
    d) Qual é a importância do grão de pólen para as gimnospermas?

Sequoia (*Sequoiadendron giganteum*) General Sherman no Parque Nacional da Sequoia, Estados Unidos, em 2017.

119

3. Leia o texto a seguir e responda às questões.

As sementes das araucárias eram um dos principais alimentos dos primeiros indígenas Kaingang que habitavam o Paraná. O pinhão podia ser cozido, assado ou sapecado em brasa. Ainda hoje ele é utilizado na alimentação desses povos, junto com outros alimentos. Com o tempo, o pinhão passou a fazer parte da culinária popular, principalmente na região Sul do Brasil.

Pinhões sendo preparados.

a) As araucárias fazem parte de qual grupo de plantas?

b) Qual é a importância dos pinhões no grupo de plantas que você citou no item **a**?

c) Você já comeu pinhão ou algum alimento preparado com essa semente? Em caso afirmativo, conte aos colegas.

d) Como afirmado no texto acima, o consumo do pinhão é uma influência do povo Kaingang. Faça uma pesquisa para conhecer mais sobre os kaingangs.

4. A selaginela é uma pteridófita abundante na região do Chaco. O nome Chaco tem origem indígena e significa "lugar de caça". Essa região abrange áreas do Paraguai, Argentina, Bolívia e Brasil. Durante o período de chuva, as selaginelas formam um tapete verde nessa região. Já no período de seca, elas ficam quase desidratadas, reidratando-se quando começam as chuvas.

altura: aproximadamente 15 cm

selaginela

a) Cite duas características do grupo de plantas a qual pertence a selaginela.

b) Qual(is) a(s) vantagem(ns) evolutiva(s) que as pteridófitas apresentam em relação às briófitas?

c) Conhecendo o grupo de plantas a que pertence a selaginela, explique como os períodos de seca e de chuva podem influenciar sua reprodução.

d) Em sua opinião, a selaginela apresenta características que contribuem para sua sobrevivência no Chaco? Justifique sua resposta.

▌Plantas com fruto

A pintura reproduzida ao lado é uma obra do artista holandês Albert Eckhout (1610-1666), que esteve no Brasil entre os anos de 1637 e 1644, com o objetivo de retratar o país para os europeus. Durante esse período, ele representou em pinturas e desenhos partes de plantas, como flores e frutos, pessoas e outros animais. Observe ao lado uma de suas obras.

Albert Eckhout. *Abacaxi, melancias e outras frutas*. s.d. Óleo sobre tela, 91 cm × 91 cm. Museu Nacional da Dinamarca, Copenhague.

1. Que partes de uma planta é possível identificar nessa pintura?
2. Em relação às estruturas citadas por você no item **a**, qual(is) está(ão) relacionada(s) com a reprodução das plantas?
3. Em sua opinião, qual é a importância das flores e dos frutos para a manutenção da espécie?

Ao responder às questões acima, você deve ter percebido que os grupos de plantas que você estudou anteriormente não apresentavam flores nem frutos. A partir de agora, vamos iniciar o estudo do grupo de plantas que domina o ambiente terrestre atualmente – as angiospermas.

▌Angiospermas

As angiospermas formam um grupo de plantas que, além de apresentar sementes, possuem flores e podem desenvolver frutos. As sementes estão contidas no interior dos frutos, ou seja, não são nuas como nas gimnospermas.

As angiospermas são plantas vasculares e, além dos órgãos vegetativos (raiz, caule e folhas), apresentam órgãos reprodutivos (flor, fruto e semente).

Esse grupo inclui uma grande diversidade de espécies, muitas delas utilizadas pelo ser humano na alimentação e na ornamentação de ambientes.

Laranjeira, um exemplo de angiosperma.

121

Reprodução sexuada das angiospermas

Em geral, as estruturas reprodutivas dessas plantas se encontram protegidas por folhas modificadas. O conjunto das estruturas reprodutivas e das folhas diferenciadas forma a flor. Algumas plantas apresentam as estruturas reprodutivas masculinas e femininas em uma mesma flor. Outras apresentam essas estruturas em flores separadas. Observe no esquema abaixo a participação da flor no ciclo de vida das angiospermas.

Ciclo de vida de uma angiosperma

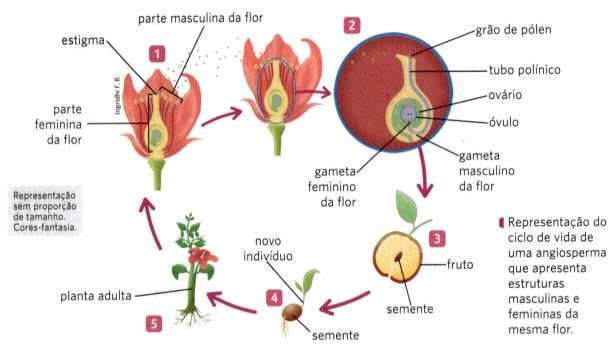

Representação do ciclo de vida de uma angiosperma que apresenta estruturas masculinas e femininas da mesma flor.

Fontes de pesquisa: Neil A. Campbell e outros. *Biology*. 8. ed. San Francisco: Pearson Benjamin Cummings, 2009. p. 602. William K. Purves e outros. *Vida: a ciência da Biologia*. 6. ed. Porto Alegre: Artmed, 2002. p. 666.

1. Os grãos de pólen, formados na parte reprodutiva masculina da flor, são transportados até o estigma, que faz parte da porção reprodutiva feminina da flor. O transporte do grão de pólen pode ser feito pelo vento ou por animais.
2. Ao chegar ao estigma, o grão de pólen forma o tubo polínico, que se desenvolve e chega até o ovário, que contém o óvulo. O gameta masculino é liberado do tubo polínico e se funde à oosfera, o gameta feminino, localizado dentro do óvulo.
3. O óvulo fecundado forma a semente. O ovário desenvolve-se e dá origem ao fruto.
4. A semente é dispersa e, ao encontrar as condições adequadas no ambiente, desenvolve-se e forma um novo indivíduo. O desenvolvimento da semente é chamado germinação.
5. Da semente se desenvolve um novo indivíduo, que, na fase reprodutiva, reinicia o ciclo de vida da planta.

Como você estudou nas páginas anteriores, apesar de não depender da água para que ocorra a fecundação, as gimnospermas são dependentes do vento para espalhar seus grãos de pólen. Essa característica pode limitar sua distribuição no ambiente. As angiospermas, por sua vez, são o primeiro grupo de plantas que apresenta um conjunto de características que atrai animais polinizadores.

Os animais polinizadores auxiliam no transporte dos grãos de pólen de uma flor à outra, muitas vezes a longas distâncias. Essas características favorecem a polinização cruzada, ou seja, entre diferentes indivíduos, aumentando a variabilidade genética e a distribuição no ambiente.

Entre os animais polinizadores, destacam-se as aves, os morcegos e os insetos, principalmente abelhas, mariposas e borboletas.

O esquema abaixo representa a polinização de uma angiosperma por uma abelha.

Polinização

A abelha visita uma flor em busca de néctar. Enquanto coleta esse material rico em açúcares, grãos de pólen grudam no corpo da abelha.

A abelha, com o corpo coberto de pólen, visita outra flor em busca de alimento. O pólen grudado em seu corpo atinge os estigmas das flores, podendo, posteriormente, ocorrer a fecundação.

Esquema da polinização de uma angiosperma (girassol) por uma abelha.

As flores possuem diversas características atrativas para os animais polinizadores, como o formato e a coloração das pétalas, a liberação de odor e a produção de substâncias açucaradas, como o néctar, que serve de alimento para alguns polinizadores.

Dependendo das características das flores, elas podem atrair diferentes polinizadores. Os besouros, em geral, possuem o olfato bem desenvolvido. As flores polinizadas por esses insetos não costumam ter cores intensas ou ser vistosas, mas possuem um forte odor.

Já as flores que são polinizadas por abelhas apresentam pétalas vistosas e coloridas, geralmente azuis ou amarelas. As abelhas enxergam cores, inclusive variações que os seres humanos não conseguem enxergar.

besouro em uma flor

Como você pôde perceber acima, existe uma íntima relação entre as flores e seus polinizadores. De maneira geral, trata-se de uma relação específica, onde determinados animais polinizam tipos específicos de flores.

123

A fecundação é a união dos gametas masculino e feminino. Esse processo ocorre no interior do óvulo e resulta na formação das sementes e dos frutos. Veja o esquema a seguir.

Formação do fruto e das sementes

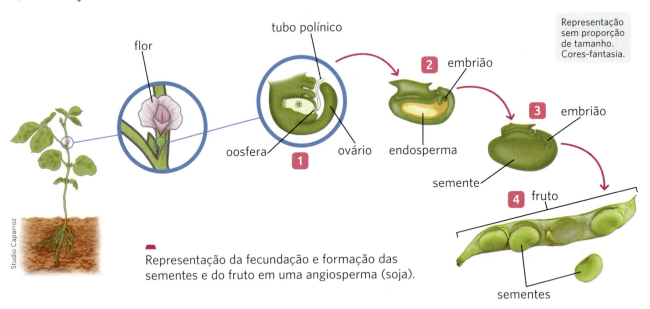

Representação da fecundação e formação das sementes e do fruto em uma angiosperma (soja).

Representação sem proporção de tamanho. Cores-fantasia.

Fonte de pesquisa: Peter H. Raven e outros. *Biologia vegetal*. 6. ed. Rio de Janeiro: Guanabara Koogan, 2001. p. 494-495.

1 Ao atingir o estigma da flor, o grão de pólen desenvolve-se e forma um tubo polínico que alcança o ovário. Por meio desse tubo, os gametas masculinos chegam ao óvulo. No seu interior, está o gameta feminino (oosfera) e outras células.

2 Quando o gameta masculino encontra o gameta feminino, ocorre a fecundação e a formação do embrião. Além disso, forma-se o endosperma da semente, um tecido nutritivo para o embrião.

3 O óvulo fecundado se desenvolve e forma uma semente.

4 O ovário da flor se desenvolve e forma o fruto, que, nesse caso, contém mais de uma semente.

altura da planta: aproximadamente 40 cm

Na maioria das espécies, os frutos têm estruturas que auxiliam a dispersão das sementes, permitindo às plantas colonizar diferentes áreas. Os principais agentes de dispersão do fruto são os animais, o vento e a água. Muitos frutos apresentam características atrativas, como cor, odor e sabor, que atraem os animais dispersores.

Frutos de dente-de-leão sendo dispersos pelo vento. Esses frutos apresentam uma estrutura semelhante a uma pluma, a qual facilita sua dispersão pelo vento.

124

A semente formada e mantida no interior do fruto deve ser liberada no ambiente para que germine, ou seja, se desenvolva e dê origem a um novo indivíduo. Veja o esquema abaixo.

Germinação

1. Ao encontrar condições adequadas no ambiente, a semente depositada no solo pode germinar.
2. Inicialmente, forma-se uma raiz que fixa a planta e absorve alguns nutrientes do substrato. Enquanto as folhas não se desenvolvem, a planta depende, principalmente, dos nutrientes presentes na semente.
3. Formam-se o caule e as folhas. A nutrição da planta passa a ser feita pela fotossíntese e pela absorção de nutrientes pela raiz. Depois de absorver os nutrientes armazenados nas sementes, essas murcham e são eliminadas.

Representação sem proporção de tamanho. Cores-fantasia.

Fonte de pesquisa: Peter H. Raven e outros. *Biologia vegetal*. 6. ed. Rio de Janeiro: Guanabara Koogan, 2001. p. 545.

Representação da germinação de uma semente de angiosperma (milho).

4. No esquema acima é citado que as sementes precisam encontrar condições adequadas para germinar. De modo geral, que condições são essas?

Reprodução assexuada das angiospermas

Muitas espécies de angiospermas também se reproduzem assexuadamente. Na reprodução assexuada, também conhecida como reprodução vegetativa, um novo indivíduo desenvolve-se de um órgão vegetativo (folha, raiz ou caule). Nesse caso, não há a participação de gametas, e o novo indivíduo gerado é geneticamente idêntico à planta que o originou. Veja a seguir.

Muitas espécies de angiospermas podem formar novos indivíduos a partir de caules subterrâneos do tipo rizoma. Esses caules, em geral, possuem estruturas chamadas nós, que podem originar novas plantas.

azedinha (*Rumex acetosella*)

folha-da-fortuna (*Kalanchoe pinnata*)

Algumas angiospermas podem originar novos indivíduos de suas folhas. Nas bordas dessas folhas, formam-se raízes e, posteriormente, desenvolvem-se novos indivíduos.

125

Vivenciando a Ciência

As plantas formam um grupo bastante diverso. Dependendo da espécie, a planta pode apresentar reprodução sexuada e assexuada.

- É possível originar uma nova planta a partir de uma única folha?

Materiais necessários

- 2 copos plásticos transparentes de, no mínimo, 180 mL
- água
- lápis
- 4 folhas de violeta em bom estado e com o pecíolo
- filme de PVC (suficiente para tapar a abertura dos 2 copos)

Pessoa segurando uma folha de violeta. — pecíolo

Como proceder

A Coloque água em um dos copos plásticos até completar aproximadamente $\frac{2}{3}$ de sua capacidade.

B Cubra o copo com água e o copo vazio, utilizando o filme de PVC.

C Com o lápis, faça dois furos no filme de PVC de cada um dos copos.

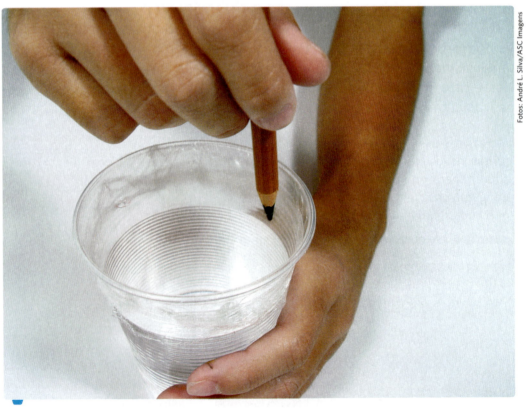

Imagem referente à etapa **C**.

D Coloque duas folhas de violeta com pecíolo no copo com água, uma em cada um dos furos, de modo que a parte dos pecíolos fique mergulhada na água.

E No copo sem água, coloque as outras duas folhas de violeta com pecíolo, cada uma em um furo do filme de PVC.

Imagem referente à etapa **D**.   Imagem referente à etapa **E**.

DICA!
Durante o experimento, certifique-se de que os pecíolos do copo com água estejam mergulhados na água. Se necessário, acrescente mais água.

F Deixe os dois copos em local arejado, onde recebam luz solar indiretamente. Seu experimento deverá permanecer nesse local por aproximadamente 20 dias.

G Observe os copos diariamente e anote em seu caderno as mudanças ocorridas nas folhas de violeta e nos pecíolos nos dois copos.

Minhas observações

1. Os resultados obtidos nos copos com água e sem água foram os mesmos? Justifique sua resposta.

2. O que aconteceu com os pecíolos das folhas que ficaram submersos na água durante o experimento?

3. Que tipo de reprodução esse experimento representa?

4. Qual é a importância de manter as folhas e não apenas os pecíolos durante a realização do experimento?

5. Qual é a importância da água nesse processo?

Nossas conclusões

Converse com os colegas sobre as seguintes questões.

1. A partir do experimento que vocês realizaram, quais são as condições básicas necessárias para o desenvolvimento adequado de uma planta? Justifiquem sua resposta.

2. Seria possível utilizar esse tipo de técnica para gerar indivíduos geneticamente diferentes entre si? Justifiquem sua resposta.

Flor, fruto e semente

Leia o trecho da reportagem abaixo.

Brasil possui mais de 30 mil espécies de plantas com flores

Levantamento do projeto 'Flora do Brasil 2020' mostrou que a cada ano, são descobertas entre 250 e 300 novas espécies de flores no país.

G1, 23 fev. 2018. Globo Repórter. Disponível em: <http://g1.globo.com/globo-reporter/noticia/2018/02/brasil-possui-mais-de-30-mil-especies-de-plantas-com-flores.html>. Acesso em: 22 out. 2018.

O Projeto Flora do Brasil 2020 faz parte do Programa Reflora. De acordo com esse programa, em 2018, eram reconhecidas 46 654 espécies da flora brasileira, incluindo algas, fungos e plantas. Destas, 1 568 são de briófitas, 1 357 são de samambaias e licófitas, 29 são de gimnospermas e 33 226 são de angiospermas. Atualmente, o Brasil é considerado o país com maior número de espécies de angiospermas do mundo.

Além de as angiospermas serem o grupo de plantas com maior número de espécies no Brasil, muitos dos alimentos que consumimos diariamente são provenientes das angiospermas.

Você já estudou que as angiospermas são plantas vasculares que apresentam sementes, flores e podem desenvolver frutos. Essas três estruturas são os órgãos envolvidos na reprodução sexuada das angiospermas. Por serem especializados nesse processo, são chamados órgãos reprodutivos. E são esses órgãos que estudaremos com mais detalhes a partir de agora.

Exsicatas

Para fazer levantamentos da flora de um determinado local, por exemplo, é preciso, primeiramente, identificar as espécies de plantas. Para auxiliar nessa identificação é possível fazer uso das exsicatas.

As exsicatas são amostras de estruturas de plantas secas, fixadas em uma folha de papel e armazenadas em local adequado, como um herbário. Juntamente com essas amostras, são anotadas algumas informações sobre a planta e o local em que ela foi encontrada. Esse tipo de amostras permite preservar estruturas das plantas ao longo de vários anos.

Exsicata de planta coletada no Reino Unido, em 1974.

Flor

Embora as flores apresentem tamanhos, cores e formas variadas, algumas estruturas são comuns a todas elas.

As flores são formadas por duas partes principais: a reprodutiva e a não reprodutiva. Veja o esquema a seguir.

Flor

- Parte reprodutiva: formada pelo androceu e pelo gineceu.

    Androceu: parte reprodutiva onde ocorre a produção dos gametas masculinos. É formado por estames, os quais são compostos por um filamento fino, denominado filete, que sustenta a antera. No interior das anteras, formam-se os grãos de pólen, que dão origem aos gametas masculinos.

    Gineceu: parte reprodutiva onde há produção dos gametas femininos. É formado por ovário, estilete e estigma. No interior do ovário, ocorre a formação do gameta feminino (oosfera). O estilete é um filamento fino que sustenta o estigma, região que recebe os grãos de pólen.

- Parte não reprodutiva: formada pelas pétalas, pelas sépalas, pelo pedúnculo e pelo receptáculo. A flor une-se ao caule da planta pelo pedúnculo. As estruturas da flor ligam-se ao pedúnculo em uma região que se chama receptáculo.

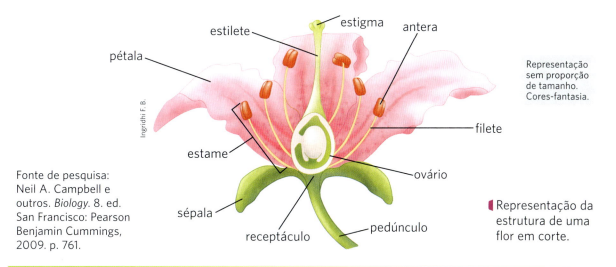

Fonte de pesquisa: Neil A. Campbell e outros. *Biology*. 8. ed. San Francisco: Pearson Benjamin Cummings, 2009. p. 761.

Representação sem proporção de tamanho. Cores-fantasia.

Representação da estrutura de uma flor em corte.

Em geral, as pétalas apresentam cor, forma e textura atraentes aos animais polinizadores. As sépalas, por sua vez, quase sempre são verdes e atuam na proteção da flor imatura (botão floral).

Botões florais em diferentes fases de desenvolvimento e flor de roseira. À medida que o botão floral se desenvolve, as sépalas se separam, permitindo que as pétalas se expandam e surjam as flores.

129

Baobá

A árvore conhecida como baobá (*Adansonia digitata*) é originária da África e uma das maiores e mais antigas do mundo. O caule dessa árvore apresenta o formato de cone, pois sua base é larga e a extremidade é mais estreita, podendo atingir 30 m de altura e até 11 m de diâmetro.

Devido às grandes dimensões do tronco, o caule do baobá vem sendo utilizado para as mais variadas funções, como armazenar água e servir de abrigo.

Baobás em Madagascar, África, em 2015.

Veja a seguir um texto que trata da origem do baobá, de acordo com uma lenda contada por un povo africano da região da Costa do Marfim, na África.

Se você parar e observar o baobá com atenção, verá que ele parece um pouco estranho e diferente das outras árvores. Na verdade, parece até que ele foi plantado de ponta-cabeça. Mas essa aparência é culpa do próprio baobá e de sua insatisfação.

Baobá foi a primeira árvore a ser criada. Enquanto o restante do mundo estava sendo elaborado pelo Criador, lá estava o baobá, observando tudo.

Certo dia, o Criador colocou no mundo outra árvore, próxima ao baobá e foi aí que começou a confusão. Na região em que o baobá foi criado, havia um corpo-d'água que mais parecia um espelho. E, sendo assim, o baobá passava o dia observando sua aparência e reclamando. Olhava aqui, olhava ali, analisava suas formas, comparava-se com a outra árvore. Insatisfação era seu sobrenome.

O baobá estava muito insatisfeito com sua aparência e, por isso, foi se queixar ao Criador. Questionou-o por que não era igual à outra árvore, por que seus cabelos não eram mais floridos, por que suas folhas eram poucas e pequenas. Não gosto disso, não gosto daquilo, por que sou assim, quero ser diferente, sou feio. Essas eram algumas das frases ditas pelo baobá ao Criador, que muito calmamente respondia às reclamações de sua primeira criação.

– Você é uma árvore bonita. Eu gosto muito de você, do jeito que você é – dizia o Criador.

Mas baobá não se conformava com sua aparência e continuava com suas reclamações. Suas flores, sua casca, suas folhas... nada o agradava. E o Criador insistia, dizendo ao baobá que ele foi o primeiro a ser criado e, por isso, tinha o que havia de melhor entre todas as outras criaturas. Era bonito do jeito que era.

E assim foram se passando os dias, o Criador ocupado em criar os outros seres vivos da África, andando para lá e para cá, e o baobá seguindo-o, onde quer que ele fosse. Aliás, é por isso que existe essa planta espalhada por toda a África.

O Criador não se conformava com as reclamações do baobá. Justo ele, a árvore única, diferente de todas as outras que havia criado. Mas paciência tem limite! Certo dia, cansado das reclamações de sua criação, o Criador tomou uma atitude: calar o baobá! E como faria isso? Ele agarrou o baobá, arrancou-o do chão e o plantou novamente, mas agora de cabeça para baixo.

Olhando para ele, disse:

– Agora pode reclamar à vontade, não ouço mais suas reclamações.

Foi assim que ficou o baobá, uma árvore de cabeça para baixo. Isso explica sua aparência um tanto quanto diferente e estranha. Se observá-lo atentamente, você irá perceber que parece que o baobá tem suas raízes voltadas para cima.

Texto produzido para esta obra.

a) Você já leu alguma lenda? Em caso afirmativo, comente com os colegas.

b) Você conhece alguma lenda que explica o surgimento de alguma planta? Escreva essa lenda em seu caderno e faça um desenho para ilustrá-la. Em seguida, leia o texto para seus colegas. Se necessário, faça uma pesquisa sobre essas lendas.

c) Em sua opinião, as lendas são importantes para valorizar a cultura de um povo? Explique por quê.

d) Quando o Criador replantou o baobá, que parte da árvore ficou exposta? Em uma situação real, qual é a importância dessa estrutura na planta?

e) O baobá se queixava muito de sua aparência ao Criador. O que você teria a dizer ao baobá a respeito das diferenças físicas observadas entre os indivíduos? Elas devem ser valorizadas e respeitadas?

Rogério Casagrande

131

Fruto

Além de proteger as sementes, os frutos podem servir de alimento aos animais. Ao coletarem ou comerem esses frutos, os animais levam as sementes para outros locais, contribuindo para sua dispersão. Por isso, são chamados **animais dispersores**.

O fruto é formado por três camadas principais: epicarpo, mesocarpo e endocarpo. Veja o esquema abaixo.

Fruto

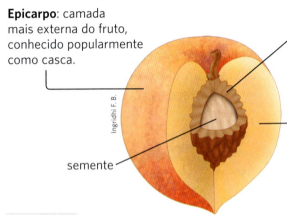

Epicarpo: camada mais externa do fruto, conhecido popularmente como casca.

Endocarpo: camada que envolve a semente. Em determinadas espécies, como no pêssego, o endocarpo é bem rígido e, junto com a semente, forma o caroço.

Mesocarpo: camada entre o endocarpo e o epicarpo. Em grande parte dos frutos, como no pêssego, o mesocarpo é bem desenvolvido e constitui a região comestível.

Representação sem proporção de tamanho. Cores-fantasia.

Representação da estrutura de fruto (pêssego) em corte. Nessa imagem foram feitos cortes para melhor visualização das partes que compõem o fruto e sua semente.

Fontes de pesquisa: Aylthon Brandão Joly. *Botânica*: introdução à taxonomia vegetal. 13. ed. São Paulo: Companhia Editora Nacional, 2002. p. 367.

Fruto. *Instituto de Biologia da Universidade Federal de Uberlândia*. Disponível em: <www.anatomiavegetal.ib.ufu.br/pdf-recursos-didaticos/morfvegetalorgaFRUTO.pdf>. Acesso em: 22 out. 2018.

Nos frutos, como a laranja, a parte comestível não é o mesocarpo, mas sim o endocarpo, o qual se encontra bem desenvolvido. Veja na fotografia ao lado as camadas de uma laranja.

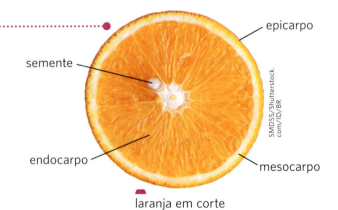

laranja em corte

vagens de feijão

Há várias formas de classificar os frutos. Em relação à sua consistência, eles podem ser carnosos ou secos. Os **frutos carnosos** são aqueles que apresentam uma porção suculenta e macia, como o pêssego e a laranja. Os **frutos secos**, por sua vez, não apresentam porção suculenta e macia. A soja, o feijão e a ervilha são exemplos desses frutos.

Frutos partenocárpicos e pseudofrutos

Em geral, o ovário da flor se desenvolve em fruto após a fecundação e a formação da semente. No entanto, há espécies em que o ovário pode se desenvolver sem que ocorra a fecundação. Nesses casos, forma-se um fruto denominado **partenocárpico**. A banana comum é um exemplo de fruto partenocárpico.

Em muitas plantas, a parte comestível não corresponde ao fruto verdadeiro, pois não se originou do desenvolvimento do ovário. Nesses casos, a porção comestível da planta é chamada **pseudofruto**. O caju é um exemplo de pseudofruto. A parte comestível do caju origina-se do desenvolvimento do pedúnculo da flor e não do ovário.

Semente

A semente é formada pelo tegumento, pelo embrião e por materiais de reserva. Veja o esquema abaixo.

Semente

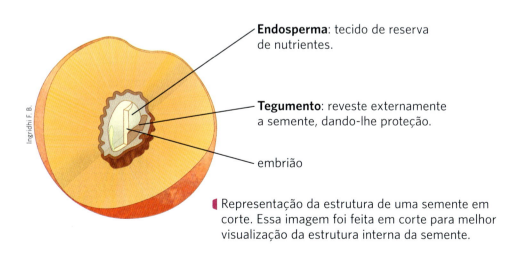

Endosperma: tecido de reserva de nutrientes.

Tegumento: reveste externamente a semente, dando-lhe proteção.

embrião

Representação da estrutura de uma semente em corte. Essa imagem foi feita em corte para melhor visualização da estrutura interna da semente.

Representação sem proporção de tamanho. Cores-fantasia.

Fonte de pesquisa: Fruto. *Instituto de Biologia da Universidade Federal de Uberlândia*. Disponível em: <www.anatomiavegetal.ib.ufu.br/pdf-recursos-didaticos/morfvegetalorgaFRUTO.pdf>. Acesso em: 22 out. 2018.

Monocotiledônea e dicotiledônea

De maneira geral, o endosperma, formado durante a fecundação, é total ou parcialmente absorvido durante o desenvolvimento inicial do embrião, enquanto a semente está amadurecendo.

Quando os embriões, contidos nas sementes, retomam seu crescimento na germinação, apresentam folhas modificadas, chamadas **cotilédones**. Essas estruturas podem acumular substâncias de reserva, atuar na transferência dessas substâncias para o embrião ou até mesmo na realização da fotossíntese.

As angiospermas podem ser organizadas em dois grupos principais, de acordo com a quantidade de cotilédones em suas sementes: as monocotiledôneas e as dicotiledôneas.

As monocotiledôneas são espécies de angiospermas que apresentam sementes com apenas um cotilédone, como o milho, o arroz, a cana-de-açúcar, o alho e o trigo. Já as dicotiledôneas são espécies de angiospermas que apresentam sementes com dois cotilédones, como o amendoim, a ervilha, a soja, o feijão e o café.

Além da quantidade variável de cotilédones, as monocotiledôneas e as dicotiledôneas apresentam outras características que permitem distingui-las, tais como o tipo de sistema de raiz e a disposição das nervuras nas folhas. Veja o quadro abaixo.

Imagens sem proporção de tamanho.

Glossário

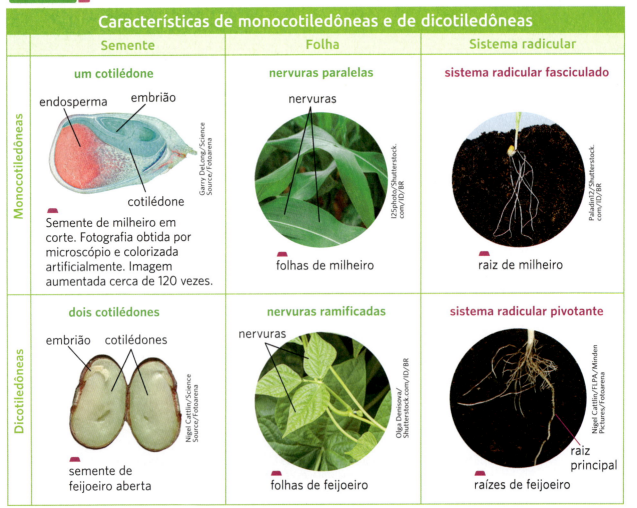

Características de monocotiledôneas e de dicotiledôneas

Monocotiledôneas
- Semente: **um cotilédone** — endosperma, embrião, cotilédone. Semente de milheiro em corte. Fotografia obtida por microscópio e colorizada artificialmente. Imagem aumentada cerca de 120 vezes.
- Folha: **nervuras paralelas** — folhas de milheiro.
- Sistema radicular: **sistema radicular fasciculado** — raiz de milheiro.

Dicotiledôneas
- Semente: **dois cotilédones** — embrião, cotilédones. Semente de feijoeiro aberta.
- Folha: **nervuras ramificadas** — folhas de feijoeiro.
- Sistema radicular: **sistema radicular pivotante** — raiz principal. Raízes de feijoeiro.

Artesanato brasileiro

a) Você tem alguma peça de artesanato em sua residência? Em caso afirmativo, em que local ela foi adquirida e de que material ela é feita?

b) Qual é a importância do artesanato?

O artesanato é uma produção artística influenciada pelas tradições de um povo e relacionada à cultura de uma comunidade. Seus produtos são feitos à mão, com matéria-prima obtida diretamente da natureza e instrumentos simples.

As plantas são uma importante fonte de matéria-prima para a produção de artesanato. Delas, podem ser utilizados madeira, sementes, folhas, frutos e até mesmo as raízes.

O Brasil apresenta rica diversidade cultural, a qual se reflete no artesanato. Entre os diversos tipos de artesanatos brasileiros, podemos destacar a produção de peças com capim dourado na região do Jalapão, estado do Tocantins.

As mulheres dessa região transformam as hastes douradas dessa angiosperma em brincos, pulseiras, bolsas, chapéus e diversos outros objetos de decoração comercializados no Brasil e no exterior.

A técnica de trabalhar com o capim dourado tem origem indígena e tem sido passada de uma geração para outra, entre as mulheres da região.

Além do capim dourado, outros tipos de artesanato são produzidos no Brasil com matéria-prima vegetal. Veja abaixo.

Mulher produzindo peça de artesanato com capim dourado na Comunidade Mumbuca, em Mateiros, estado do Tocantins, em 2014.

Afoxés, tradicionais da cultura africana e produzidos com cabaça, um tipo de fruto, na capital do estado de São Paulo, em 2016.

Cestos produzidos por indígenas com folhas secas de plantas, no município de Parati, estado do Rio de Janeiro, em 2017.

O artesanato é uma importante atividade econômica no Brasil e fonte de renda de diversas famílias. Além disso, é uma importante forma de expressão cultural.

Ampliando fronteiras

Alimentos transgênicos

- Você já ouviu falar em transgênicos? Em caso afirmativo, o que você sabe sobre esse assunto?

Provavelmente, você já ouviu falar em transgênicos. Afinal, o que são alimentos transgênicos? São alimentos obtidos de seres vivos que foram modificados geneticamente, ou seja, que por meio de técnicas de engenharia genética tiveram seu material genético alterado. De maneira geral, essas modificações incluem receber material genético de outra espécie.

A técnica utilizada para produzir transgênicos é chamada transgenia e visa incorporar ao organismo uma característica que confira a ele alguma vantagem, como resistência a pragas ou à seca, maior produtividade ou melhor sabor.

No Brasil são cultivadas diversas plantas transgênicas que servem de alimento para a população, como soja, milho, feijão e algodão. A soja e o milho, por exemplo, são utilizados na fabricação de outros alimentos, como óleos de cozinha e farinhas.

Vamos conhecer, a seguir, algumas plantas transgênicas que servem de alimento para os seres humanos e as características que foram incorporadas a elas.

1 Algumas variedades de soja foram geneticamente alteradas e se tornaram resistentes a um herbicida, amplamente utilizado contra ervas daninhas. Assim, ficou mais fácil controlar as ervas daninhas sem prejudicar as plantações.

Outra variedade de soja transgênica produz uma substância tóxica contra insetos que são considerados pragas da soja. Assim, reduz-se a necessidade de utilizar herbicidas.

2 Existem variedades de milho que receberam material genético de outros organismos, tornando-se mais resistentes à seca.

3 Uma variedade transgênica de feijoeiro se tornou resistente a um vírus que causa doença nos cultivos, gerando grandes prejuízos às plantações.

Representação sem proporção de tamanho. Cores-fantasia.

136

A rotulagem dos alimentos transgênicos

A portaria n. 2680, de 22 de dezembro de 2003, do Ministério da Justiça, tornou obrigatório o uso do símbolo de transgênico nos rótulos de produtos feitos a partir de transgênicos. Em 2018, tramitaram no Congresso Nacional propostas para que esse símbolo deixe de ser obrigatório, pois poderia prejudicar as exportações desses produtos.

símbolo de alimento transgênico

A utilização de organismos transgênicos na alimentação humana tem causado muita polêmica, havendo aqueles que são a favor e aqueles que são contra esse tipo de tecnologia. Assim, está claro que esse assunto precisa ser discutido e debatido. Veja, a seguir, alguns argumentos relacionados aos transgênicos.

Os principais argumentos dos que são a favor dos transgênicos são:
- produção de alimentos mais nutritivos e mais baratos;
- produção eficiente, o que poderia ser a solução para a fome no mundo;
- redução do uso de herbicidas;
- não há indícios de prejuízo para a saúde das pessoas.

Os principais argumentos dos que são contra os transgênicos são:
- acredita-se que algumas substâncias presentes nos transgênicos podem causar alergia;
- não há estudos que garantam a segurança para a saúde das pessoas e dos demais seres vivos;
- plantas modificadas podem afetar o equilíbrio dos ecossistemas.

1. Como citado no texto, existem propostas para que o símbolo de transgênico nas embalagens de alimentos deixe de ser obrigatório. Você acha que a obrigatoriedade dessa identificação deve continuar ou não? Justifique sua opinião.
2. Lendo os argumentos dos que são contra e dos que são a favor do uso de transgênicos na alimentação humana, você se posiciona contra ou a favor desse uso? Justifique sua resposta.
3. Um dos argumentos daqueles que são favoráveis aos transgênicos é o de que essa tecnologia poderia ajudar a acabar com a fome no mundo. Você concorda com essa afirmação?

Raul Aguiar

Atividades

1. Leia a manchete a seguir.

   Produção de alimentos depende de animais polinizadores sob risco de extinção, dizem especialistas

   OnuBR, 8 dez. 2016. Disponível em: <https://nacoesunidas.org/producao-de-alimentos-depende-de-animais-polinizadores-sob-risco-de-extincao-dizem-especialistas/>. Acesso em: 22 out. 2018.

   a) Qual é a importância dos animais polinizadores para as angiospermas?

   b) Explique com suas palavras a afirmação: "Produção de alimentos depende de animais polinizadores".

   c) Grande parte dos animais polinizadores, dos quais a produção de alimentos humanos depende, está em risco de extinção. Qual é a possível consequência desse problema para a alimentação humana? Justifique sua resposta.

   d) De que forma os consumidores podem ser afetados pela extinção dos polinizadores?

2. Leia as informações abaixo e responda à questão.

   O vegetal conhecido popularmente como dedaleiro possui flores que ficam expostas acima da copa da árvore. Elas têm anteras grandes e exalam odor desagradável. Em geral, essas flores se abrem ao entardecer e à noite.

   - Em sua opinião, qual deve ser o hábito do animal que poliniza essa planta, diurno ou noturno? Justifique sua resposta.

   flor e botões florais de dedaleiro

   altura da planta: aproximadamente 10 m

3. As angiospermas possuem uma estrutura que protege a semente, que não está presente nas gimnospermas. Qual é essa estrutura e qual a sua função?

4. Observe as fotografias abaixo.

frutos da mamona

Cutia se alimentando de fruto de acuri.

Os frutos da paineira possuem estruturas semelhantes a plumas.

a) Em sua opinião, como é feita a dispersão das sementes da planta apresentada em cada uma das fotografias acima? Se necessário, faça uma pesquisa.

b) Qual é a importância da dispersão de sementes para as plantas?

c) Cite uma característica dos frutos que pode auxiliar a atrair animais que se alimentam deles e, consequentemente, atuam na dispersão das sementes.

5. Leia o texto a seguir e responda às questões.

> Durante a dispersão das sementes, o embrião geralmente interrompe seu desenvolvimento e fica em estado de dormência. No entanto, a semente tem um período de viabilidade, ou seja, se ela não germinar em determinado tempo, o embrião que ela contém morrerá. O tempo de viabilidade de cada semente varia de espécie para espécie. Já foram encontradas sementes de lótus viáveis mesmo após 2000 anos de dormência do embrião.

a) Qual é a importância da dormência das sementes para as plantas?

b) Descreva, com suas palavras, como ocorre a germinação da semente após a quebra da dormência dos embriões.

c) De acordo com as informações do texto, podemos afirmar que a semente representa uma vantagem evolutiva das plantas com sementes em relação aos demais grupos de plantas? Justifique sua resposta.

139

6. Reescreva a sentença abaixo em seu caderno, substituindo os números romanos pelas palavras que a completam corretamente.

> Nas angiospermas, as sementes se formam a partir do **I** fecundado. Já o fruto é resultado, geralmente, do desenvolvimento do **II**. No caso dos **III**, outras partes florais, como o receptáculo, originam o fruto.

7. O mamoeiro pode apresentar indivíduos apenas com flores masculinas, indivíduos apenas com flores femininas e indivíduos com flores dotadas tanto de estruturas masculinas quanto femininas.

   a) Cite as partes que estão presentes em cada um dos três tipos de flores que podem ser encontradas nos mamoeiros.

   b) Em quais indivíduos haverá formação de fruto e de semente? Justifique sua resposta.

   c) Explique qual a importância dos frutos e das sementes para a planta.

altura: aproximadamente 8 m

mamoeiro

8. Leia o texto, observe a fotografia e responda à questão a seguir.

> As flores das orquídeas do gênero *Ophrys* se assemelham às fêmeas de espécies de abelhas ou vespas. Os machos dessas espécies vão até essas orquídeas e tentam copular, como se a flor fosse uma fêmea de inseto.

flor de *Ophrys insectifera*

comprimento da vespa: aproximadamente 1,5 cm

Vespa (*Argogorytes mystaceus*) visitando uma flor (*Ophrys insectifera*).

- Em sua opinião, como a semelhança das flores das orquídeas do gênero *Ophrys* com espécies de abelhas ou vespas pode contribuir para a reprodução da espécie?

9. Em muitas espécies de plantas, as flores encontram-se agrupadas e sustentadas por um ramo comum. Esse agrupamento de flores recebe o nome de inflorescência. A margarida é um exemplo de inflorescência. Nela, as flores, pequenas, ficam próximas umas das outras.

- Você acha que a inflorescência pode representar uma vantagem reprodutiva para as margaridas? Justifique sua resposta.

Margarida, com destaque para suas flores.

10. Leia o texto abaixo e responda às questões.

Tomate é fruto?

Não só o tomate é fruto, como abobrinha, pimentão e pepino também são! Para a ciência que estuda os vegetais, a Botânica, o fruto é tudo o que nasce do ovário das plantas, a parte onde ficam as sementes. Assim, praticamente tudo o que tem na feira é fruto sim! Esquisito, não?

A confusão toda é porque, popularmente, chamam-se de frutas só os frutos docinhos, como manga, ameixa e melancia. Mas há alguns frutos em que o sabor do açúcar não se destaca, como tomate, pimentão, quiabo. [...]

Marcela Munhoz. Tomate é fruto? *Diário do Grande ABC*. 13 mar. 2010. Diarinho. Disponível em: <www.dgabc.com.br/Noticia/102871/tomate-e-fruto->. Acesso em: 22 out. 2018.

a) Qual é o assunto abordado no texto?
b) Explique, com suas palavras, a diferença entre fruto e fruta.
c) Converse com seus familiares ou responsáveis e verifique se eles sabem a diferença entre fruto e fruta. Caso necessário, explique essa diferença a eles. Relate no caderno essa atividade.
d) Situação semelhante a essa se refere ao que é fruto e o que é pseudofruto. Explique, com suas palavras, essa diferença.

Verificando rota

1. Faça um quadro em seu caderno diferenciando os tipos de reprodução assexuada tratados no capítulo **4**.

2. Retome a resposta da questão **4** da página **111**, completando-a ou corrigindo-a, caso necessário.

3. Retome a resposta da questão **6** da página **116** e a da questão **3** da página **121**, completando-as ou corrigindo-as. Em seguida, produza um pequeno texto que aborde a presença de flores, sementes e frutos como vantagens evolutivas das angiospermas, que permitiram a elas dominar os ambientes terrestres.

4. Converse com os colegas sobre as adaptações reprodutivas de plantas e animais relacionadas à vida no ambiente terrestre.

UNIDADE

3

Sistema genital e reprodução humana

Capítulos desta unidade
- **Capítulo 7** - Puberdade e sistema genital
- **Capítulo 8** - Reprodução humana

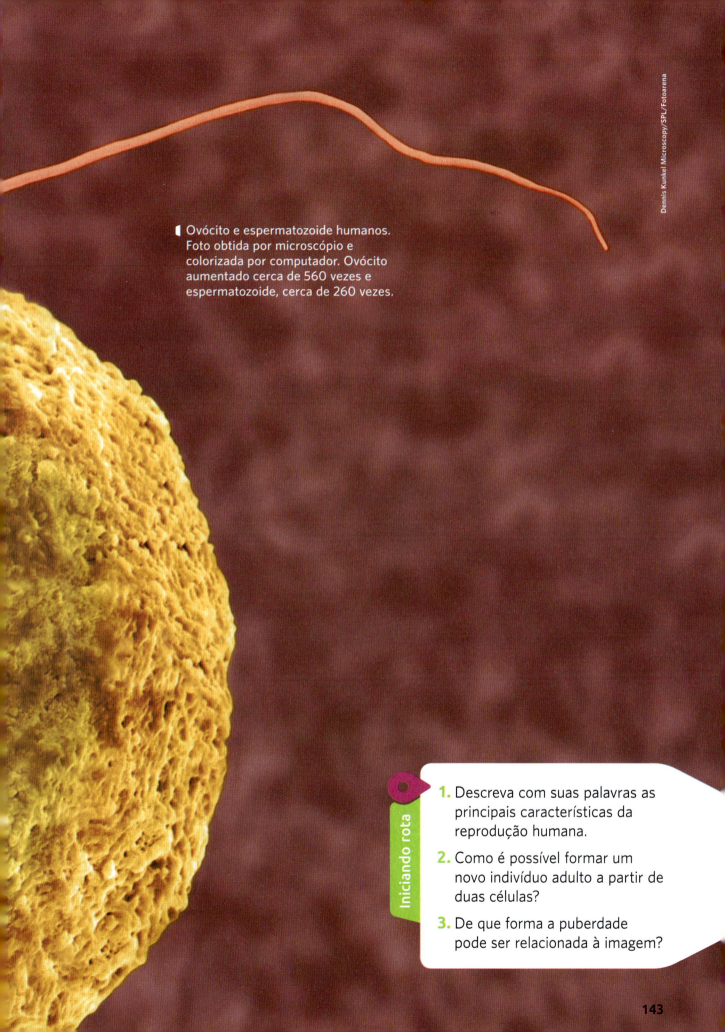

Ovócito e espermatozoide humanos. Foto obtida por microscópio e colorizada por computador. Ovócito aumentado cerca de 560 vezes e espermatozoide, cerca de 260 vezes.

Iniciando rota

1. Descreva com suas palavras as principais características da reprodução humana.
2. Como é possível formar um novo indivíduo adulto a partir de duas células?
3. De que forma a puberdade pode ser relacionada à imagem?

CAPÍTULO 7
Puberdade e sistema genital

Leia a tira abaixo.

Ziraldo. O Menino Maluquinho. *Site do Menino Maluquinho*. Disponível em: <http://www.omeninomaluquinho.com.br/paginatirinha/PaginaAnterior.asp?da=07092011>. Acesso em: 9 out. 2018.

1 Na primeira cena, o Menino Maluquinho fala que a maior diferença entre meninos e meninas não é a que o amigo está pensando. Em sua opinião, em qual diferença o amigo do Menino Maluquinho poderia estar pensando?

2 A adolescência é a fase da vida na qual ocorrem diversas mudanças no corpo, que tornam as diferenças entre o sexo feminino e o sexo masculino mais evidentes. Em sua opinião, quais são essas mudanças?

Assim como a maioria dos mamíferos, o ser humano é vivíparo e se reproduz de forma sexuada, com fecundação interna. Como estudamos no capítulo **4**, a reprodução é um processo essencial para a continuidade da espécie e, no caso da reprodução sexuada, possibilita o aumento da diversidade entre os seres vivos.

Embora, ao nascer, o ser humano possua características semelhantes às do adulto, durante seu ciclo de vida, a espécie humana passa por algumas fases: infância, adolescência e fase adulta.

A adolescência é a fase da vida que antecede a fase adulta e é quando nos deparamos com sentimentos novos e diversas mudanças, tanto físicas quanto emocionais. É na adolescência que costumam surgir muitos medos e inseguranças. Mas calma, é apenas mais uma fase da vida pela qual todos nós passamos e que pode nos trazer muitas descobertas.

adolescentes

144

Durante a adolescência o corpo humano passa por diversas mudanças físicas. Essas mudanças ocorrem principalmente em um período chamado puberdade e visam preparar o corpo para a reprodução. Na puberdade os sistemas genitais se tornam aptos a produzir gametas e a gerar novos indivíduos, além de ocorrerem outras mudanças físicas. De acordo com a Sociedade Brasileira de Endocrinologia e Metabologia (SBEM), em geral, nas meninas, a puberdade se inicia entre 8 e 13 anos, já nos meninos, entre 9 e 14 anos de idade.

As mudanças observadas na puberdade são controladas por hormônios sexuais, a testosterona nos homens, e o estrógeno e a progesterona nas mulheres. Os esquemas a seguir apresentam algumas mudanças que ocorrem no corpo humano durante esse período.

Algumas mudanças no corpo humano de meninas

- Aumento do tamanho das mamas. Essa é a primeira característica observável no início da puberdade.
- Aumento dos quadris, que adquirem um formato mais arredondado.
- Ocorrência da primeira menstruação.
- Crescimento das tubas uterinas, do útero e da vagina.
- Surgimento de pelos, especialmente nas axilas e na região pubiana.

Representação de algumas mudanças que ocorrem no corpo humano de indivíduos do sexo feminino, na puberdade.

Representação sem proporção de tamanho. Cores-fantasia.

Algumas mudanças no corpo humano de meninos

- Alterações na voz, que se torna mais grave. Isso ocorre por causa de alterações na laringe, como o espessamento das pregas vocais.
- Aumento do volume dos músculos esqueléticos. Além disso, os ombros ficam mais largos.
- Intensificação do crescimento de pelos, especialmente na face (barba), no tórax, nas axilas e na região pubiana.
- Aumento dos órgãos genitais (testículos e pênis).

Representação de algumas mudanças que ocorrem no corpo humano de indivíduos do sexo masculino, na puberdade.

Representação sem proporção de tamanho. Cores-fantasia.

Além das mudanças apresentadas na página anterior, em ambos os sexos a pele torna-se mais espessa. Além disso, a secreção das glândulas sebáceas e sudoríferas aumenta. Muitas vezes, o aumento da secreção das glândulas sebáceas causa o aparecimento da acne, comum na adolescência.

Parte do rosto com acne de uma adolescente.

Os hormônios sexuais, relacionados com as mudanças observadas na puberdade, são produzidos e secretados em maior quantidade nesse período. Esses hormônios são produzidos nos ovários e nos testículos e são secretados diretamente na corrente sanguínea, atuando em diferentes partes do organismo.

A produção e a secreção dos hormônios sexuais são reguladas pelo sistema nervoso e também por outros hormônios. Juntos, sistemas endócrino e nervoso agem em diferentes órgãos e tecidos, resultando nas mudanças no corpo humano características da puberdade.

Veja a seguir as estruturas envolvidas na produção e secreção dos hormônios sexuais e, consequentemente, nas mudanças observadas na puberdade.

Hormônios sexuais

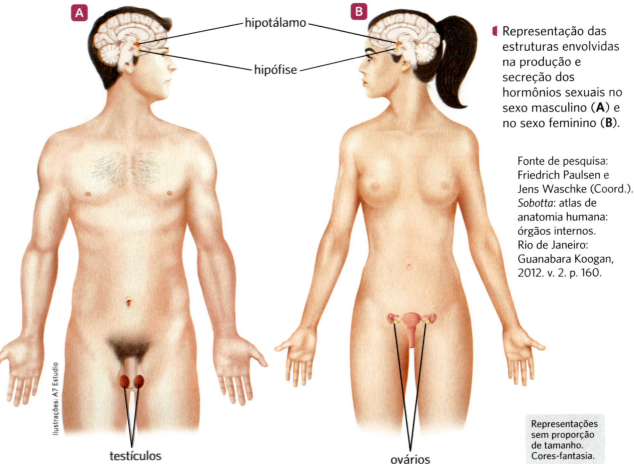

Representação das estruturas envolvidas na produção e secreção dos hormônios sexuais no sexo masculino (**A**) e no sexo feminino (**B**).

Fonte de pesquisa: Friedrich Paulsen e Jens Waschke (Coord.). *Sobotta*: atlas de anatomia humana: órgãos internos. Rio de Janeiro: Guanabara Koogan, 2012. v. 2. p. 160.

Representações sem proporção de tamanho. Cores-fantasia.

Agora, vamos estudar como o sistema nervoso e algumas glândulas do sistema endócrino atuam em conjunto para a ocorrência da puberdade. Veja a seguir.

Representações sem proporção de tamanho. Cores-fantasia.

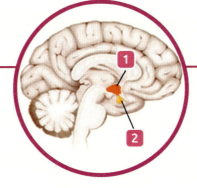

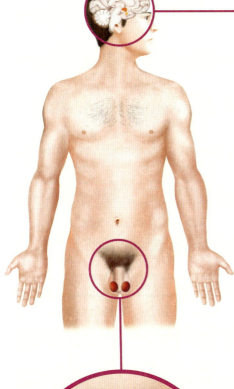

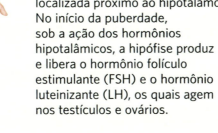

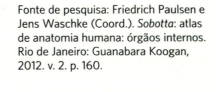

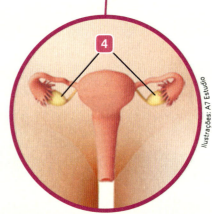

1 O **hipotálamo** é uma região do encéfalo que, entre outras funções, controla a secreção de hormônios pela hipófise. Ou seja, atua como uma ponte entre o sistema nervoso e o endócrino.

2 A **hipófise** é uma glândula localizada próximo ao hipotálamo. No início da puberdade, sob a ação dos hormônios hipotalâmicos, a hipófise produz e libera o hormônio folículo estimulante (FSH) e o hormônio luteinizante (LH), os quais agem nos testículos e ovários.

Fonte de pesquisa: Friedrich Paulsen e Jens Waschke (Coord.). *Sobotta*: atlas de anatomia humana: órgãos internos. Rio de Janeiro: Guanabara Koogan, 2012. v. 2. p. 160.

3 Nos **testículos**, o FSH estimula a produção de espermatozoides e o LH estimula a secreção da testosterona. Na puberdade, a testosterona é a principal responsável por promover o aumento dos órgãos genitais e o desenvolvimento de características sexuais secundárias, apresentadas na página **145**.

4 Nos **ovários**, o FSH e o LH estimulam o amadurecimento dos gametas femininos, fazendo com que ocorra a primeira menstruação e os ovócitos passem a ser liberados mensalmente. Como resultado desse processo os ovários começam a produzir e secretar progesterona e estrogênios.

Os estrogênios atuam no desenvolvimento e manutenção dos órgãos sexuais femininos e das características secundárias femininas, apresentadas na página **145**. A progesterona, por sua vez, atua em conjunto com estrogênios, preparando o útero mensalmente para uma possível gravidez e para a produção de leite nas mamas.

Representação da algumas glândulas do corpo humano que atuam nas mudanças que ocorrem na puberdade.

Adolescência

De acordo com o Estatuto da Criança e do Adolescente (ECA), considera-se adolescente os indivíduos de 12 a 18 anos de idade. A adolescência é um período bastante importante em nossa vida, pois essa é uma fase de muitas descobertas, dúvidas e na qual muitas características da fase adulta serão definidas. No entanto, nem sempre é fácil lidar com tantas mudanças. Leia o texto a seguir.

[...]

Ser adolescente é, entre outras coisas, não ser mais criança. Mas, também significa não ser adulto ainda, o que torna a adolescência uma fase muito especial, cheia de inquietações, descobertas e significados.

[...] Nessa fase, sentimos a necessidade de provar que somos capazes de fazer o que quisermos, de dar e de formular nossas próprias opiniões, de tomar o comando de nossa própria vida. Porém, ao mesmo tempo, existe ainda uma série de fatores, como a dependência emocional e a financeira, interagindo com todas essas questões. É uma fase em que queremos ganhar o mundo, mas ainda há a necessidade de ter o apoio ou um colinho de mãe, com a aprovação ou reprovação para os saltos que queremos dar. [...]. Esse processo pode ser difícil, já que nem todas as pessoas compreendem com clareza esse monte de mudanças que ocorrem com o adolescente. Ao mesmo tempo, as certezas que temos muitas vezes diferem das certezas das pessoas com quem convivemos e isso pode trazer conflitos. Muitas vezes nós mesmos acabamos achando tudo o que pensamos totalmente sem sentido, falta-nos entendimento para enfrentar o que está fora ou dentro de nós. A confusão pode se tornar geral e, em muitos momentos, ninguém consegue se entender mais.

[...]

Toda mudança traz inseguranças e momentos de dúvidas, incertezas, muitas angústias e confrontos, por isso a fase é chamada "crise da adolescência"! Mas toda crise é também a oportunidade de superação e resolução de problemas, que podem ser redimensionados na busca de melhor qualidade de vida. As crises da adolescência deixam marcas profundas na personalidade, mas fazem parte da construção das verdades de cada pessoa. Os rodopios ou "dança das emoções", na busca de si mesmo(a) e nas tentativas de encontrar autonomia e independência também podem fluir sem tantos turbilhões quando existem o diálogo, o respeito e a vontade de ser mais feliz!

Andrea Teixeira Matheus e Evelyn Eisenstein. *Fala sério!*: perguntas e respostas sobre adolescência e saúde. Rio de Janeiro: Vieira & Lent, 2006. p. 17, 20-21, 34-35.

▶ Pai conversando com seu filho adolescente. O diálogo com um adulto responsável ajuda a lidar com as mudanças que ocorrem na adolescência.

Agora, leia o trecho da reportagem a seguir.

Aumenta consumo de álcool entre adolescentes
Coma alcoólico e envolvimento em acidentes de trânsito estão entre os problemas mais comuns dos jovens consumidores

Jornal da USP, 4 dez. 2017. Disponível em: <https://jornal.usp.br/atualidades/aumenta-consumo-de-alcool-entre-adolescentes/>. Acesso em: 13 out. 2018.

Como você pode perceber no trecho da reportagem acima, o consumo de álcool entre os adolescentes é uma triste e preocupante realidade. A adolescência é uma fase da vida de muitas mudanças e também quando nos deparamos com muitas novidades, algumas boas, outras não. É nessa fase, por exemplo, que muitas pessoas oferecem álcool e outras drogas aos adolescentes na falsa promessa de ajudá-los a esquecer e superar seus medos e angústias.

A realidade é que o álcool e outras drogas não resolvem problemas, pelo contrário, expõem os adolescentes, e qualquer outra pessoa que faça uso deles, a problemas de saúde e a risco de morte. Por isso, é essencial agir com responsabilidade e refletir sobre as escolhas que tomamos.

Apesar de parecer, e às vezes realmente ser, um período conturbado em que nos sentimos perdidos, a adolescência também é um período de formação de opinião, em que podemos nos posicionar a favor ou contra determinados fatos.

Você já ouviu falar de Malala Yousafzai (1997-)? Malala nasceu em uma região do Paquistão onde as mulheres possuem menos direitos que os homens e não podem, por exemplo, estudar. Ainda assim, ela desafiou uma das maiores milícias locais para continuar frequentando a escola.

Aos 15 anos, ainda adolescente, Malala foi baleada por essa milícia, como forma de punição e repressão a outras meninas que tivessem o mesmo ideal. Contudo, ela sobreviveu e hoje é símbolo mundial da luta pela liberdade e pelos direitos das mulheres.

▶ **Aprenda mais**

No livro *Eu sou Malala* você conhecerá mais a história dessa jovem paquistanesa e de sua luta pela liberdade e pelos direitos das mulheres. Além disso, conhecerá um pouco sobre a cultura daquela região.

Malala Yousafzai e Christina Lamb. *Eu sou Malala*. Tradução de Caroline Chang e outros. São Paulo: Companhia das Letras, 2013.

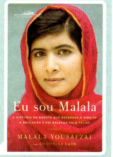

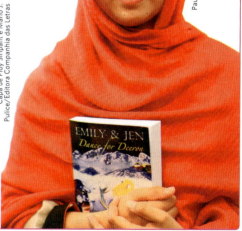

Malala Yousafzai, em 2013, aos 16 anos de idade.

Ampliando fronteiras

Perigos da internet!

A internet nos coloca em sintonia com diversos acontecimentos do mundo e permite o acesso a informações variadas. No entanto, esse mundo virtual também pode oferecer perigos reais. Entre esses perigos estão o *cyberbullying* (assédio virtual) e o assédio sexual.

Existem pessoas que criam perfis falsos nas redes sociais, usam linguagem de crianças ou de adolescentes e solicitam amizade para estabelecer uma relação de confiança. Muitas crianças e adolescentes que caem nessa armadilha são expostos a diferentes perigos que podem incluir até mesmo ameaças de morte. Para ajudá-lo a utilizar a internet de maneira saudável, é possível ter alguns cuidados e seguir algumas dicas no seu dia a dia. Veja a seguir.

Não conte detalhes da sua vida nas redes sociais. Quando divulgamos informações pessoais na internet, elas se tornam públicas e não sabemos quem terá acesso a elas.

Nunca aceite um convite para encontrar alguém que você só conhece pela internet a não ser com o consentimento de seus pais ou responsável. Se receber algum convite desse tipo, avise imediatamente seus pais ou responsáveis.

Representações de situações relacionadas aos cuidados com o uso da internet.

150

No perfil das redes sociais, não divulgue sua idade, seu endereço, seu telefone, nem o nome da escola onde estuda ou mesmo fotografias que possam facilitar sua localização.

Não divulgue seus dados pessoais onde outros internautas possam acessá-los. Seus dados pessoais, como carteira de identidade, CPF (Cadastro de Pessoa Física), dados bancários, senhas, podem ser usados de maneira inadequada, causando grandes prejuízos.

Caso alguém lhe envie conteúdos de violência, sexo ou nudez, conte imediatamente aos seus pais ou responsáveis para que eles tomem as devidas providências e procurem agentes de segurança especializados nesse tipo de crime.

Representação sem proporção de tamanho. Cores-fantasia.

1. Você costuma usar a internet e as redes sociais? Em caso afirmativo, você toma alguns dos cuidados mencionados nestas páginas? Comente com os colegas quais são esses cuidados.
2. Você acha que precisa incluir outros cuidados em seu cotidiano em relação ao uso da internet? Comente com os colegas.
3. Você conhece alguma criança ou adolescente que sofreu *cyberbullying* ou assédio sexual na internet? Em caso positivo, conte aos colegas como foi e como essa situação foi resolvida.
4. Atualmente as crianças usam a internet desde muito pequenas. Converse com os colegas sobre quais atitudes os pais ou responsáveis devem ter em relação a isso: proibir que os filhos usem a internet; ficar atentos sobre o conteúdo acessado pelos filhos; deixar que os filhos aprendam sozinhos a como se comportar na internet.

Atividades

1. Leia o trecho da reportagem abaixo e responda às questões.

> **Agrotóxicos podem ser causa de puberdade precoce e má-formação de bebês no interior do Ceará, diz pesquisa**
>
> Estudo analisou crianças moradoras da cidade de Limoeiro do Norte (CE), que desenvolveram mamas e pelos pubianos antes do esperado. Resultados sugerem que o uso abusivo de agrotóxicos também pode explicar casos de má-formação congênita em bebês nascidos na região.

Giovanna Forcioni. Agrotóxicos podem ser causa de puberdade precoce e má-formação de bebês no interior do Ceará, diz pesquisa. *Revista Crescer*, 18 set. 2018. Disponível em: <https://revistacrescer.globo.com/Voce-precisa-saber/noticia/2018/09/agrotoxicos-podem-ser-causa-de-puberdade-precoce-e-ma-formacao-de-bebes-no-interior-do-ceara-diz-pesquisa.html>. Acesso em: 12 out. 2018.

a) O que é puberdade precoce? Se necessário, faça uma pesquisa.

b) De acordo com o texto, que características da puberdade foram observadas em crianças?

c) Quais são os principais hormônios que atuam diretamente nas mudanças observadas na puberdade?

d) De acordo com o trecho da reportagem, quais os possíveis danos que o uso excessivo de agrotóxicos pode causar à população?

e) Como os agrotóxicos, aplicados nas plantações, podem entrar em nosso organismo?

f) Conhecendo a relação existente entre o sistema nervoso, o sistema endócrino e a puberdade, quais são as possíveis atuações dos agrotóxicos no organismo humano, para que eles possam causar a puberdade precoce?

2. Em seu caderno, elabore um esquema utilizando todas as palavras do quadro abaixo. Esse esquema deve representar a relação existente entre o sistema nervoso, o sistema endócrino e a puberdade. Você pode inserir pequenos textos explicativos, caso ache necessário.

Ovários	Testosterona	LH
FSH	Progesterona	Testículos
Hipófise	Estrógenos	Hipotálamo

3. Entre as mudanças observadas na puberdade, podemos citar o aumento das mamas em indivíduo do sexo feminino, resultado, principalmente, do acúmulo de gordura.

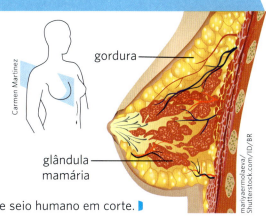

Representação de seio humano em corte.

Representação sem proporção de tamanho. Cores-fantasia.

a) Quais são os hormônios sexuais que causam o desenvolvimento das mamas na puberdade?

b) Qual é a importância das mamas para a reprodução?

c) Utilizando os códigos do quadro ao lado, reescreva a frase abaixo em seu caderno, substituindo os códigos entre parênteses pelo nome do hormônio que a completa corretamente.

	1	2	3	4
A	N	R	C	P
B	J	O	M	L
C	T	Q	I	A

- A produção de leite materno é estimulada principalmente pelo hormônio (A4 A2 B2 B4 C4 A3 C1 C3 A1 C4), produzido pela hipófise. Já a secreção do leite materno, durante a amamentação, é resultado da ação do hormônio (B2 A3 C3 C1 B2 A3 C3 A1 C4), também produzido pela hipófise.

d) O câncer de mama é o tipo de câncer mais comum entre as mulheres no mundo e representa quase 25% de todos os casos de câncer. Segundo o Instituto Nacional de Câncer (INCA), no Brasil, em 2013, o câncer de mama foi responsável pela morte de mais de 14 mil mulheres e 181 homens. Faça uma pesquisa sobre o câncer de mama e responda às questões a seguir.

- Quais são os principais métodos capazes de detectar o câncer de mama?
- Qual é a importância de detectar o câncer nas fases iniciais?

4. Assim como você, seus pais ou responsáveis também passaram pela adolescência. Faça uma entrevista com seus pais ou responsáveis sobre a adolescência deles, incluindo os questionamentos a seguir.

- Quais foram as primeiras mudanças características da puberdade que eles perceberam no próprio corpo?
- Eles reconhecem as mudanças pelas quais você vem passando como semelhantes às mudanças pelas quais eles passaram na adolescência?
- Às vezes, eles tinham vontade de ficar sozinhos ou ficar somente com amigos?
- Do que eles mais gostavam na adolescência?

Ao final da entrevista, reflita sobre as mudanças pelas quais você já passou e ainda está passando na adolescência. Produza um texto comparando a sua adolescência com a da pessoa entrevistada e apresente o texto aos seus colegas.

153

Sistemas genitais

Como você estudou anteriormente, a puberdade prepara o corpo para a reprodução. A geração de novos indivíduos está intimamente relacionada com o sistema genital masculino e o sistema genital feminino. É sobre esses sistemas que vamos estudar a partir de agora.

Sistema genital masculino

1 Cite uma estrutura que faz parte do sistema genital masculino.

2 Cite um aspecto importante do sistema genital masculino para a reprodução humana.

O sistema genital masculino é formado por um sistema de ductos (incluindo o ducto deferente, o ducto ejaculatório e a uretra), pelas glândulas sexuais acessórias (glândulas seminais, próstata e glândula bulbouretral), pelos genitais externos (escroto e pênis) e pelos testículos. Veja a seguir uma representação da estrutura do sistema genital masculino.

Sistema genital masculino

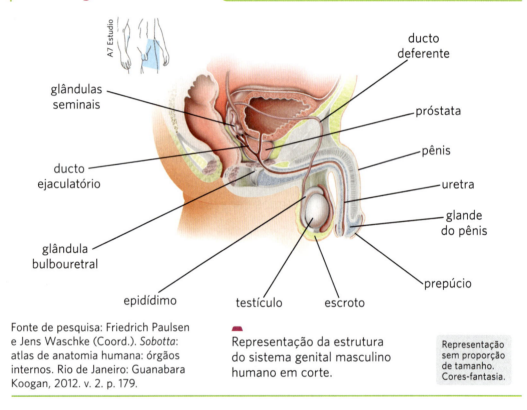

Fonte de pesquisa: Friedrich Paulsen e Jens Waschke (Coord.). *Sobotta*: atlas de anatomia humana: órgãos internos. Rio de Janeiro: Guanabara Koogan, 2012. v. 2. p. 179.

Representação da estrutura do sistema genital masculino humano em corte.

Representação sem proporção de tamanho. Cores-fantasia.

Ao responder a questão **2** acima, é provável que você tenha citado que o sistema genital masculino é o local onde ocorre a formação dos espermatozoides. Além disso, esse sistema é responsável por garantir condições adequadas para que os espermatozoides cheguem até o sistema genital feminino durante o ato sexual, bem como é onde ocorre a secreção do hormônio sexual masculino – a testosterona.

Os espermatozoides são formados por três partes principais: cabeça, peça intermediária e cauda. Veja a seguir.

Espermatozoide humano. Fotografia obtida por microscópio e colorizada por computador. Imagem aumentada cerca de 870 vezes.

Sobre a produção de espermatozoides, também chamada espermatogênese, veja o esquema a seguir.

Produção e caminho percorrido pelos espermatozoides

Os espermatozoides são produzidos em canais altamente espiralados, os túbulos seminíferos (**1**) dos testículos.

Os testículos (**2**) são glândulas que apresentam formato de pequenos ovos e encontram-se alojados em uma bolsa chamada escroto, que envolve os testículos e o epidídimo.

Após sua produção, os gametas passam pelos epidídimos (**3**), onde amadurecem e ganham mobilidade. Além disso, é no epidídimo que os espermatozoides são armazenados por até, aproximadamente, um mês.

Quando há um estímulo sexual, no momento da **ejaculação**, os gametas seguem pelos ductos deferentes (**4**), onde podem ficar armazenados por certo tempo. Esses ductos se unem ao canal das glândulas seminais formando os ductos ejaculatórios que terminam na uretra.

A uretra (**5**) é um canal que se estende da bexiga urinária à extremidade do pênis. Ao redor desse canal estão localizados os tecidos eréteis do pênis – o corpo cavernoso (**6**) e o corpo esponjoso (**7**). No corpo masculino, a uretra pertence tanto ao sistema genital quanto ao sistema urinário, pois recebe tanto sêmen (líquido formado pelos espermatozoides e pelas secreções provenientes das glândulas anexas) quanto urina. No entanto, essas funções não são realizadas simultaneamente pela uretra.

Glossário

Fonte de pesquisa: Friedrich Paulsen e Jens Waschke (Coord.). *Sobotta*: atlas de anatomia humana: órgãos internos. Rio de Janeiro: Guanabara Koogan, 2012. v. 2. p. 186, 188.

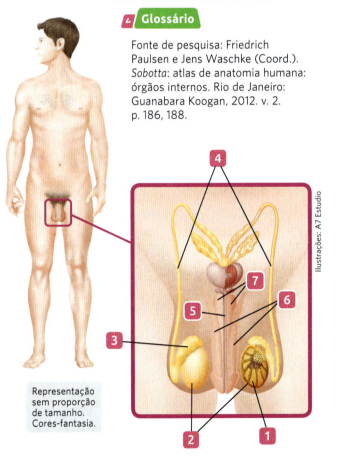

Representação sem proporção de tamanho. Cores-fantasia.

Representação do sistema genital masculino humano. Nessa imagem, as estruturas localizadas no lado direito (*zoom*) estão representadas em corte.

155

À medida que os espermatozoides percorrem o sistema genital masculino, desde os testículos até sua liberação pela uretra, eles recebem alguns materiais. Esses materiais são secretados por três glândulas anexas: glândulas seminais, glândulas bulbouretrais e próstata. Veja no esquema a seguir.

Glândulas anexas do sistema genital masculino

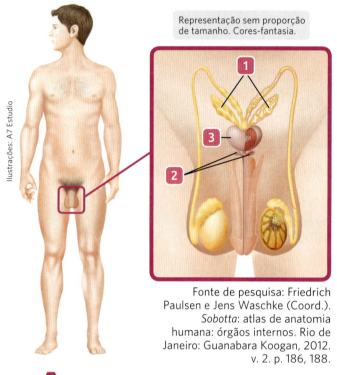

Representação sem proporção de tamanho. Cores-fantasia.

As glândulas seminais (**1**) secretam um líquido espesso e amarelado nos ductos ejaculatórios, que nutre, protege e aumenta a mobilidade dos espermatozoides.

As glândulas bulbouretrais (**2**) produzem um muco que prepara a uretra para receber os espermatozoides e serve como lubrificante durante o ato sexual. Os líquidos produzidos pelas glândulas seminais e bulbouretrais também protegem os espermatozoides da acidez encontrada no interior da uretra masculina e nos órgãos genitais femininos, especialmente na vagina.

A próstata (**3**) secreta um material leitoso, que aumenta a agilidade dos espermatozoides. Durante a ejaculação, os músculos da próstata se contraem, empurrando a secreção para o interior da uretra.

Fonte de pesquisa: Friedrich Paulsen e Jens Waschke (Coord.). *Sobotta*: atlas de anatomia humana: órgãos internos. Rio de Janeiro: Guanabara Koogan, 2012. v. 2. p. 186, 188.

Representação de sistema genital masculino humano. Nessa imagem, as estruturas localizadas no lado direito (*zoom*) estão representadas em corte.

O líquido formado pelos espermatozoides e pelas secreções provenientes das glândulas anexas é chamado **sêmen**. Esse líquido é depositado no interior do sistema genital feminino com o auxílio do pênis. Durante a excitação sexual, os tecidos eréteis do pênis recebem maior quantidade de sangue e o pênis torna-se ereto, ou seja, rígido, e aumenta de tamanho.

Fimose

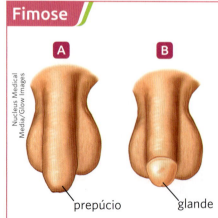

A extremidade do pênis apresenta uma região dilatada denominada **glande**, recoberta por uma pele livre, chamada **prepúcio**. Na infância, pode ocorrer de a glande não conseguir ser exposta por causa de um estreitamento do prepúcio. Essa condição é conhecida como **fimose** e prejudica a ereção do pênis, além de causar assaduras, inflamação e acúmulo de secreções e microrganismos.

A correção da fimose é feita por cirurgia de retirada do prepúcio.

Representação de pênis com prepúcio (**A**) e com a glande exposta após retirada do prepúcio (**B**).

Representação sem proporção de tamanho. Cores-fantasia.

Sistema genital feminino

3 Cite uma estrutura que faz parte do sistema genital feminino.

4 Cite um aspecto importante do sistema genital feminino para a reprodução humana.

O sistema genital feminino é formado por órgãos externos que, em conjunto, formam o pudendo feminino ou vulva, e por órgãos internos, localizados na região inferior do abdome. Veja a seguir.

Sistema genital feminino

Os lábios maiores e os lábios menores são dobras de tecido que protegem o óstio (abertura) da vagina e o óstio da uretra. O clitóris é um órgão rico em terminações nervosas, que aumenta de tamanho durante a excitação sexual e está relacionado com o prazer.

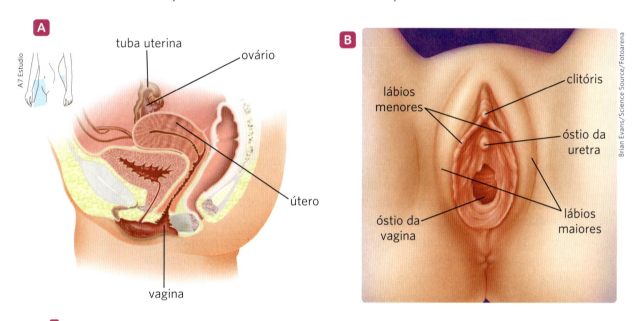

Representação da porção interna (**A**) e da porção externa (**B**) do sistema genital feminino humano.

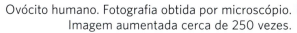

Representações sem proporção de tamanho. Cores-fantasia.

Fonte de pesquisa: Friedrich Paulsen e Jens Waschke (Coord.). *Sobotta*: atlas de anatomia humana: órgãos internos. Rio de Janeiro: Guanabara Koogan, 2012. v. 2. p. 180.

O sistema genital feminino é responsável por produzir os gametas femininos e alguns hormônios, além de abrigar um novo indivíduo em desenvolvimento durante a gestação. O gameta feminino, denominado **ovócito**, é uma célula com formato esférico produzida no ovário. Esse órgão libera um ovócito a cada 28 dias, aproximadamente.

Ovócito humano. Fotografia obtida por microscópio. Imagem aumentada cerca de 250 vezes.

Agora, vamos conhecer um pouco mais sobre algumas estruturas que compõem o sistema genital feminino. Veja o esquema abaixo.

Sistema genital feminino

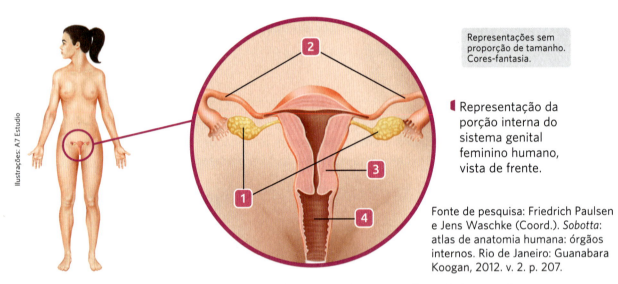

Representações sem proporção de tamanho. Cores-fantasia.

▌ Representação da porção interna do sistema genital feminino humano, vista de frente.

Fonte de pesquisa: Friedrich Paulsen e Jens Waschke (Coord.). *Sobotta*: atlas de anatomia humana: órgãos internos. Rio de Janeiro: Guanabara Koogan, 2012. v. 2. p. 207.

Os ovários (**1**) são responsáveis por produzir os ovócitos e os hormônios estrógeno e progesterona.

As tubas uterinas (**2**) são órgãos musculares com formato de tubo, cada um medindo aproximadamente 12 cm de comprimento. Elas encaminham o ovócito liberado pelo ovário até o útero, por meio de contrações dos seus músculos e do movimento de cílios que revestem internamente esses órgãos. Geralmente, a fecundação ocorre nas tubas uterinas.

O útero (**3**) é o órgão no qual o zigoto em divisão se fixa, permitindo o desenvolvimento do embrião e, posteriormente, do feto. O útero possui uma camada muscular que se contrai durante o parto, auxiliando a saída do bebê.

A vagina (**4**) é um órgão muscular com formato de tubo, que liga o útero ao meio externo. É a vagina que recebe o pênis durante o ato sexual e serve de passagem para o bebê durante o parto.

▌ Ciclo menstrual

Mensalmente, a camada mais interna do útero, denominada endométrio, prepara-se para alojar um embrião. Caso isso não ocorra, parte dele se desprende do útero e é eliminada do corpo, resultando na menstruação. Em média, a preparação do útero para uma possível gestação ocorre a cada 28 dias, o chamado **ciclo menstrual**.

A cada ciclo, o útero se prepara para receber o ovócito fecundado pelo espermatozoide. O primeiro ciclo menstrual se inicia com a primeira menstruação, a chamada **menarca**, que geralmente ocorre por volta dos 12 anos de idade. A partir de então, a mulher terá seus ciclos menstruais periodicamente até atingir uma idade entre 48 e 55 anos, aproximadamente, quando ocorre a menopausa – o último ciclo menstrual. Ou seja, a mulher tem um tempo de fertilidade limitado.

O ciclo menstrual é regulado por vários hormônios. Os principais são o FSH e o LH, produzidos pela hipófise, e a progesterona e o estrógeno, produzidos pelos ovários.

De forma simplificada, o ciclo menstrual pode ser dividido em três etapas: a pré-ovulatória, a ovulação e a pós-ovulatória. Veja a seguir.

Ciclo menstrual

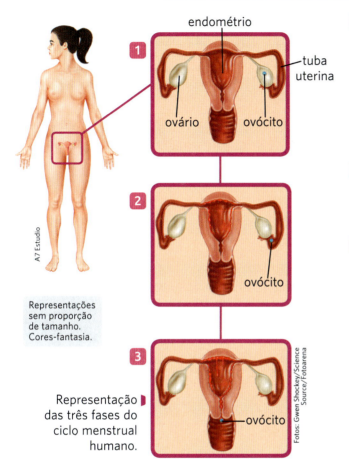

Representações sem proporção de tamanho. Cores-fantasia.

Representação das três fases do ciclo menstrual humano.

1 **Fase pré-ovulatória** – corresponde ao período entre a menstruação e a ovulação. Nessa fase, o ovócito inicia sua maturação. Ao mesmo tempo, o endométrio do útero torna-se espesso, preparando-se para abrigar um possível embrião. No final da fase pré-ovulatória, o ovócito está pronto para ser fertilizado.

2 **Ovulação** – corresponde à liberação do ovócito pelo ovário na tuba uterina. Em geral, um único ovócito é liberado por apenas um dos ovários.

3 **Fase pós-ovulatória** – caso não ocorra a fertilização e consequentemente a implantação do embrião, parte do endométrio se desprende e é eliminado junto do ovócito não fecundado e junto a um pouco de sangue, através da vagina. Esse processo é chamado **menstruação**.

A menstruação dura, em média, de três a cinco dias. Em geral, a cada menstruação a mulher perde de 50 a 150 mL de sangue. Após a menstruação, a parede do endométrio torna-se bastante fina e o ciclo reinicia-se com a fase pré-ovulatória.

A menstruação tem início aproximadamente 14 dias após a ovulação. Essa informação pode ser utilizada para a previsão do período fértil de uma mulher, ou seja, o período em que ocorrerá a ovulação e no qual, consequentemente, ela terá mais chances de engravidar.

Costuma-se considerar o primeiro dia da menstruação como o primeiro dia do ciclo menstrual. A duração desse ciclo varia entre 24 e 35 dias, no entanto, a maioria das mulheres tem um ciclo de 28 dias.

▶ **Aprenda mais**

No site do *Ministério da Saúde*, você tem acesso à Caderneta de Saúde do Adolescente, na versão para meninas e para meninos. Nela, você encontrará diversas dicas de como se manter saudável e compreender as inúmeras mudanças que ocorrem durante a puberdade e a adolescência.

Ministério da Saúde. Caderneta de Saúde do Adolescente. Disponível em: <http://linkte.me/hup9v>. Acesso em: 9 out. 2018.

Atividades

1. Leia o trecho da reportagem e o texto a seguir.

Mulher moderna está mais propensa a desenvolver endometriose

Doença do tecido de revestimento do útero é a principal causa de infertilidade e dor pélvica, revela especialista

Feng Yu/Shutterstock.com/ID/BR

Jornal da USP, 11 maio 2018. Disponível em: <https://jornal.usp.br/atualidades/mulher-moderna-esta-mais-propensa-a-desenvolver-endometriose/>. Acesso em: 13 out. 2018.

> A endometriose é uma doença caracterizada pelo crescimento do endométrio em locais fora do útero, como ovários e tubas uterinas. Mesmo fora do útero, o endométrio continua respondendo às flutuações hormonais e são observados sintomas como inflamação, dor e infertilidade.

Agora responda às questões a seguir.

a) Qual é a importância do endométrio?

b) Quais os principais hormônios que interferem diretamente no endométrio?

c) Quais as alterações observadas no endométrio ao longo do ciclo menstrual?

d) Um dos motivos da infertilidade causada pela endometriose é a obstrução das tubas uterinas. Como essa obstrução pode interferir na fertilidade da mulher?

e) Faça uma pesquisa sobre as formas de tratamento da endometriose.

2. Observe as imagens abaixo.

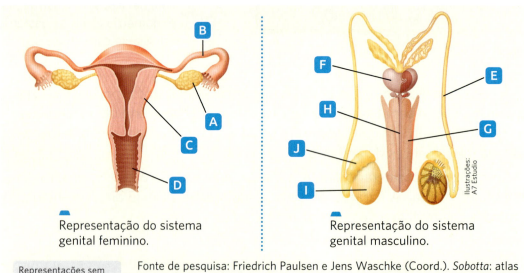

Representação do sistema genital feminino.

Representação do sistema genital masculino.

Ilustrações: A7 Estudio

Representações sem proporção de tamanho. Cores-fantasia.

Fonte de pesquisa: Friedrich Paulsen e Jens Waschke (Coord.). *Sobotta*: atlas de anatomia humana: órgãos internos. Rio de Janeiro: Guanabara Koogan, 2012. v. 2. p. 186, 207.

a) Qual é o nome de cada uma das estruturas indicadas pelas letras **A** a **J**?

b) Em qual dessas estruturas ocorre a formação dos gametas masculino e feminino?

160

3. Leia as informações a seguir sobre o câncer de próstata.

O câncer da próstata é uma doença que pode levar à morte, se não for tratada corretamente. Esse tipo de câncer é mais comum entre os homens adultos idosos podendo causar aumento anormal da próstata e torná-la mais rígida, além de prejudicar seu funcionamento. Alguns dos sintomas do câncer de próstata são dificuldade e dor ao urinar. Segundo a Sociedade Brasileira de Urologia, a prevenção deve ser feita por exames, principalmente pelo toque retal e por exame de sangue. Esses exames devem iniciar-se aos 40 anos de idade em indivíduos com histórico familiar da doença e aos 45 anos nos demais. Além disso, manter bons hábitos de saúde pode diminuir os riscos de desenvolver essa doença.

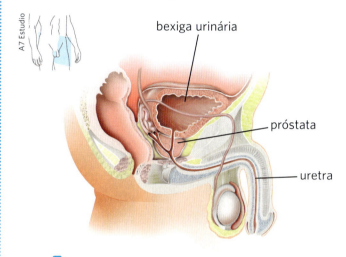

Fonte de pesquisa: Friedrich Paulsen e Jens Waschke (Coord.). *Sobotta*: atlas de anatomia humana: órgãos internos. Rio de Janeiro: Guanabara Koogan, 2012. v. 2. p. 179.

Representação sem proporção de tamanho. Cores-fantasia.

Representação do sistema genital masculino.

a) Identifique a próstata e a uretra na imagem acima. Explique, com suas palavras, os sintomas do câncer de próstata citados acima, considerando a posição dessas estruturas.

b) Qual é o papel da próstata no sistema genital masculino?

c) Qual é a importância de realizar os exames de toque e de sangue nas idades indicadas?

4. Durante o ciclo menstrual, muitas mulheres apresentam alguns sintomas característicos, principalmente na segunda metade desse ciclo. Esses sintomas incluem irritabilidade, fadiga, dor de cabeça e inchaço e são resultado da ação de hormônios. Essa é a chamada síndrome pré-menstrual (SPM) ou, popularmente, tensão pré-menstrual (TPM).

a) Descreva com suas palavras o ciclo menstrual.

b) Quais são os principais hormônios envolvidos no ciclo menstrual?

c) A TPM ocorre principalmente na segunda metade do ciclo menstrual e pode interferir no cotidiano das mulheres que apresentam essa síndrome. Realize uma pesquisa sobre os possíveis métodos para amenizar os sintomas da TPM.

CAPÍTULO 8

Reprodução humana

Representações sem proporção de tamanho. Cores-fantasia.

Observe as imagens abaixo.

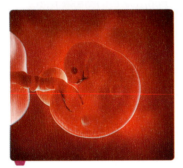
Representação de embrião humano com 6 semanas, medindo aproximadamente 1,2 cm de comprimento.

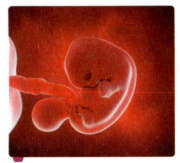
Representação de embrião humano com 7 semanas, medindo aproximadamente 2 cm de comprimento.

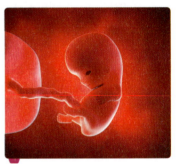
Representação de feto humano com 9 semanas, medindo aproximadamente 5 cm de comprimento.

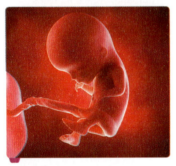
Representação de feto humano com 12 semanas, medindo aproximadamente 14 cm de comprimento.

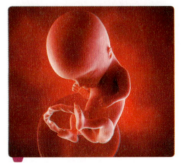
Representação de feto humano com 14 semanas, medindo aproximadamente 15 cm de comprimento.

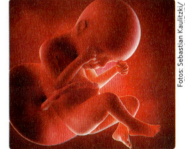
Representação de feto humano com 24 semanas, medindo aproximadamente 32 cm de comprimento.

Fotos: Sebastian Kaulitzki/Shutterstock.com/ID/BR

1. Observando as imagens acima, descreva, com suas palavras, as transformações pelas quais o embrião e o feto humanos passam durante a gestação.

2. Explique com suas palavras o que é reprodução e qual é a importância dela para as espécies de seres vivos.

Já estudamos que a reprodução é o processo pelo qual novos indivíduos são gerados a partir de indivíduos da mesma espécie. Esse processo permite a manutenção das espécies no ambiente ao longo do tempo, mesmo com a morte de indivíduos.

O ser humano apresenta reprodução sexuada, ou seja, envolve a união do gameta masculino (espermatozoide) e do gameta feminino (ovócito), produzidos em órgãos específicos dos sistemas genitais masculino e feminino, respectivamente.

Em alguns animais, a relação sexual ocorre apenas para a reprodução, geralmente quando a fêmea está apta a gerar filhotes. No entanto, em outros animais, como os seres humanos, a relação sexual pode ser uma forma de obter e dar prazer ao companheiro, envolvendo afeto e troca de carinhos.

A reprodução humana envolve uma série de processos, os quais vamos estudar em detalhes a partir de agora.

Fecundação

A fecundação é a união do ovócito com o espermatozoide e, geralmente, ocorre nas tubas uterinas. Veja a seguir como ocorre a fecundação no ser humano.

Fecundação humana

Durante o ato sexual, os homens podem liberar sêmen na ejaculação. Esse sêmen contém milhões de espermatozoides e é depositado no interior da vagina pelo pênis. Graças ao movimento de suas caudas, os espermatozoides se locomovem em direção às tubas uterinas, onde eles podem fecundar o ovócito.

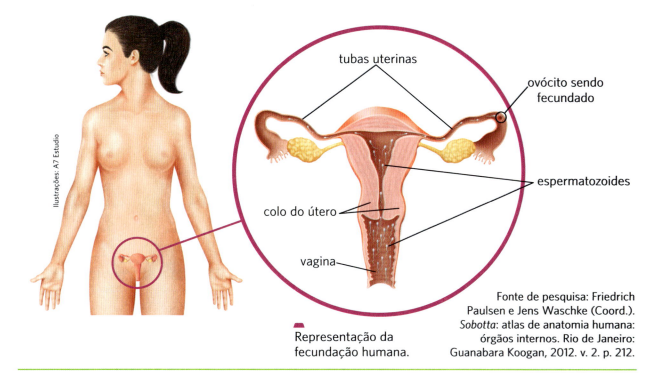

Representação da fecundação humana.

Fonte de pesquisa: Friedrich Paulsen e Jens Waschke (Coord.). *Sobotta*: atlas de anatomia humana: órgãos internos. Rio de Janeiro: Guanabara Koogan, 2012. v. 2. p. 212.

Dos milhões de espermatozoides depositados no interior da vagina, poucos conseguem atingir o ovócito e apenas um consegue fecundá-lo.

Quando os espermatozoides se aproximam do ovócito, eles liberam enzimas da região anterior à sua cabeça. Essas enzimas auxiliam a penetração do espermatozoide no ovócito.

Após a fecundação, o ovócito se transforma em óvulo. A união do óvulo com o espermatozoide forma uma célula denominada zigoto, que contém os materiais genéticos que estavam presentes tanto no ovócito como no espermatozoide que a originaram. A partir desse momento, inicia-se o processo de desenvolvimento de um novo indivíduo.

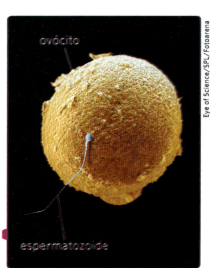

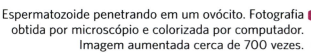

Espermatozoide penetrando em um ovócito. Fotografia obtida por microscópio e colorizada por computador. Imagem aumentada cerca de 700 vezes.

Gêmeos

Existem casos em que ocorre o desenvolvimento de dois embriões em uma mesma gestação. Eles são chamados **gêmeos**, os quais podem ser idênticos, também conhecidos como **univitelinos**, ou **fraternos**, também chamados bivitelinos.

Veja a seguir como ocorre a formação dos gêmeos idênticos.

Gêmeos idênticos

O ovócito é fecundado por um único espermatozoide, formando um zigoto. Essa célula começa a sofrer divisões celulares, originando o embrião. Durante esse processo, as células podem se separar em dois embriões que se desenvolvem ao mesmo tempo, o que forma os gêmeos idênticos. Eles se originam do mesmo óvulo, têm o mesmo sexo e são geneticamente idênticos. De maneira geral, compartilham uma única placenta.

Representação sem proporção de tamanho. Cores-fantasia.

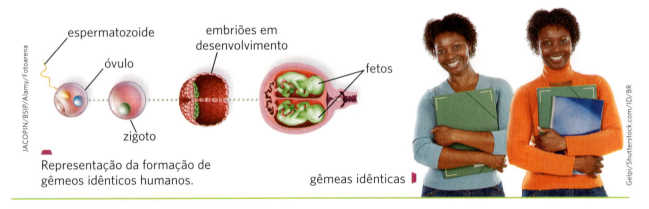

Representação da formação de gêmeos idênticos humanos.

gêmeas idênticas

Agora, vamos estudar como ocorre a formação dos gêmeos fraternos.

Gêmeos fraternos

Em alguns casos, ocorre a liberação de dois ovócitos pelos ovários, os quais são fecundados por dois espermatozoides diferentes, formando dois zigotos. Cada um desses zigotos inicia as divisões celulares, formando dois embriões, os gêmeos fraternos. Esses gêmeos, em relação à aparência, são como irmãos comuns, podem ser do mesmo sexo ou não, e são geneticamente diferentes entre si. Cada gêmeo se desenvolve em uma placenta.

Representação sem proporção de tamanho. Cores-fantasia.

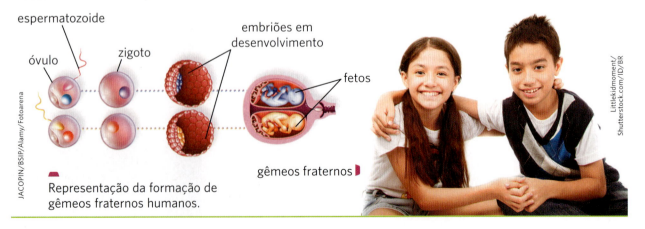

Representação da formação de gêmeos fraternos humanos.

gêmeos fraternos

164

▌ Gestação

A gestação inicia-se com a fecundação e envolve uma sequência de eventos, terminando com o nascimento. Uma gestação humana dura geralmente de 38 a 40 semanas.

Cerca de um dia após a fecundação, inicia-se a divisão celular do zigoto, por meio de múltiplas mitoses. Ao mesmo tempo em que ocorre a divisão celular, o zigoto em divisão se desloca pela tuba uterina até o útero, onde se fixará. Veja o esquema a seguir.

Divisões celulares do zigoto

Zigoto em divisão, cerca de 30 horas após a fecundação. Fotografia obtida por microscópio. Imagem aumentada cerca de 930 vezes.

Zigoto em divisão, cerca de 40 horas após a fecundação. Fotografia obtida por microscópio. Imagem aumentada cerca de 2 600 vezes.

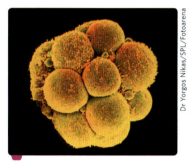

Zigoto em divisão, cerca de quatro dias após a fecundação. Fotografia obtida por microscópio. Imagem aumentada cerca de 2 300 vezes.

3 Observando as imagens acima, o que você conclui em relação ao número e ao tamanho das células ao longo das divisões celulares?

O zigoto em divisão percorre a tuba uterina e, aproximadamente seis dias após a fecundação, chega ao útero, onde se fixa ao endométrio e continua se dividindo, dando origem ao **embrião**. Veja o esquema abaixo.

Implantação do embrião humano

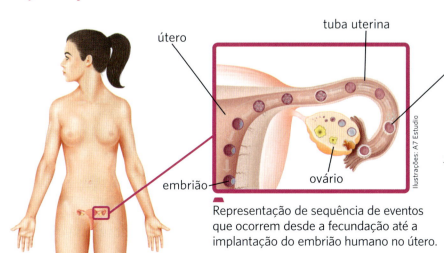

Representação de sequência de eventos que ocorrem desde a fecundação até a implantação do embrião humano no útero.

Representação sem proporção de tamanho. Cores-fantasia.

Fontes de pesquisa: Friedrich Paulsen e Jens Waschke (Coord.). *Sobotta*: atlas de anatomia humana: órgãos internos. Rio de Janeiro: Guanabara Koogan, 2012. v. 2. p. 212. Keith L. Moore e T. V. N. Persaud. *Embriologia básica*. 6. ed. Rio de Janeiro: Elsevier, 2004. p. 35.

O embrião em desenvolvimento, já instalado na parede do útero, inicia o período embrionário, que dura até oito semanas após a fecundação. Depois desse período, o ser humano em desenvolvimento é chamado **feto**.

No período embrionário, desenvolvem-se estruturas chamadas anexos embrionários, que nutrem e protegem o embrião e, em seguida, o feto. Algumas delas são a placenta, o âmnio e o cordão umbilical. Veja a seguir.

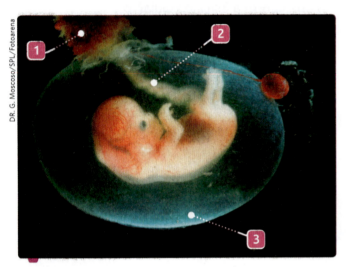

Embrião humano com sete semanas de gestação. Nessa fase, o embrião mede aproximadamente 4 cm.

1 A **placenta** permite a troca de nutrientes e excretas entre o embrião/feto e a mãe. Pela placenta, o ser humano em desenvolvimento recebe gás oxigênio e nutrientes da mãe e elimina gás carbônico e outras excretas. Além disso, a placenta produz hormônios que ajudam a manter a gestação.

2 O **cordão umbilical** é uma estrutura longa, que conecta o embrião/feto à placenta. Ele é formado principalmente por artérias e veias e é por ele que ocorrem as trocas de nutrientes e gases entre mãe e feto.

3 O **âmnio** é uma membrana que forma uma bolsa fina e transparente. Essa bolsa contém um líquido chamado líquido amniótico, onde o embrião/feto permanece mergulhado. Esse líquido o protege contra choques mecânicos e auxilia a controlar sua temperatura.

Antes do início do período fetal, o embrião sofre algumas alterações. Como os membros tornam-se distinguíveis, formam-se as principais veias e artérias e inicia-se a ossificação.

O período fetal humano inicia-se após a oitava semana da fecundação e termina com o nascimento do bebê. No início do período fetal, a maioria dos sistemas do organismo, como o cardiovascular e o nervoso, já estão formados, porém ainda em desenvolvimento.

▶ **Aprenda mais**

No livro *Pai? Eu?!*, você conhecerá mais a respeito da gravidez na adolescência, suas implicações e os desafios encontrados pelos pais e mães adolescentes ao assumir novas responsabilidades. O livro também trata de questões como o aborto, os métodos anticoncepcionais e as infecções sexualmente transmissíveis.

Tânia Alexandre Martinelli. *Pai? Eu?!* 4. ed. São Paulo: Atual, 2009 (Coleção Entre Linhas: Adolescência).

Veja na página a seguir um esquema que apresenta o desenvolvimento de um ser humano no período fetal.

Período fetal

Feto com 9 a 11 semanas

Com 9 semanas, o feto tem cerca de 5 cm de comprimento e aproximadamente 8 g de massa corpórea.

No final da décima primeira semana de gestação, os olhos estão formados e as pálpebras encontram-se fundidas.

Feto com 12 semanas

O feto com 12 semanas apresenta os membros completamente formados e a cabeça é grande em relação ao restante do corpo. Ao final dessa semana, o ser humano em desenvolvimento tem aproximadamente 14 cm de comprimento e 45 g de massa corpórea. Nesse período, em geral, já é possível identificar o sexo do bebê por meio de um exame de ultrassom.

Feto com 20 a 28 semanas

Com 20 semanas, o feto possui cabelo e os pelos finos são visíveis pelo corpo, além de realizar movimentos perceptíveis pela mãe. Ao final da vigésima semana, o feto tem cerca de 25 cm de comprimento e cerca de 440 g de massa corpórea.

Com 26 semanas, as pálpebras se separam e formam-se os cílios. Também há grande ganho de massa corpórea.

Com 28 semanas, os olhos estão abertos e a pele está levemente lisa.

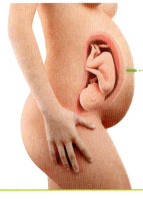

Feto com 32 a 38 semanas

Com 32 semanas, as unhas dos pés estão formadas. No caso dos fetos de sexo masculino, os testículos descem para o saco escrotal. Nessa fase, o feto posiciona-se de cabeça para baixo.

Com 36 semanas, o tórax torna-se saliente e as unhas se desenvolvem até as pontas dos dedos. Com aproximadamente 38 semanas, o feto está pronto para nascer e tem aproximadamente 49 cm de comprimento e 3,1 kg de massa corpórea.

Fotos: Sebastian Kaulitzki/SPL/Fotoarena

Representação do desenvolvimento de feto humano, destacando os fetos de 9 a 11 semanas (**A**), 12 semanas (**B**), 20 a 28 semanas (**C**) e 32 a 38 semanas (**D**) de gestação.

Representações sem proporção de tamanho. Cores-fantasia.

Cuidados durante a gestação

Durante a gestação, ocorrem muitas mudanças no corpo da mulher que permitem que o novo ser humano se desenvolva. Para garantir o crescimento saudável do bebê, assim como a saúde da mãe, é essencial que a mulher tenha alguns cuidados. Um deles é o pré-natal.

O pré-natal é o acompanhamento médico da gestação, que inclui consultas e exames periódicos a fim de acompanhar o desenvolvimento do bebê, bem como prevenir e tratar possíveis problemas que representem risco à mãe e/ou ao embrião/feto.

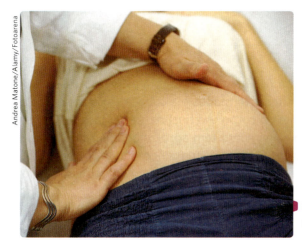

Durante o pré-natal, as gestantes são orientadas a terem alguns cuidados durante a gestação. Também é possível identificar certas doenças que podem afetar o bebê, das quais algumas podem ser tratadas ainda no útero materno.

Gestante em consulta médica do pré-natal.

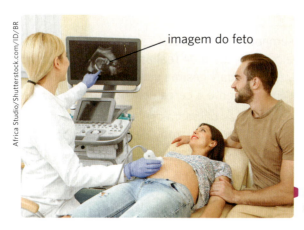

Se necessário, o médico pode fazer uma ultrassonografia, exame para obter imagens do embrião/feto por meio de ondas sonoras. Com esse exame, o médico pode detectar possíveis malformações do embrião/feto, diagnosticar problemas na placenta e identificar o sexo do bebê.

Médica fazendo ultrassonografia em gestante.

Além do pré-natal, a gestante precisa de outros cuidados para o bebê se desenvolver adequadamente. Entre eles, podemos citar:
- não ingerir bebidas alcoólicas, fumar ou usar drogas;
- evitar o consumo excessivo de cafeína;
- utilizar apenas medicamentos indicados pelo médico;
- evitar choques mecânicos, principalmente no abdome;
- evitar esforços físicos excessivos, principalmente nos últimos meses da gestação;
- ingerir alimentos variados e em quantidade adequada;
- praticar atividades físicas sob orientação de um profissional.

Parto

No final da gestação, que geralmente ocorre entre a 38ª e a 40ª semana, o bebê está preparado para sair do útero e continuar seu desenvolvimento fora do corpo da mãe.

O processo pelo qual o bebê é expelido do corpo da mãe, juntamente com a placenta e algumas membranas fetais, é chamado **parto**. De maneira geral, o parto envolve um conjunto de contrações involuntárias do útero, que auxiliam a saída do bebê, conhecido como **trabalho de parto**. Essas contrações uterinas o empurram pelo canal vaginal. No caso do parto normal, há três estágios. Veja a seguir.

Representações sem proporção de tamanho. Cores-fantasia.

Trabalho de parto

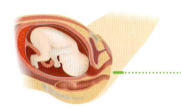

Estágio de dilatação

Nesse estágio, ocorrem contrações regulares do útero e a completa dilatação do colo do útero. Em geral, o saco amniótico se rompe.

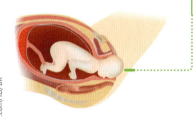

Estágio de expulsão

Esse estágio dura da completa dilatação do colo do útero à expulsão do bebê. Durante essa etapa, o bebê é empurrado para a abertura vaginal pelas contrações dos músculos abdominais e do útero, saindo do corpo materno. Após a saída do bebê, corta-se o cordão umbilical.

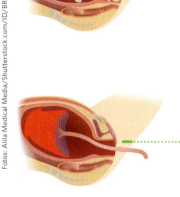

Estágio placentário

Ocorre logo após a saída do bebê do corpo materno e pode durar 30 minutos ou mais. Nesse estágio, a placenta e outras estruturas são eliminadas do organismo da mulher por meio de contrações do útero.

Fotos: Alila Medical Media/Shutterstock.com/ID/BR

Representação dos três estágios do trabalho de parto durante parto normal de um ser humano.

O parto descrito acima é chamado **normal** ou natural, pois o bebê é expulso do corpo da mãe pelo canal vaginal. Existem casos em que algumas condições não possibilitam a ocorrência do parto normal, podendo haver riscos ou complicações para a mãe e/ou para o feto. Nesses casos, recomenda-se a cirurgia cesariana, também conhecida como **parto cesáreo**.

A cesariana consiste em retirar o bebê do corpo da mãe por meio de um corte no abdome dela. Atualmente, esse é o principal método realizado no Brasil. No entanto, a Organização Mundial da Saúde (OMS) recomenda evitar a cesariana por se tratar de uma cirurgia, o que representa mais riscos tanto à mãe quanto ao bebê.

Portanto, atualmente há incentivos para as gestantes optarem pelo parto normal, quando possível. Veja a seguir algumas vantagens do parto normal.

Para a mãe:

- recuperação rápida e menor tempo de internação hospitalar;
- menor risco de infecção, pois não consiste em ato cirúrgico;
- o útero retorna ao seu tamanho normal de forma mais rápida.

Para o bebê:

recém-nascido

- facilidade na respiração, pois ao passar pelo canal vaginal seu tórax é comprimido e os líquidos dentro dos pulmões são expelidos com mais facilidade;
- aumento da imunidade, pois o contato do bebê com as bactérias e os microrganismos existentes no canal vaginal estimula o sistema imunológico do recém-nascido;
- intensificação de atividades ao nascer, pois, com as alterações hormonais no corpo materno, o trabalho do parto faz o bebê ser mais ativo.

Bebês prematuros

Um bebê prematuro, também chamado **pré-termo**, é aquele que nasce antes de completar 37 semanas de gestação. Como você estudou anteriormente, o desenvolvimento do bebê ocorre ao longo de toda a gestação. Portanto, se ela for interrompida precocemente muitos órgãos ou sistemas podem não estar completamente formados nem funcionar adequadamente, o que compromete a saúde do bebê.

Bebê prematuro em incubadora. As incubadoras são equipamentos que criam um ambiente controlado e favorável ao bebê prematuro.

Quanto mais curto o período gestacional, maiores são os riscos para a saúde do bebê. Muitos prematuros têm dificuldade em manter o calor do corpo, realizar sucção e deglutição e respirar.

Ao nascer, geralmente o bebê prematuro permanece na Unidade de Terapia Intensiva Neonatal (UTIN), onde é monitorado, com o auxílio de aparelhos, para completar seu desenvolvimento e crescimento. Para isso, médicos especializados atendem às necessidades da criança.

Sexualidade

A sexualidade humana é complexa, pois envolve diversas dimensões, como social, afetiva e biológica. Vamos conhecer um pouco mais sobre cada uma delas.

Biologicamente, em geral, nascemos com um sexo determinado geneticamente. Assim, o sexo biológico indica se uma pessoa nasce macho, portadora do sistema genital masculino, ou fêmea, portadora do sistema genital feminino.

Socialmente, a sexualidade se relaciona à construção social de modelos de identidade masculina e feminina. Geralmente ela corresponde com a forma como nos reconhecemos e queremos ser reconhecidos.

Afetivamente, a sexualidade envolve sensações, emoções e sentimentos que proporcionam prazer ao ser humano e não apenas a união dos órgãos genitais de duas pessoas. O relacionamento conjugal entre duas pessoas formando um casal, as relações de carícias, beijos e abraços e o ato sexual são manifestações da sexualidade humana.

Também faz parte da sexualidade conhecer a si mesmo e aos outros. O gostar de si mesmo e os cuidados com o próprio corpo também estão envolvidos na sexualidade.

É importante compreendermos todas as manifestações da sexualidade a fim de respeitarmos uns aos outros, à luz da cidadania.

Adolescentes conversando.

Atividades

1. Observe o cartaz ao lado e responda às questões.

   a) Qual é o objetivo do cartaz ao lado?

   b) Pesquise sobre qual é a importância do leite materno para os bebês?

   c) Em sua opinião, qual é a importância da doação de leite materno?

   d) Atualmente, são muitas as discussões sobre a amamentação em locais públicos, apesar de sua importância para o bebê. Qual é sua opinião sobre esse assunto? Discuta com os colegas, apresentando seus argumentos.

   Cartaz do Ministério da Saúde, 2017.

2. Leia o trecho da reportagem abaixo e responda às questões.

   Quanto tempo um espermatozoide sobrevive dentro do corpo da mulher?

   Os espermatozoides mais poderosos sobrevivem até cinco dias, mas a média de sobrevivência é de 48 a 72 horas depois da ejaculação. [...]

   Marina Motomura. Quanto tempo um espermatozoide sobrevive dentro do corpo da mulher? *Superinteressante*, 4 ago. 2018. Disponível em: <https://super.abril.com.br/mundo-estranho/quanto-tempo-um-espermatozoide-sobrevive-dentro-do-corpo-da-mulher/>. Acesso em: 20 set. 2018.

   a) Qual é a função do ato sexual na reprodução humana?

   b) De que maneira os espermatozoides se deslocam até as tubas uterinas?

   c) Onde geralmente ocorre a fecundação do ovócito? E em qual órgão do corpo humano o embrião se desenvolve?

   d) O trecho da reportagem acima afirma que os espermatozoides podem sobreviver até 72 horas no interior do corpo da mulher. Qual é a importância dessa sobrevivência para a ocorrência da fecundação?

3. Alguns casais podem encontrar dificuldade para ter filhos naturalmente. Isso ocorre por diferentes fatores, como baixa produção ou mobilidade dos espermatozoides, nos homens, ou não liberação de ovócitos, nas mulheres. Para esses casos, existem técnicas que auxiliam no desenvolvimento de uma gestação. Uma delas é a fertilização *in vitro*.

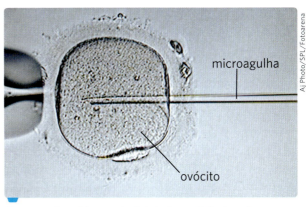

Espermatozoide sendo injetado no interior de um ovócito com o auxílio de uma microagulha durante técnica de fertilização *in vitro*. Fotografia obtida por microscópio. Imagem aumentada 400 vezes.

a) Pesquise a respeito do que consiste a técnica de fertilização *in vitro*.

b) De que maneira a baixa mobilidade dos espermatozoides pode impedir a fecundação?

c) Pesquise sobre de que maneira esse método pode contribuir para o aumento de nascimentos de gêmeos e trigêmeos? Esses bebês provavelmente serão gêmeos idênticos ou fraternos? Justifique sua resposta.

4. Em grupo, entrevistem uma gestante seguindo o roteiro de perguntas abaixo.

a) Em quantos meses ou semanas está sua gestação?
b) Você já teve ou ainda tem enjoos?
c) Já sabe o sexo do feto? Qual é?
d) Você faz pré-natal periodicamente?
e) Que cuidados você tem durante a gestação?
f) Você está realizando alguma preparação para o parto? Em caso afirmativo, descreva-a.

gestante

5. Leia o texto a seguir.

> A chegada da pílula anticoncepcional às farmácias assegurou às mulheres uma liberdade de escolha nunca antes experimentada. Desde então elas podem decidir, com segurança, se querem ou não engravidar e qual o momento adequado para fazê-lo. [...]
>
> No Brasil, desde que a pílula chegou ao mercado, em 1962, a taxa de fecundidade passou de 6,3 para os atuais 1,9. Esses dados mostram o impacto da contracepção não só na redução da taxa de crescimento populacional, mas sobretudo na economia do país, que estaria em outro patamar se aquela taxa tivesse se mantido. [...]
>
> Caroline Carvalho Ambrogini. Novos tempos. *Ciência Hoje*, Rio de Janeiro, Instituto Ciência Hoje, v. 47, n. 278, p. 82, jan./fev. 2011. Disponível em: <http://capes.cienciahoje.org.br/viewer/?file=/revistas/pdf/ch_278.pdf>. Acesso em: 10 nov. 2018.

a) Você acha que a pílula anticoncepcional promoveu mudanças na vida das mulheres? Em caso afirmativo, diga quais.

b) Segundo o texto, desde 1962, quando a pílula anticoncepcional chegou ao mercado brasileiro, a quantidade média de filhos por mulher diminuiu de 6,3 para 1,9 (em 2012). Em sua opinião, que consequências essa diminuição teve para o Brasil?

Métodos contraceptivos

1 O que você entende por método contraceptivo? Comente com os colegas.

2 Qual é a importância dos métodos contraceptivos? Cite um exemplo.

Em muitas espécies de animais, como os seres humanos, a relação sexual envolve outros aspectos além da reprodução, como prazer e intimidade. No entanto, quando a relação sexual é realizada sem os devidos cuidados, pode ocorrer uma gravidez não planejada ou a transmissão de infecções sexualmente transmissíveis (IST).

Nesse sentido, os métodos anticoncepcionais ou contraceptivos são uma importante ferramenta tanto para evitar uma gravidez quanto para prevenção de algumas infecções transmitidas durante as relações sexuais.

Existem diferentes métodos contraceptivos. A escolha por um deles depende das características de cada pessoa, sendo importante estar seguro e bem orientado quanto à escolha e ao uso adequado durante a relação sexual.

Os métodos contraceptivos mais comuns são preservativo, diafragma, dispositivo intrauterino (DIU), pílula anticoncepcional, laqueadura e vasectomia. Independentemente do método contraceptivo adotado, é essencial que ele seja uma responsabilidade compartilhada pelo casal.

3 Você acha que todos os métodos contraceptivos podem prevenir a transmissão de infecções sexualmente transmissíveis?

Diafragma

O diafragma é uma estrutura de borracha ou de silicone com formato de uma semiesfera. Ele é introduzido pela própria mulher através da vagina até a entrada do útero, atuando como uma barreira que impede a chegada do sêmen ao útero e, consequentemente, a fecundação do ovócito.

O diafragma deve ser colocado no colo do útero antes do ato sexual e retirado de 6 a 8 horas após. O diafragma deve ser lavado e guardado em local adequado, podendo ser reutilizado. Como não impede o contato com fluidos corporais, o diafragma não protege contra IST.

O índice de falha do diafragma é de 6% a 18%. Antes de utilizá-lo pela primeira vez, a mulher deve consultar um médico que indicará o tamanho adequado do diafragma que se adapte ao seu colo do útero.

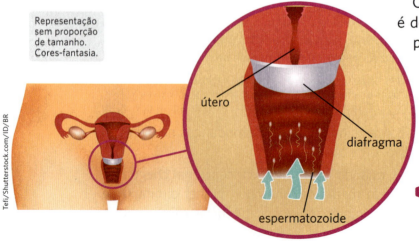

Representação sem proporção de tamanho. Cores-fantasia.

Representação de diafragma no colo do útero.

Preservativos

Os preservativos ou camisinhas são estruturas de látex que também atuam como uma barreira, impedindo que o sêmen entre em contato com a vagina. Assim, como os espermatozoides não são liberados no interior do sistema genital feminino, a fecundação não ocorre.

Há dois tipos de preservativos, os quais não devem ser utilizados simultaneamente. O masculino, que recobre o pênis, e o feminino, que é introduzido na vagina. Veja abaixo.

preservativo masculino

preservativo feminino

Além de prevenir a gravidez, os preservativos são os únicos métodos contraceptivos que também protegem contra IST. Isso porque esse tipo de método contraceptivo impede o contato direto entre o pênis e a vagina e, consequentemente, a troca de fluidos corporais entre os parceiros.

Os preservativos têm um índice de falha entre 3% e 21%. Muitas vezes, essas falhas ocorrem por causa de erros durante a colocação ou na retirada da camisinha. Por isso, é preciso usá-los corretamente.

Anticoncepcionais hormonais

Os métodos contraceptivos hormonais contêm hormônios sintéticos similares àqueles produzidos naturalmente pelo corpo da mulher, como o estrógeno e a progesterona. Geralmente, esses métodos atuam impedindo a liberação do ovócito.

Existem diferentes tipos de anticoncepcionais hormonais, como na forma de pílulas, adesivos e soluções injetáveis. Antes de utilizar o anticoncepcional, é preciso consultar um ginecologista para que ele indique o tipo mais adequado e a maneira correta de utilizá-lo.

Os anticoncepcionais hormonais são bastante eficazes ao serem administrados corretamente, com índice de falhas entre 0,1% a 5%. No entanto, esses métodos apresentam algumas desvantagens, pois não previnem infecções sexualmente transmissíveis e causam possíveis efeitos colaterais, como dor de cabeça, retenção de líquidos e aumento do risco de trombose.

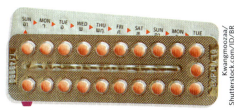
Cartela com pílulas anticoncepcionais.

Dispositivo intrauterino

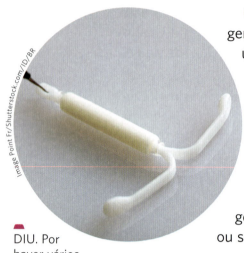

O dispositivo intrauterino (DIU) é uma pequena estrutura, geralmente de cobre ou de plástico, introduzido no interior do útero por um médico ginecologista. Esse dispositivo atua liberando hormônios, alterando a mobilidade dos espermatozoides ou provocando mudanças no endométrio. Essas ações dificultam tanto a fecundação do ovócito como a implantação do embrião no útero.

O DIU é um método contraceptivo muito eficiente, com índice de falhas de apenas 0,5%. No entanto, não protege contra doenças sexualmente transmissíveis e, em geral, não é indicado para mulheres que nunca engravidaram ou sentem cólicas muito fortes durante a menstruação.

DIU. Por haver vários tipos de DIU, o médico deve indicar o mais adequado para cada mulher.

Laqueadura e vasectomia

A laqueadura, ou ligação tubária, e a vasectomia são métodos cirúrgicos, feitos na mulher e no homem, respectivamente. Veja a seguir.

Laqueadura e vasectomia

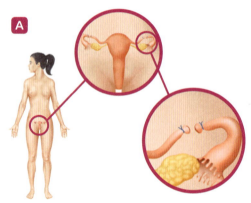
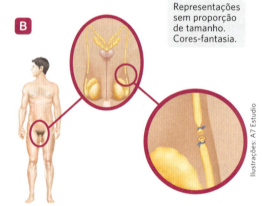

Representações sem proporção de tamanho. Cores-fantasia.

Na laqueadura, as tubas uterinas são cortadas, impedindo o encontro dos espermatozoides com o ovócito.

Na vasectomia, o corte é feito nos ductos deferentes, impedindo que os espermatozoides produzidos nos testículos cheguem à uretra.

Representação de laqueadura A e vasectomia B.

As estruturas cortadas (tubas uterinas e ductos deferentes) são amarradas, cauterizadas ou fechadas com grampos.

De maneira geral, esses métodos são considerados irreversíveis, incapacitando a reprodução no ato sexual. Portanto, geralmente são indicados apenas a pessoas com pelo menos dois filhos e maiores de 25 anos de idade.

Infecções sexualmente transmissíveis

4 Cite um exemplo de infecção sexualmente transmissível.

As infecções sexualmente transmissíveis (IST) são transmitidas de uma pessoa para outra durante as relações sexuais sem preservativos, ou mesmo com preservativos, se forem utilizados incorretamente. Em geral, essas infecções são causadas por vírus, bactérias e outros parasitas, como protozoários e fungos.

Algumas IST, como a aids, também podem ser transmitidas por meio de transfusão de sangue contaminado. Um bebê também pode ser infectado pela mãe durante a gestação, o parto ou a amamentação. Outra forma de transmissão é pelo compartilhamento de seringas contaminadas ou pela utilização de instrumentos cortantes infectados.

O Ministério da Saúde exerce um papel fundamental na luta contra as IST veiculando campanhas, distribuindo preservativos e divulgando ações educativas que visem informar e orientar a população. No entanto, toda a sociedade deve se engajar nessa causa, tanto para preservar a própria saúde quanto para cobrar dos governantes ações de conscientização.

As IST são consideradas um grave problema de saúde pública, pois, além de afetar uma grande parcela da população, muitas pessoas contaminadas não fazem o tratamento adequado, tampouco utilizam preservativos durante as relações sexuais, aumentando as chances de contaminação.

Distribuição de preservativo em Unidade Básica de Saúde no Recife, Pernambuco, em 2015. Usar preservativo durante a relação sexual é uma medida que previne as IST.

5 Apesar dos métodos que previnem a transmissão das IST, anualmente, milhares de pessoas são contaminadas. Em sua opinião, que fatores podem estar relacionados com o elevado índice de transmissão dessas infecções?

Muitos fatores contribuem para a disseminação dessas infecções. Alguns deles estão relacionados à falta de informação sobre a prevenção e à falta de diálogo entre os parceiros sexuais, assim como também há aqueles que acreditam que nunca serão afetados por esse problema.

Como você estudou anteriormente, os preservativos são os únicos métodos contraceptivos que, além de prevenir a gravidez não planejada, previnem a transmissão das IST. Portanto, a utilização correta de preservativos durante as relações sexuais são eficazes para essa finalidade. Essa conscientização é essencial porque uma pessoa contaminada nem sempre apresenta os sintomas da infecção, ou seja, a opção de usar preservativo apenas se estiver contaminado não é seguro porque a doença apresenta um estágio silencioso.

Outra importante forma de prevenir as IST é pela informação. Conhecendo os modos de prevenção, os sintomas, os riscos e a possibilidade de tratamento, reduz-se o número de pessoas contaminadas e incentivam-se mais pessoas a buscarem atendimento especializado para o tratamento das IST.

Se uma IST não for tratada adequadamente, ela pode se agravar. Por isso, é indispensável procurar um médico tão logo haja suspeita de infecção a fim de realizar exames e o tratamento adequados. A busca por tratamentos alternativos, ou seja, não recomendados por médicos, pode prejudicar ainda mais a saúde da pessoa portadora da IST, além de permitir que os agentes causadores das infecções continuem circulando entre as pessoas.

Por ser altamente contagiosa, qualquer pessoa pode contrair uma IST, especialmente quem teve algum contato sexual com parceiro contaminado sem usar preservativo.

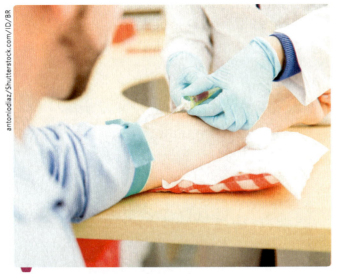

O modo adequado e eficaz de detectar uma IST é consultar um médico para a realização de exames que comprovem a infecção. No entanto, há alguns sintomas que podem indicar a presença de IST. Alguns deles são perceptíveis nos órgãos sexuais, como feridas, verrugas, corrimento com forte odor e coceira, além de sensação de ardor ao urinar ou após a relação sexual.

Como em algumas situações não há sintomas de contaminação, poucos casos são detectados. Por isso, é essencial a avaliação de um médico.

Pessoa colhendo sangue para exames. O exame de sangue é uma das formas de detectar algumas IST, como a aids.

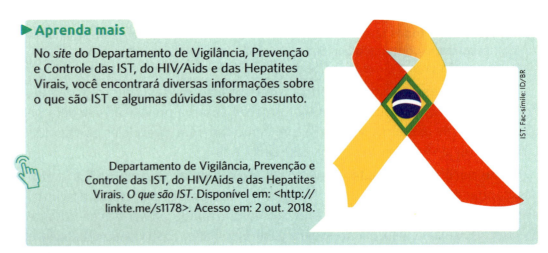

▶ **Aprenda mais**

No *site* do Departamento de Vigilância, Prevenção e Controle das IST, do HIV/Aids e das Hepatites Virais, você encontrará diversas informações sobre o que são IST e algumas dúvidas sobre o assunto.

Departamento de Vigilância, Prevenção e Controle das IST, do HIV/Aids e das Hepatites Virais. *O que são IST*. Disponível em: <http://linkte.me/s1178>. Acesso em: 2 out. 2018.

Agora que você estudou sobre as IST, vamos conhecer um pouco sobre algumas delas, como aids, candidíase, sífilis, gonorreia e HPV.

Aids

A aids é causada pelo vírus da imunodeficiência humana, o HIV (sigla em inglês), que ataca as células de defesa do corpo humano, comprometendo a proteção do organismo.

Após ser infectada pelo vírus, a pessoa não apresenta imediatamente os sintomas da doença. Geralmente, os primeiros sinais são semelhantes aos de uma gripe, incluindo febre e mal-estar. Em uma fase mais avançada da doença, determinadas células de defesa do organismo começam a ser destruídas.

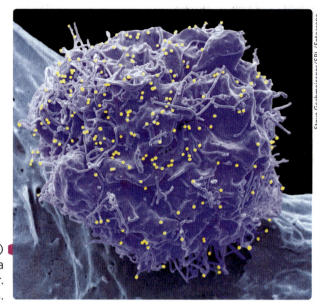

Célula de defesa do corpo humano (em azul) infectada com vírus HIV (em amarelo). Fotografia obtida por microscópio e colorizada em computador. Imagem aumentada cerca de 6 600 vezes.

Com o sistema de defesa comprometido, o organismo humano fica mais suscetível a agressões externas, causadas por bactérias, vírus e parasitas em geral. Por isso, pessoas infectadas com o vírus HIV têm mais chances de desenvolver infecções e outras doenças, como tuberculose, hepatite e alguns tipos de câncer.

O vírus HIV pode ser transmitido de diferentes maneiras. Por exemplo: por meio de relações sexuais sem preservativos; pelo uso de seringa contaminada com o vírus; pela transfusão de sangue contaminado; e por instrumentos perfurantes não esterilizados e contaminados, como alicates de unha. Além dos casos de bebês infectados pela mãe durante a gestação, no parto e na amamentação.

O vírus HIV é transmitido de diversas formas, e a disseminação de informações corretas é essencial para combater o preconceito contra os portadores. Embora sejam necessários os cuidados que evitam a transmissão desse vírus, é importante saber que não há risco de contaminação em um beijo no rosto ou na boca, em um aperto de mão ou abraço, em compartilhamentos de talheres, copos e assento do ônibus, em contato com suor ou lágrimas, pelo ar, entre outros exemplos.

Há muitos estudos sobre o vírus HIV e a aids, de maneira que diversos medicamentos foram desenvolvidos ao longo do tempo, diminuindo a mortalidade dos pacientes e os sintomas para garantir melhor qualidade de vida aos soropositivos, como são chamadas as pessoas diagnosticadas com a doença. No entanto, ainda não há cura para a doença. Além disso, muitos portadores do vírus HIV não desenvolvem a doença, mas são capazes de transmiti-la a outras pessoas. Por isso, o uso de preservativos é tão importante.

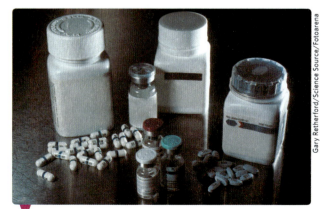

Medicamentos utilizados no tratamento da aids. De maneira geral, esses medicamentos visam reduzir os danos causados pelo vírus às defesas do organismo.

Aids e gestação

Leia o trecho da reportagem a seguir.

Gazeta do Povo, 1º dez. 2017. Disponível em: <https://www.gazetadopovo.com.br/viver-bem/saude-e-bem-estar/mulheres-com-aids-nao-passam-a-doenca-para-os-filhos/>. Acesso em: 11 out. 2018.

> **"Portadora do HIV, professora curitibana tem 3 filhos e nenhum contraiu o vírus"**
>
> Curitiba foi a primeira cidade no Brasil a eliminar a transmissão vertical, que transmite o vírus da mãe para o bebê.

Como você leu no trecho da reportagem acima, é possível que mulheres portadoras do HIV tenham filhos sem infectá-los. Contudo, para garantir que o bebê não seja contaminado, tanto durante a gestação quanto após o nascimento, é preciso ter alguns cuidados.

Esses cuidados incluem acompanhamento médico durante toda a gestação, uso de medicamentos específicos pela mãe durante a gestação e pelo bebê após o nascimento, cuidados durante o parto e a não amamentação do bebê.

Mesmo que a gestante não esteja contaminada com HIV, é preciso tomar alguns cuidados para garantir a saúde do bebê. Um deles é usar preservativo nas relações sexuais durante toda a gestação e todo o período de amamentação.

Sífilis

A sífilis é uma infecção do organismo humano causada pela bactéria *Treponema pallidum*, sexualmente transmissível ou transmitida da mãe para o feto durante a gestação ou o parto.

Essa infecção apresenta diferentes estágios, caracterizados por sintomas específicos. Nas fases inicias da infecção, geralmente surge uma única ferida no local em que a bactéria penetrou, como no pênis, no pudendo, na vagina, no colo uterino, no ânus, na boca ou em outros locais da pele.

Se a sífilis não for tratada, com o passar do tempo surgem manchas no corpo, principalmente nas palmas das mãos e plantas dos pés, acompanhadas de febre, mal-estar, dor de cabeça, queda de cabelos, cegueira, problemas no coração e paralisias.

O tratamento dessa doença é feito com antibióticos específicos. Por se tratar de uma IST, a prevenção se dá pelo uso adequado de preservativos e pelo acompanhamento médico no pré-natal de gestantes e parceiros sexuais.

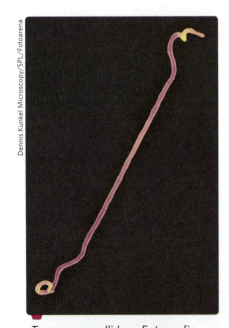

Treponema pallidum. Fotografia obtida por microscópio e colorizada por computador. Imagem aumentada cerca de 4 000 vezes.

Gonorreia

De acordo com o Ministério da Saúde, entre as IST a gonorreia é a mais comum. Ela é causada pela bactéria *Neisseria gonorrhoeae*, que pode atingir os órgãos genitais masculinos e femininos, causando dor ao urinar, corrimento e dor durante as relações sexuais. O tratamento é feito com antibióticos específicos.

Muitas mulheres infectadas com *N. gonorrhoeae* não apresentam sintomas, mas são capazes de transmitir as bactérias. No sexo feminino, a gonorreia atinge o colo do útero e, caso a infecção não seja tratada adequadamente, podem ocorrer complicações que resultam em infertilidade.

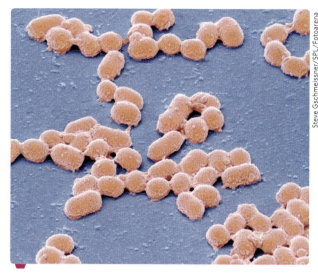

Neisseria gonorrhoeae. Fotografia obtida por microscópio e colorizada por computador. Imagem aumentada cerca de 10 000 vezes.

A gonorreia pode ser transmitida ao bebê durante o nascimento pelo parto normal, causando-lhe conjuntivite. Se não for devidamente tratada, essa inflamação nos olhos do bebê pode resultar na perda da visão.

Condiloma acuminado

O condiloma acuminado é causado pelo Papilomavírus Humano, conhecido como HPV (sigla em inglês). Ele infecta pele ou mucosas (oral, genital ou anal), tanto de homens quanto de mulheres, e provoca o aparecimento de verrugas nessas regiões e até mesmo câncer.

A transmissão ocorre pelo contato com a pele ou mucosas contaminadas. De forma geral, a infecção pelo HPV não apresenta

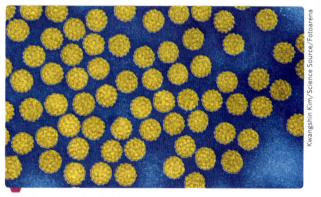

HPV. Fotografia obtida por microscópio e colorizada por computador. Imagem aumentada cerca de 36 000 vezes.

sintomas, podendo ficar latente, ou seja, sem manifestar sintomas visíveis, durante meses e até anos. No entanto, mesmo sem sintomas aparentes, a pessoa contaminada é capaz de transmitir o vírus.

Quando as defesas do organismo são prejudicadas, ocorre a multiplicação do HPV no organismo, o que pode provocar o aparecimento de lesões, que se apresentam como verrugas.

O tratamento do HPV, de forma geral, envolve a remoção das lesões e manutenção das defesas do organismo para que novas lesões não se desenvolvam.

Além do uso de preservativos, uma importante forma de prevenção do HPV, e considerada a mais eficaz, é a vacinação. A vacina contra o HPV faz parte do calendário de vacinação, distribuída gratuitamente pelo sistema público de saúde e indicada, principalmente, para meninas de 9 a 14 anos e meninos de 11 a 14 anos.

Ampliando fronteiras

Os direitos das crianças e dos adolescentes

Os métodos contraceptivos, de maneira geral, auxiliam a evitar uma gravidez não planejada. No entanto, independentemente de ter sido planejada ou não, é preciso ter consciência de que toda criança deve receber amor, carinho e todos os cuidados necessários para se desenvolver adequadamente. Aliás, você sabia que as crianças, assim como os adolescentes, têm direitos garantidos por lei com um estatuto elaborado exclusivamente para elas?

O Estatuto da Criança e do Adolescente, chamado popularmente ECA, foi criado pela Lei n. 8069 de 13 de julho de 1990. Seu propósito é garantir os direitos a todas as crianças de até doze anos de idade incompletos e a todos os adolescentes entre doze e dezoito anos de idade. Vamos conhecer alguns deles a seguir.

Todas as crianças e adolescentes têm os mesmos direitos.

Representações sem proporção de tamanho. Cores-fantasia.

Direito a uma alimentação adequada.

Direito à liberdade.

Direito à cultura, à dignidade e ao respeito.

Representações de situações relacionadas a alguns direitos das crianças e dos adolescentes.

Direito à educação e acesso à escola. É proibido o trabalho de menores de 16 anos, salvo na condição de jovem aprendiz, o qual pode ser realizado a partir dos 14 anos de idade.

Direito ao lazer e ao esporte.

Direito à saúde e à preferência nos atendimentos médicos.

Direito ao convívio familiar e de não sofrer violência nem discriminação.

Fontes de pesquisa: Brasil. Ministério da Justiça. Lei n. 8.069, de 13 de julho de 1990. Dispõe sobre o Estatuto da Criança e do Adolescente e dá outras providências. *DOU*, Brasília, DF, 17 jul. 1990, p. 13563. Disponível em: <http://www.planalto.gov.br/ccivil_03/LEIS/L8069.htm>. Acesso em: 10 out. 2018.

1. Você já sabia da existência do Estatuto da Criança e do Adolescente? Em caso afirmativo, conte aos colegas o que você sabia.

2. Você considera esse estatuto importante? Em caso afirmativo, por quê?

3. Em sua opinião, os direitos apresentados nesta seção e outros previstos no ECA são respeitados e oferecidos a todas as crianças e adolescentes? Justifique sua resposta.

4. Você acrescentaria ou mudaria algum dos direitos do Estatuto da Criança e do Adolescente? Em caso afirmativo, conte aos colegas.

5. De que forma a população pode contribuir para que toda criança e adolescente tenha seus direitos garantidos?

Atividades

1. Observe os cartazes abaixo.

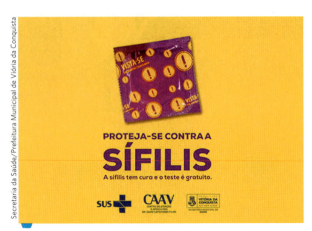

Prefeitura Municipal de Vitória da Conquista, no estado da Bahia. Cartaz de campanha de prevenção da sífilis, 2017.

Governo do estado de Pernambuco. Cartaz de prevenção do HPV, 2017.

a) Em sua opinião, qual é a importância de campanhas e como as apresentadas acima?

b) De acordo com os cartazes, qual é a principal forma de prevenção da sífilis e do HPV?

c) Somente as campanhas não são suficientes para reduzir a quantidade de casos de sífilis e HPV, por exemplo. Qual é o papel da população na redução dos casos dessas infecções?

2. Leia o trecho do depoimento de duas mulheres, Rosa (17 anos) e Margarida (16 anos), que engravidaram durante a adolescência.

> [...]
> Não foi planejada [...] foi assim por acidente, sabe? Eu tinha consciência do que eu tava fazendo, só que na hora aconteceu e aí [...] Foi até engraçado, tive relação uma só vez e foi nessa que eu fiquei grávida [...] eu achei que, por ser a primeira não engravidaria [...]. (Rosa)
>
> [...]
> Não planejei, aconteceu [...] eu sei que podia ter usado tudo para não engravidar, mas não usei. [...] eu tinha muitos métodos e não fui atrás de nenhum [...] achava que comigo não ia acontecer, e aconteceu. (Margarida)
> [...]

Aline Scolari Deprá et al. Gravidez de adolescentes na unidade de saúde da família. *Revista de Enfermagem do Centro Oeste Mineiro*, São João Del Rei, Universidade Federal de São João Del Rei, v. 1, n. 1, jan./mar. 2011. Disponível em: <www.seer.ufsj.edu.br/index.php/recom/article/ view/25/75>. Acesso em: 24 set. 2018.

a) De acordo com os depoimentos da página anterior, como Rosa e Margarida justificam a gravidez?

b) Os depoimentos apresentados na página anterior são apenas de mulheres, mas a responsabilidade da prevenção de uma gravidez e de infecções sexualmente transmissíveis refere-se aos homens também. Você concorda com essa afirmativa? Justifique sua resposta.

3. Leia o trecho da reportagem abaixo.

> [...]
>
> Enquanto os casos gerais de portadores do vírus HIV têm diminuído, o aumento de infecções entre os jovens de 15 a 24 anos tem preocupado as autoridades de saúde em Curitiba. Em 2010, foram registrados 89 novos casos de portadores do HIV nesse grupo. Já em 2012, o número passou para 114 – um crescimento de 22% em apenas dois anos ou de 12% de 2011 para 2012.
>
> O número de jovens que foram contaminados pelo vírus HIV no último ano [2012] corresponde a um quarto de todos os casos registrados em Curitiba.
>
> [...]
>
> De acordo com o diretor do centro de epidemiologia da Secretaria Municipal da Saúde [...], essa tendência tem sido observada desde 2007 e mostra certa negligência dos jovens com relação à necessidade da prática de sexo com camisinha. "Na [...] maioria dos casos, a transmissão do vírus acontece pela relação sexual", comenta. "Está havendo um grande descuido entre os jovens", afirma o diretor. [...]

Aids dispara entre os mais jovens. *Gazeta do Povo*, Curitiba, 22 maio 2013. Disponível em: <www.gazetadopovo.com.br/vida-e-cidadania/aids-dispara-entre-os-mais-jovens-ewdn5mz3up3lb8i0d9ukk3f4e>. Acesso em: 24 set. 2018.

a) De acordo com o texto, qual é a principal forma de transmissão do HIV entre jovens?

b) Em sua opinião, o que leva muitos jovens a não utilizarem preservativo durante o ato sexual?

c) Junte-se a outro colega e conversem sobre o que pode ser feito para conscientizar os jovens sobre o HIV, a aids e a importância do sexo seguro.

Verificando rota

1. Elabore um esquema sobre a importância dos hormônios para a reprodução humana.

2. Retome as respostas das questões **2** e **3**, da página **174**, completando-as ou corrigindo-as, caso necessário.

3. Faça uma lista em seu caderno sobre a importância do acompanhamento médico durante a gestação.

185

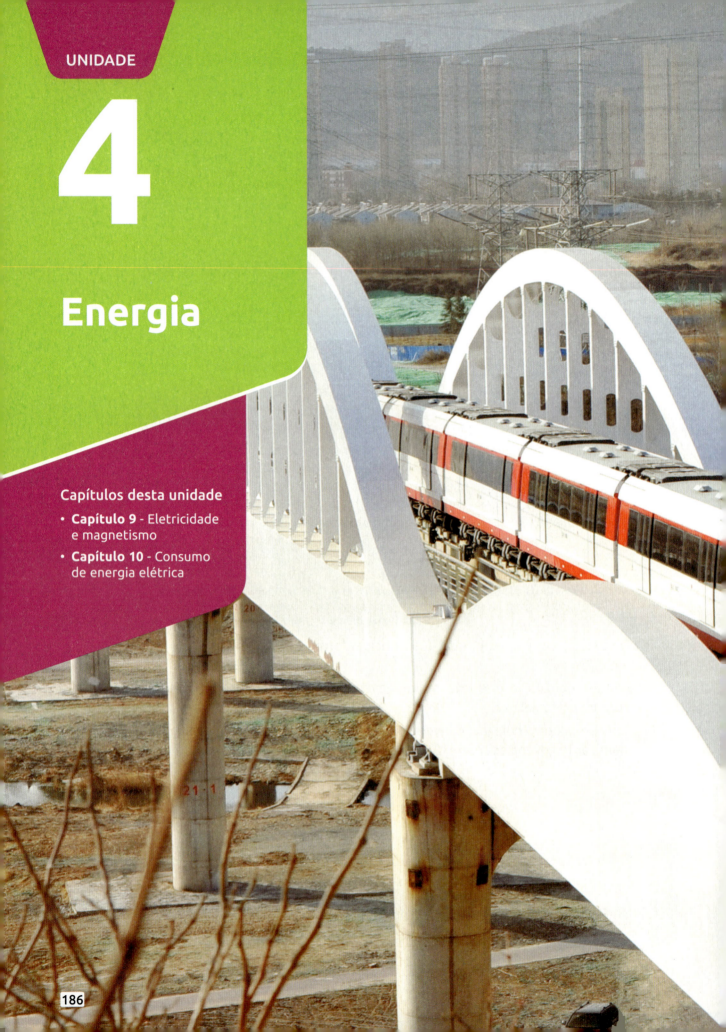

UNIDADE 4

Energia

Capítulos desta unidade
- **Capítulo 9** - Eletricidade e magnetismo
- **Capítulo 10** - Consumo de energia elétrica

Trem Maglev em Beijing, China, em 2017. Os trens de levitação magnética ou Maglev (sigla em inglês para *magnetic levitation*) são meios de transporte que atingem altas velocidades, pois não utilizam rodas. Eles flutuam sobre os trilhos por meio de atração e de repulsão, geradas por fenômenos elétricos e magnéticos.

Iniciando rota

1. Em sua opinião, qual é a principal vantagem do trem Maglev ao se mover sem contato com os trilhos?

2. Para você, o que é eletricidade? E o que é magnetismo?

3. Você já percebeu que ao aproximar dois ímãs eles podem se atrair ou se repelir, dependendo de como estão posicionados entre si? Como esse fenômeno pode ser relacionado ao funcionamento de um trem Maglev?

CAPÍTULO 9

Eletricidade e magnetismo

Tipos de energia

Atualmente tem-se buscado alternativas para reduzir a utilização dos combustíveis fósseis. Umas delas é o desenvolvimento de carros híbridos, que funcionam com a combinação de um motor elétrico e um motor de combustão. Alguns carros híbridos já estão disponíveis no Brasil, mas, por se tratar de uma tecnologia em desenvolvimento, os preços ainda são muito elevados em nosso país.

Representação de um carro híbrido, em corte.

1 Quais são os tipos de energia que os motores de um carro híbrido utilizam em seu funcionamento?

2 Cite vantagens e desvantagens dos carros híbridos.

Ao responder à questão anterior, provavelmente você citou dois tipos de energia. Mas o que é energia? É sobre isso que você estudará a seguir.

Geralmente, quando ouvimos falar em energia, lembramo-nos da energia elétrica. No entanto, existem diversas formas de energia, como a mecânica.

Energia é uma grandeza física que está envolvida nos processos em que um corpo realiza trabalho e pode se manifestar de diferentes formas, como movimento, calor e eletricidade. A energia pode ser transformada, transmitida e conservada, dependendo do sistema em que é produzida. Quando um corpo cede ou recebe energia, ocorre uma alteração no estado em que ele se encontra.

Diferentes tipos de energia estão presentes em situações do nosso cotidiano. A ciclista mostrada na fotografia ao lado, por exemplo, está transformando a energia química armazenada nos alimentos em energia térmica, relacionada à mudança de temperatura dos corpos, e energia mecânica, relacionada a movimentação dos corpos principalmente.

Por causa de seu movimento, a bicicleta também apresenta energia mecânica. Além disso, na bicicleta também ocorre a transformação de energia mecânica em energia térmica e sonora, por causa do atrito entre algumas de suas peças.

Ciclista em uma ciclovia.

188

Alguns tipos de energia têm diversas aplicações em nosso cotidiano. Um deles refere-se à energia elétrica, que geralmente utilizamos para iluminar os ambientes e usar aparelhos elétricos como computadores, televisores, geladeiras e ferros de passar roupas.

Outro tipo de energia que usamos diariamente é a energia térmica, utilizada em aquecedores, ferros de passar roupas e fornos.

3 Como vimos, um tipo de energia pode se transformar em outro. Veja a seguir algumas situações e identifique as transformações de energia que ocorrem em cada uma delas.

Painéis solares fotovoltaicos no município de Boa Vista das Missões, estado do Rio Grande do Sul, em 2017.

Lâmpadas de LED em funcionamento.

Ventilador em funcionamento.

Aparelho de som em funcionamento.

4 A energia química presente nos alimentos que ingerimos se transforma em alguns tipos de energia em nosso corpo. Dê exemplos.

Fontes de energia

Vamos analisar novamente o funcionamento do automóvel híbrido mostrado na página anterior. Esse automóvel utiliza um motor elétrico e um motor a combustão. A energia elétrica fornecida para o funcionamento do motor elétrico desse carro é obtida por meio das reações químicas que acontecem no interior de uma bateria elétrica. Já o motor a combustão desse carro utiliza combustíveis como a gasolina ou o etanol para funcionar.

Alto-forno de uma siderúrgica na China, em 2017.

Os recursos com os quais conseguimos gerar algum tipo de energia são chamados **fontes de energia**. Diariamente usamos fontes de energia como o petróleo, o carvão mineral e o gás natural em máquinas, em indústrias e em automóveis.

Em siderúrgicas, por exemplo, a queima do **coque** fornece energia para gerar calor e provocar a fusão do ferro.

Outras fontes de energia também são utilizadas, como a solar, a eólica, a hidráulica e a nuclear.

🔖 **Glossário**

5 Cite uma fonte de energia relacionada ao seu cotidiano.

6 Em sua opinião, os recursos utilizados pelo ser humano como fontes de energia são inesgotáveis no ambiente? Justifique.

Plataforma de exploração de petróleo na capital do estado do Rio de Janeiro, em 2016.

Ao responder à questão anterior, possivelmente você refletiu sobre uma das grandes preocupações de nossa sociedade – a escassez de alguns recursos naturais. Com base nesse fator, as fontes de energia podem ser classificadas em não renováveis ou renováveis.

As **fontes de energia não renováveis** são aquelas que se regeneram ao longo de milhões de anos em um ritmo bem menor do que são utilizadas. Por isso, podem se esgotar no ambiente. Além disso, a recuperação desse tipo de fonte de energia não pode ser feita pelo ser humano.

O petróleo, o carvão mineral, o gás natural e o urânio são exemplos de fontes não renováveis de energia.

As **fontes de energia renováveis** são aquelas que têm a capacidade de se renovar naturalmente no ambiente a um ritmo capaz de suprir o de sua utilização, evitando que se esgotem. A energia obtida do vento, da água e da luz solar são alguns exemplos de fontes de energia renováveis.

Nas usinas hidrelétricas utiliza-se a energia do movimento da água para gerar energia elétrica. Para isso é construída uma barragem que forma uma grande represa.

7 Quais prejuízos para o ambiente são causados pela construção de uma usina hidrelétrica?

Usina hidrelétrica de Itaipu, no município de Foz do Iguaçu, estado do Paraná, em 2016. A água movimenta as turbinas que, por sua vez, giram os geradores elétricos.

Como vimos, a energia proveniente do Sol pode ser utilizada para a geração de energia elétrica por meio dos painéis fotovoltaicos. Além desse uso, essa fonte de energia também pode ser usada em sistemas de aquecedores térmicos de água.

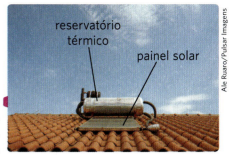

Aquecedor solar de água instalado no telhado de uma residência no município de Canoas, estado do Rio Grande do Sul, em 2014. Nesse tipo de aquecedor, a luz solar, ao atingir os coletores solares, aquece a água no interior dos canos. A água aquecida é armazenada em um reservatório térmico.

A energia eólica, obtida a partir do vento, pode ser utilizada para movimentar turbinas acopladas a geradores elétricos, nas usinas eólicas.

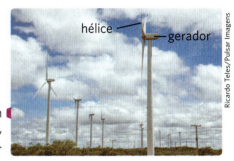

Usina eólica no município de Igaporã, estado da Bahia, em 2018. Nessas usinas, o vento movimenta as hélices da turbina, que por sua vez, movimentam o gerador de energia elétrica.

A energia proveniente do interior da Terra, conhecida como energia geotérmica, pode ser utilizada para gerar energia elétrica, por meio de usinas geotérmicas. Geralmente, essas usinas são instaladas em locais que apresentam atividades vulcânicas.

Usina geotérmica na Indonésia, em 2018. Nesse tipo de usina, o vapor de água proveniente do interior da Terra é captado por meio de tubulações e gira as turbinas que, por sua vez, acionam os geradores elétricos.

Outro tipo de energia renovável é a energia de biomassa, obtida da matéria orgânica de origem animal ou vegetal, como madeira e bagaço de cana-de-açúcar. Esse tipo de energia geralmente é obtida nos biodigestores. Nesse equipamento, a matéria orgânica passa por um processo de decomposição por microrganismos, produzindo gases que podem ser utilizados em diversas aplicações.

Biodigestor em uma indústria do município de Rio Grande, estado do Rio Grande do Sul, em 2014.

A energia das marés também é renovável e provém do movimento de subida e de descida das marés devido à atração gravitacional mútua entre a Terra e a Lua. Esse tipo de energia também é chamado **maremotriz**.

Gerador maremotriz no município de São Gonçalo do Amarante, estado do Ceará, em 2015.

Atividades

1. Como vimos, os aparelhos elétricos que utilizamos no cotidiano transformam a energia elétrica em outros tipos de energia. Relacione os aparelhos elétricos (**A**, **B** e **C**) à principal transformação de energia que ocorre em cada um deles (**1**, **2** e **3**). Para isso, escreva em seu caderno a letra e o número correspondentes.

A

betoneira

B

luminária de LED

C

forno elétrico

1 Energia elétrica transformada em energia térmica.

2 Energia elétrica transformada em energia mecânica.

3 Energia elétrica transformada em energia luminosa.

2. Leia a manchete a seguir de uma notícia que trata do acionamento de usinas termelétricas para suprir a demanda de energia elétrica.

Governo diz que será preciso acionar mais usinas térmicas

Diário do Nordeste, 3 set. 2018. Disponível em: <http://diariodonordeste.verdesmares.com.br/cadernos/negocios/governo-diz-que-sera-preciso-acionar-mais-usinas-termicas-1.1994234>. Acesso em: 1º out. 2018.

a) As usinas termelétricas utilizam fontes de energia renováveis ou não renováveis?

b) As usinas elétricas mais utilizadas no Brasil são as hidrelétricas. Realize uma pesquisa sobre os fatores que influenciam no funcionamento dessas usinas e explique por que são necessários outros tipos de usinas, como as termelétricas, para complementar a demanda de energia elétrica no país.

3. Observe a fotografia ao lado.

a) Para que servem as aletas nesse televisor? Se for preciso, faça uma pesquisa para responder a essa questão.

b) A maior parte dos aparelhos elétricos tem aletas como as mostradas nessa fotografia. O que você pode concluir em relação às transformações de energia que ocorrem nos aparelhos elétricos? Converse com um colega sobre isso.

parte traseira de um televisor

192

Eletricidade

Hora de praticar

O que acontece se atritarmos os cabelos com um balão de festa?
Em um dia de baixa umidade relativa do ar, realize a atividade a seguir.

- folha de papel sulfite
- balão de festa (bexiga)

A Pique uma folha de papel em pedaços bem pequenos e coloque-os sobre uma mesa.

B Encha um balão de festas e esfregue-o várias vezes em seus cabelos.

C Aproxime imediatamente o balão dos pedaços de papel.

D Observe o que acontece e responda às questões a seguir.

Pessoa após esfregar uma bexiga em seu cabelo.

1. O que aconteceu com os pequenos pedaços de papel?
2. Como você explica o que ocorreu ao realizar a etapa **C**?
3. Em alguma situação de seu cotidiano, já ocorreu algo semelhante ao que foi visto nessa atividade? Comente com seus colegas.

Ao realizar a atividade anterior, você investigou um fenômeno relacionado à eletricidade, assunto que você estudará a seguir.

A eletricidade está relacionada tanto à formação de raios quanto a diversas atividades que o ser humano desenvolve. As lâmpadas que auxiliam a iluminar a sala de aula, por exemplo, utilizam energia elétrica para funcionar. Ela também é essencial para o funcionamento de aparelhos elétricos e eletrônicos e para indústrias, comércio e hospitais realizarem suas atividades.

Os átomos apresentam duas partículas com propriedades elétricas – os prótons e os elétrons. O estudo dos fenômenos que envolvem cargas elétricas é chamado **eletricidade**. Essa área é dividida em **eletrostática**, que estuda o comportamento das cargas elétricas em repouso, e em **eletrodinâmica**, que estuda as cargas elétricas em movimento e os fenômenos delas decorrentes.

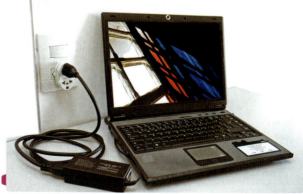

Computador conectado a uma tomada.

Eletrostática

1 Em um dia de inverno com baixa umidade relativa do ar, Ana sentiu um leve choque elétrico quando tocou a porta de um carro. Em sua opinião, por que isso ocorreu?

Ana sentindo um leve choque elétrico ao tocar a porta de seu carro.

Vários fenômenos relacionados à eletrostática são conhecidos desde a Antiguidade. Ao observar alguns fenômenos naturais, os gregos tinham conhecimento de que ao esfregar um pedaço de âmbar no pelo de alguns animais ele adquiria a propriedade de atrair pequenos corpos, como a palha.

Observações como essa são a base para o estudo da eletricidade e, em razão dessa descoberta, o ser humano pôde desenvolver equipamentos mais eficazes para realizar as tarefas do dia a dia e também para ter mais conforto.

No estudo da eletrostática, vamos conhecer um pouco mais sobre as cargas elétricas e entender os fenômenos decorrentes delas.

O âmbar é um material fóssil muito resistente, originário de um pinheiro que existia na Terra há milhões de anos. Atualmente, esse material é utilizado na fabricação de objetos ornamentais.

Cargas elétricas

2 Veja, abaixo, a representação de um átomo de alumínio.

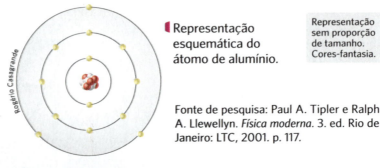

Representação esquemática do átomo de alumínio.

Representação sem proporção de tamanho. Cores-fantasia.

Fonte de pesquisa: Paul A. Tipler e Ralph A. Llewellyn. *Física moderna*. 3. ed. Rio de Janeiro: LTC, 2001. p. 117.

a) Cite as partículas que compõem esse átomo, as quais foram representadas nesse esquema. Em seguida, cite a região em que cada uma delas se encontra.

b) Que cargas elétricas possuem cada uma dessas partículas?

Os átomos que compõem a matéria possuem prótons, nêutrons e elétrons. Os elétrons encontram-se ao redor do núcleo, em uma parte do átomo chamada **eletrosfera**. O **núcleo**, é formado por prótons e nêutrons. Observe a representação a seguir.

Estrutura de um átomo

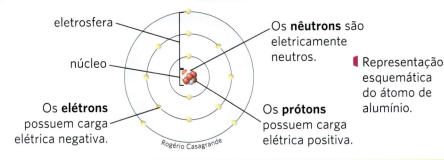

Representação esquemática do átomo de alumínio.

Representação sem proporção de tamanho. Cores-fantasia.

Fonte de pesquisa: Paul A. Tipler e Ralph A. Llewellyn. *Física moderna*. 3. ed. Rio de Janeiro: LTC, 2001. p. 117.

Em seu estado natural, os átomos são eletricamente neutros, ou seja, têm a mesma quantidade de prótons e de elétrons. Em algumas situações, os elétrons podem ser retirados de um átomo ou adicionados a ele, fazendo que ele fique eletrizado com carga positiva ou negativa, respectivamente.

Quando um corpo cede certa quantidade de elétrons, a quantidade de prótons se torna maior que a de elétrons, deixando-o eletricamente positivo. Se um corpo recebe elétrons, sua quantidade de elétrons torna-se maior do que a de prótons, deixando-o, nesse caso, eletricamente negativo.

No Sistema Internacional de Unidades (SI), a unidade da carga elétrica é o coulomb (C), nome dado em homenagem a Charles Augustin Coulomb (1736-1806), cientista francês que desenvolveu importantes estudos e experimentos em eletrostática.

As cargas elétricas têm a propriedade de se atraírem ou de se repelirem. Cargas opostas se atraem e cargas iguais se repelem. Essa propriedade é chamada **interação elétrica** ou **força elétrica**. Veja.

Charles Augustin Coulomb

Corpos com cargas elétricas opostas se atraem.

Corpos com cargas elétricas iguais se repelem.

Representações sem proporção de tamanho. Cores-fantasia.

Os processos nos quais os átomos de um corpo podem receber ou perder elétrons são chamados **eletrização**. Nesses processos, nenhum elétron é criado ou destruído, pois a carga elétrica é conservada. Os elétrons são transferidos de um corpo para outro.

A eletrização pode ocorrer de três formas diferentes: por atrito, contato ou indução.

Eletrização por atrito

Quando dois corpos de materiais diferentes são atritados, pode ocorrer a transferência de elétrons de um corpo para o outro, de maneira que os corpos envolvidos fiquem eletrizados com cargas opostas.

Nesse caso, o corpo que perde elétrons torna-se eletricamente positivo e o que recebe elétrons torna-se eletricamente negativo.

Eletrização por contato

Ocorre quando um corpo eletrizado é colocado em contato com um corpo neutro ou eletrizado. Nesse tipo de eletrização, há transferência de elétrons de um corpo para o outro por meio do contato entre eles.

Eletrização por indução

Para entender como ocorre a eletrização por indução, considere a seguinte situação.

Eletrização por indução

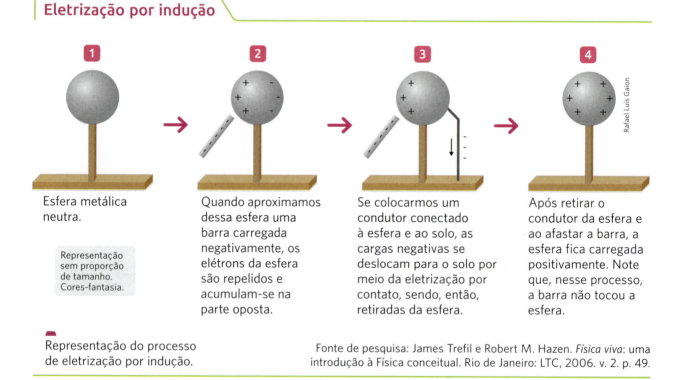

1. Esfera metálica neutra. Representação sem proporção de tamanho. Cores-fantasia.
2. Quando aproximamos dessa esfera uma barra carregada negativamente, os elétrons da esfera são repelidos e acumulam-se na parte oposta.
3. Se colocarmos um condutor conectado à esfera e ao solo, as cargas negativas se deslocam para o solo por meio da eletrização por contato, sendo, então, retiradas da esfera.
4. Após retirar o condutor da esfera e ao afastar a barra, a esfera fica carregada positivamente. Note que, nesse processo, a barra não tocou a esfera.

Representação do processo de eletrização por indução.

Fonte de pesquisa: James Trefil e Robert M. Hazen. *Física viva*: uma introdução à Física conceitual. Rio de Janeiro: LTC, 2006. v. 2. p. 49.

A eletrização por indução baseia-se no princípio de atração e de repulsão das cargas elétricas. Com a aproximação de um corpo eletrizado, chamado indutor, ocorre a atração ou a repulsão das cargas elétricas do corpo a ser eletrizado (induzido). Ao conectar o corpo induzido ao solo (aterramento), ocorre a transferência de elétrons entre eles.

3 No momento em que a menina esfregou o balão de festa em seu cabelo, na imagem da página **193**, ocorreu eletrização por atrito, indução ou contato?

Raios e relâmpagos

Os raios são descargas elétricas que ocorrem na atmosfera quando as nuvens estão eletricamente carregadas. Um dos fatores que causam a eletrização das nuvens são as colisões entre as partículas de gelo e de água em seu interior, que podem desprender elétrons.

A interação elétrica faz as cargas elétricas se separarem no interior da nuvem. Com isso, a base da nuvem fica com cargas negativas e o topo, com cargas positivas, formando uma diferença de potencial elétrico.

Formação dos raios

1. A cargas elétricas acumuladas na base da nuvem podem, por meio da eletrização por indução, provocar uma reorganização das cargas elétricas na superfície da Terra.

2. Quando essas cargas atingem valores elevados, o ar torna-se um condutor elétrico, originando raios entre as nuvens e o solo, e vice-versa. Também pode ocorrer a formação de raios entre nuvens ou dentro delas.

- Converse com um colega sobre a diferença entre relâmpagos e trovão.

Representação sem proporção de tamanho. Cores-fantasia.

Representação da formação dos raios.

Fonte de pesquisa: Lightning & Atmospheric Electricity. *Museum of Electricity*. Disponível em: <http://electricmuseum.com/?p=44>. Acesso em: 5 out. 2018.

Materiais condutores e materiais isolantes

Dependendo da facilidade com que as cargas elétricas se movem em seu interior, os materiais podem ser classificados em **condutores** ou **isolantes**.

O comportamento desses materiais se deve à sua estrutura atômica, na qual os elétrons se mantêm ligados ao núcleo pela interação elétrica.

Nos **materiais isolantes**, os elétrons encontram-se ligados mais fortemente aos núcleos dos átomos e, consequentemente, não podem se mover livremente pela estrutura do material. São exemplos de materiais isolantes o vidro, a borracha e a porcelana.

Em **materiais condutores**, como o cobre, alguns elétrons estão mais afastados do núcleo e ficam praticamente livres para se mover pela estrutura do material. Além do cobre, metais como ouro e prata são exemplos de materiais condutores.

Os fios e cabos elétricos, geralmente, são feitos de cobre por causa de sua condutividade elétrica, flexibilidade e custo, e são revestidos com material isolante para evitar riscos de choques elétricos e curtos-circuitos.

Atividades

1. Um colega afirma que, quando um objeto está neutro, significa que ele não possui cargas elétricas. Você concorda com essa afirmação? Justifique.

2. Quando se utiliza um pente de plástico, o atrito entre o plástico e os cabelos retira elétrons dos cabelos. Sabendo disso, o pente ficará carregado positivamente ou negativamente? E os cabelos? Justifique.

3. Em seu caderno, faça um esquema com textos e desenhos que explique como é possível eletrizar um corpo negativamente com outro corpo carregado positivamente.

4. Considere os corpos **A**, **B** e **C** a seguir, com suas respectivas interações eletrostáticas.

Representação das interações eletrostáticas entre três corpos.

Se a esfera **B** for colocada próxima à esfera **C**, haverá atração ou repulsão? Justifique.

5. Em aeroportos, podemos ver aviões sendo abastecidos com combustível transportado por caminhões-tanque. Antes de iniciar o processo de abastecimento, os funcionários realizam uma série de procedimentos a fim de evitar acidentes com o combustível. Um desses procedimentos é o aterramento do caminhão-tanque, como mostrado na fotografia abaixo.

Avião sendo abastecido com o auxílio de um caminhão-tanque no aeroporto de Viracopos, em Campinas, estado de São Paulo, em 2014.

a) Explique por que realizar o aterramento do caminhão-tanque evita acidentes com o combustível.

b) Descreva como ocorre esse processo de aterramento.

6. O para-raios é um equipamento constituído por uma haste metálica conectada ao solo. Essa haste é instalada no ponto mais alto de construções ou torres de transmissão. Sua utilização é de extrema importância para a segurança das pessoas e para a preservação de construções.

   a) Por qual motivo o para-raios deve ser instalado no ponto mais alto de construções ou torres de transmissão?

   b) Qual o objetivo desse equipamento ter um cabo elétrico conectado ao solo?

   c) Se não houvesse para-raios, o que poderia acontecer a uma construção que recebesse uma descarga elétrica durante uma tempestade?

Para-raios no terraço de um prédio.

7. O gerador de Van der Graaff é um equipamento desenvolvido em 1931, com a função de produzir uma elevada diferença de potencial elétrico por meio da eletrização por atrito. Ele é composto basicamente de um motor, duas polias, uma correia ou cinta de material isolante e uma esfera metálica oca. O motor gira as polias e a correia. O atrito desses componentes, que são feitos de diferentes materiais, eletriza as polias e as cargas são transferidas para a esfera oca.

   • Ao tocar a esfera eletrizada com as mãos, muitas pessoas ficam com os cabelos arrepiados. Por que isso ocorre? Faça uma pesquisa para responder a essa questão.

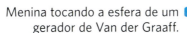

Menina tocando a esfera de um gerador de Van der Graaff.

8. Observe a fotografia ao lado.

   a) Qual é a função do objeto indicado pela seta nesta fotografia?

   b) Por que a parte externa desse objeto deve ser feita de plástico ou de borracha?

Plugue de um equipamento elétrico e uma tomada elétrica.

Eletrodinâmica

Observe os equipamentos elétricos abaixo.

Televisores em funcionamento expostos em estabelecimento comercial.

Refrigeradores em funcionamento em um supermercado.

1. De onde provém a energia elétrica necessária para o funcionamento desses equipamentos?
2. De que maneira essa energia chega às nossas residências e aos estabelecimentos comerciais, indústrias e hospitais?
3. Em sua opinião, o funcionamento desses equipamentos está relacionado às cargas elétricas? Justifique.

Ao responder à questão **3**, você provavelmente citou uma característica da eletrodinâmica, que é o ramo da eletricidade que aborda as cargas elétricas em movimento e as implicações desse movimento.

No funcionamento de um equipamento elétrico ocorre o deslocamento ordenado de elétrons pelos fios condutores e pelos componentes eletrônicos dos aparelhos. Durante seu movimento, os elétrons interagem com os átomos e as moléculas que compõem o condutor, produzindo diferentes resultados. Todas essas questões são estudadas pela **eletrodinâmica**.

Para prosseguir no estudo desse tema, precisamos conhecer alguns conceitos muito comuns nas situações que envolvem cargas em movimento, como circuito elétrico e corrente elétrica. Veja, a seguir, mais informações sobre esses conceitos.

Circuito e corrente elétrica

4 As fotografias abaixo mostram o mesmo aparelho elétrico. Observe-as.

Em qual dessas situações você acha que há movimentação de elétrons no aparelho elétrico e nos condutores?

Para que um dispositivo elétrico funcione, um fluxo de cargas elétricas deve passar em seus condutores de forma organizada. Para isso, esse dispositivo deve fazer parte de um circuito elétrico.

5 Em algumas usinas elétricas, quais equipamentos são responsáveis pela transformação da energia mecânica em energia elétrica?

Um **circuito elétrico** é composto basicamente de um gerador elétrico, de fios condutores e do dispositivo a ser acionado. As pilhas e os geradores conectados à rede elétrica fornecem energia aos equipamentos elétricos, por isso são conhecidos como **geradores elétricos**.

Muitos circuitos elétricos possuem um interruptor que permite ao usuário ligar ou desligar o dispositivo. Por exemplo, o aquecedor mostrado nas fotografias e a rede elétrica na qual ele está ligado formam um circuito elétrico, o qual pode estar aberto ou fechado.

Quando o circuito encontra-se aberto, não há fluxo de cargas elétricas de forma organizada nos condutores e no dispositivo elétrico e, por isso, ele não funciona. É o que acontece quando o aquecedor está com o interruptor desligado.

Quando fechamos um circuito, as cargas elétricas se movimentam de forma organizada nos condutores e no dispositivo elétrico, fazendo-o funcionar. Esse fluxo ordenado de cargas elétricas por um condutor é chamado **corrente elétrica**. Veja, a seguir, a representação de um circuito elétrico quando está aberto e quando está fechado.

Representação sem proporção de tamanho. Cores-fantasia.

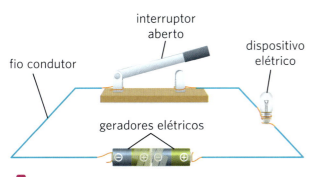

Representação de um circuito elétrico aberto.

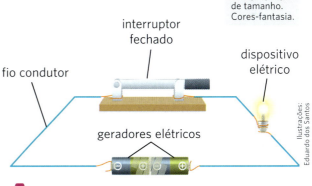

Representação de um circuito elétrico fechado.

201

Ilustração representando André-Marie Ampère, feita em 1900.

Representação da corrente contínua.

Representação da corrente alternada.

A unidade de medida utilizada para medir a intensidade da corrente elétrica é o ampere (A). Esse nome foi dado em homenagem ao físico francês André-Marie Ampère (1775-1836), que fez importantes descobertas e contribuições para o estudo do eletromagnetismo, que é um ramo da Física que relaciona fenômenos elétricos e magnéticos.

Dependendo do aparelho elétrico de um circuito, a intensidade de corrente elétrica pode ser maior ou menor. Quanto maior a intensidade de corrente, mais energia elétrica o aparelho consome e mais espessos devem ser os fios condutores.

Em um chuveiro elétrico, por exemplo, a intensidade de corrente elétrica que passa em seus condutores é de cerca de 30 A. Já em uma lâmpada elétrica de uso residencial, a intensidade de corrente elétrica é de, aproximadamente, 0,15 A.

Para medir a intensidade da corrente elétrica em um circuito, é utilizado um instrumento denominado **amperímetro**.

Os aparelhos podem funcionar com diferentes tipos de corrente elétrica: a contínua e a alternada.

Na **corrente contínua**, os elétrons se movimentam em um condutor sempre no mesmo sentido. É o que ocorre, por exemplo, em circuitos nos quais os geradores são pilhas ou baterias, como os monstrados na página anterior.

Na **corrente alternada**, os elétrons se movimentam alternando o sentido, em um movimento do tipo vaivém. É o que acontece quando ligamos um aparelho conectado a uma tomada, pois a energia elétrica que chega à nossa residência e a outros estabelecimentos é do tipo alternada.

Ao passar por um condutor, a corrente elétrica produz alguns efeitos, como os mostrados a seguir.

▼ Glossário

Efeito	Descrição	Algumas aplicações
Térmico	Quando uma corrente elétrica passa por um condutor, ele se aquece.	Chuveiro, aquecedor, ferro de passar e forno elétrico.
Magnético	Quando uma corrente elétrica passa por um condutor, ela produz um campo magnético semelhante ao campo produzido por um ímã.	Campainha, portão elétrico, trava elétrica e eletroímã.
Químico	Quando uma corrente elétrica passa por algumas substâncias, ela pode provocar reações químicas.	Baterias, pilhas e processos industriais de **cromação**.
Fisiológico	Quando uma corrente elétrica passa pelo nosso corpo e de outros animais, ela provoca alguns efeitos em nervos e músculos, causando um choque elétrico. Dependendo das circunstâncias, um choque elétrico pode resultar em morte.	O coração é impulsionado naturalmente por estímulos elétricos. Em casos de **fibrilação do coração**, ou seja, quando esse órgão bate de forma desordenada ou quando cessam os batimentos, é necessário estimulá-lo artificialmente por meio de corrente elétrica produzida por um desfibrilador.

Atividades

1. Cite a principal diferença entre o estudo da eletrostática e o da eletrodinâmica.

2. Qual é a diferença entre a corrente contínua e a corrente alternada? Cite exemplos de equipamentos do seu cotidiano que funcionam com essas correntes.

3. Analise o circuito elétrico representado abaixo e, de acordo com os seus conhecimentos, julgue as afirmações a seguir como verdadeiras ou falsas, justificando as falsas em seu caderno.

circuito elétrico

A O circuito elétrico está fechado. Por isso, a corrente elétrica flui nele.

B Para que seja considerado um circuito elétrico, é necessário ter uma fonte que estabeleça uma corrente elétrica, um fio condutor que servirá de caminho para os elétrons e um dispositivo que transforme a energia elétrica em outras formas de energia.

C A pilha utilizada no circuito elétrico é um exemplo de gerador de corrente alternada.

4. Construa o circuito elétrico da atividade anterior, indicando os materiais que você utilizou. Em seguida, represente esse circuito em seu caderno, por meio de um desenho. Depois, compare-o com o circuito elétrico residencial, que contém uma lâmpada elétrica.

5. Reescreva as sentenças abaixo no caderno, preenchendo os espaços com as palavras adequadas do quadro.

> elétrons livres • condutor • molhada
> energia térmica • intensidade • energia elétrica
> corpo • corrente elétrica

a) Quando a ■ passa por um ■, ocorre a transformação de ■ em ■. Essa transformação decorre da colisão dos ■ com os átomos.

b) O choque elétrico ocorre quando uma corrente elétrica passa pelo ■. A ■ da corrente elétrica depende de como a pele estiver, seca ou ■.

203

Ampliando fronteiras

Lixo eletroeletrônico: de quem é a responsabilidade?

O computador quebrou, a televisão ficou sem imagem, o brinquedo não se move, o aparelho de som está mudo, o celular caiu no chão? E agora? Leve para o conserto ou doe o equipamento para quem precisa!

Todos os dias, milhares de pessoas descartam aparelhos eletrônicos, contribuindo para aumentar a quantidade de lixo eletrônico. Assim como os demais resíduos, esse é um preocupante problema atual, pois muitos componentes eletrônicos são tóxicos e não podem ser descartados como resíduos comuns.

As constantes inovações tecnológicas estimulam o consumo de novos equipamentos. Esse fato, aliado ao elevado custo para o conserto de equipamentos usados, fez a produção de lixo eletroeletrônico crescer muito nos últimos anos.

Apesar de a Lei Federal n. 12 305, de 2 de agosto de 2010, referente à Política Nacional de Resíduos Sólidos, orientar fabricantes, distribuidores, importadores, comerciantes e consumidores sobre o descarte de resíduos eletrônicos, boa parte deles continua sendo descartada irregularmente.

Veja a seguir mais informações sobre esse assunto.

Por que o lixo eletroeletrônico é um problema?

▼ **Glossário**

Esses equipamentos eliminados podem conter vidro, plástico, metais pesados e alguns materiais cancerígenos, como as **dioxinas**.

Ao serem descartados de forma inadequada, eles ficam expostos no ambiente e, aos poucos, ao serem degradados, liberam resíduos tóxicos que contaminam o solo e os cursos-d'água.

Outra prática comum é a queima desse lixo, o que libera no ar atmosférico metais pesados, como chumbo, cádmio e mercúrio, em forma de cinzas, e também substâncias cancerígenas.

Responsabilidade compartilhada

A Lei Federal sobre a Política Nacional de Resíduos Sólidos reconhece que a responsabilidade pelo destino dos equipamentos eletroeletrônicos deve ser compartilhada com toda a sociedade por meio da criação de um sistema de retorno ao fabricante dos equipamentos que não são mais utilizados, para o reaproveitamento dos componentes.

Lixo eletroeletrônico no Brasil

O Brasil produz, por ano, aproximadamente 3,4 kg de resíduos eletroeletrônicos por habitante. Isso gera cerca de 680 mil toneladas anualmente.

Representação sem proporção de tamanho. Cores-fantasia.

Representação do descarte adequado de lixo eletroeletrônico.

204

1. O que é lixo eletroeletrônico?
2. Algum equipamento eletrônico já parou de funcionar em sua residência? Que atitude sua família teve em relação a isso? Esse equipamento foi consertado ou descartado?
3. Quais problemas o descarte inadequado desse tipo de lixo pode trazer para sua cidade?
4. Qual é o seu papel, o da sua família e o dos demais membros da sociedade na produção e no descarte do lixo eletroeletrônico?
5. Organizem-se em quatro grupos. Cada um terá um tema a ser definido pelo professor. Pesquisem sobre o tema a fim de produzir um texto, de uma página por grupo. Leiam o texto produzido para o restante da sala e discutam seus principais pontos. Se for necessário, façam correções.

Consumir menos para conservar o ambiente

Você quer trocar de celular e de computador mesmo que estejam em boas condições de uso? Pense bem, pois essa atitude consome recursos naturais e gera mais lixo eletrônico.

Quando for necessário comprar um novo equipamento eletrônico, considere como um dos critérios de escolha a responsabilidade que a empresa produtora tem com o meio ambiente.

Procure aumentar o máximo possível a vida útil de seu equipamento eletrônico lendo o manual para usá-lo de maneira correta e mantê-lo em boas condições.

Como é feita a separação dos componentes eletroeletrônicos

Os produtos eletroeletrônicos devem ser recolhidos por empresas especializadas no desmonte desses equipamentos. Técnicos devidamente protegidos fazem a separação dos materiais não contaminantes, que são reaproveitados aqui mesmo no país, enquanto a reciclagem de partes altamente tóxicas é realizada fora do Brasil, o que implica exportar esses materiais.

Benefícios da reciclagem do lixo eletroeletrônico

- Proteção dos recursos naturais do planeta, pois, ao reaproveitar a matéria-prima, há uma diminuição no consumo de recursos durante a produção de novos equipamentos.
- Diminuição da liberação de resíduos tóxicos no ambiente.
- Geração de oportunidades para o desenvolvimento de novas tecnologias e de empregos para a população.

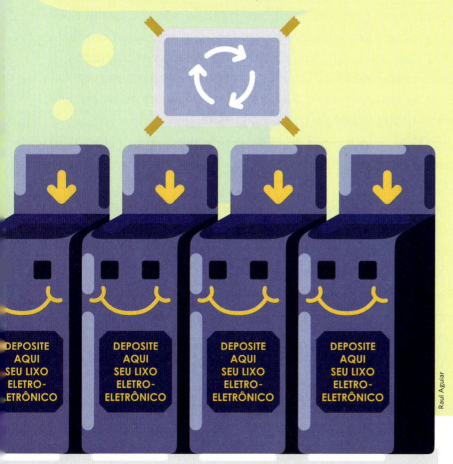
Raul Aguiar

Magnetismo

Observe o cartum abaixo.

1. Qual é a situação mostrada no cartum?
2. Em sua opinião, qual foi a intenção do cartunista ao produzir esse material?
3. De que maneira o personagem retira o lixo do mar?

Biratan. *Verde de raiva*: cartuns ecológicos. Belém: Cejup, 1991. p. 46.

A situação apresentada no cartum está relacionada ao magnetismo. Diversos fenômenos relacionados ao magnetismo ocorrem em nosso cotidiano, mas nem sempre nos damos conta disso. A maioria dos equipamentos elétricos que utilizamos, como computadores, alto-falantes e motores elétricos, depende do magnetismo para funcionar.

Magnetita em estado bruto.

O interesse pelo estudo do magnetismo não é recente. Civilizações antigas já conheciam fenômenos que ocorriam com certas rochas que, ao serem aproximadas de determinados corpos, tinham a propriedade de atraí-los. Na região da Magnésia, na Ásia Menor, existe um minério de ferro que atrai alguns materiais. Esse minério ficou conhecido como **magnetita**.

Em 1259, o estudioso francês Petrus Peregrinus (1220-1270) descreve em sua obra, *Epistola de Magnete*, algumas propriedades da magnetita.

Influenciado por essa obra, em 1600, o físico e médico inglês William Gilbert (1544-1603) publicou a obra *De Magnete*, na qual sistematizou e registrou suas descobertas relacionadas ao fenômeno do magnetismo.

Neste tópico, vamos conhecer os estudos e experimentos de cientistas que contribuíram para a compreensão dos fenômenos magnéticos.

A seguir, veremos alguns conceitos relacionados ao magnetismo.

Gravura representando William Gilbert, feita em 1796.

Ímãs

Você já manipulou um ou mais ímãs? Se já realizou essa atividade, você provavelmente deve ter percebido que ocorrem fatos curiosos ao aproximar dois ou mais ímãs. Veja as imagens ao lado.

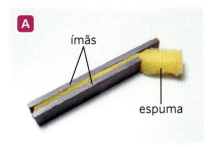

4 O que aconteceu na situação apresentada na fotografia **A**?

5 Explique o que aconteceu na fotografia **B**.

Os **ímãs** são materiais com propriedades magnéticas, podendo exercer uma força de atração ou de repulsão em outros ímãs e objetos feitos de determinados metais. Alguns materiais possuem, naturalmente, as propriedades magnéticas, como a magnetita (Fe_3O_4). No entanto, existem materiais que podem adquirir as propriedades magnéticas por meio de um processo conhecido por **imantação**.

Alguns materiais apresentam maior facilidade para serem imantados, como o ferro, o níquel, o cobalto e algumas ligas metálicas de ferro. Quando um material é imantado e adquire propriedades magnéticas permanentemente, ele é considerado um **ímã artificial**.

Podemos caracterizar os ímãs pela existência de dois polos magnéticos opostos, que convencionalmente são chamados polo norte e polo sul. Se quebrarmos um ímã ao meio, não isolaremos um polo do outro, ou seja, não criaremos dois ímãs com apenas um polo cada. Nesse caso, formaríamos dois ímãs menores, os quais também possuem os dois polos – o norte e o sul. Se os dividirmos novamente, teremos então quatro ímãs, e assim sucessivamente.

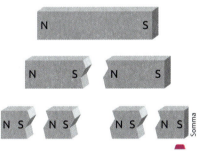

Representação de um ímã partido em quatro pedaços. Quando um ímã é partido, cada pedaço é um novo ímã com dois polos opostos cada.

> Na natureza não há monopolos magnéticos. Todo material magnético é constituído de dois polos magnéticos: o norte (N) e o sul (S).

Em seu trabalho com ímãs, Gilbert notou que eles interagem entre si de acordo com seus polos magnéticos. Se tentarmos aproximar dois ímãs por polos iguais, eles se repelem. Se tentarmos aproximá-los por polos diferentes, eles se atraem.

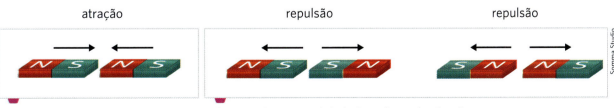

Ao aproximarmos dois ímãs pelos polos diferentes, eles se atraem.

Ao aproximarmos dois ímãs pelos polos iguais, eles se repelem.

Campo magnético

Veja o experimento que João realizou.

Situação 1

João colocou sobre uma mesa dois ímãs em barra a aproximadamente 3 cm de distância um do outro. Em seguida, espalhou limalha de ferro (partículas de ferro formadas a partir fricção de uma lima) no espaço entre eles.

Situação 2

Depois, virou um dos ímãs e novamente espalhou limalha de ferro entre eles.

6 Descreva o formato da disposição da limalha de ferro nas duas situações acima.

No experimento realizado acima, observamos que os ímãs influenciaram a distribuição da limalha de ferro sobre a mesa. Esse fenômeno é explicado pelos efeitos criados pelos ímãs no espaço ao seu redor. Esse espaço, que sofre a influência de um ímã, é chamado **campo magnético**.

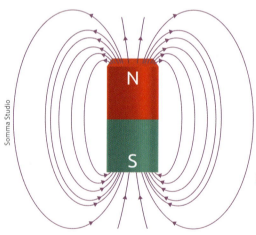

Representação sem proporção de tamanho. Cores-fantasia.

Podemos perceber o formato do campo magnético observando a organização da limalha de ferro, que se posiciona de acordo com as linhas do campo magnético. Na figura ao lado temos o padrão de linhas do campo magnético em torno de um ímã de barra.

Campo magnético de um ímã em barra. Note que as linhas do campo magnético não se cruzam e que o sentido dessas linhas é do polo norte para o polo sul do ímã.

Magnetismo terrestre

Quando iniciamos o estudo do magnetismo, falamos que seus fenômenos estão presentes em nosso cotidiano, de maneira que muitas vezes nem nos damos conta disso. Essa informação pode ser exemplificada com um fato muito curioso: a Terra possui um campo magnético. É como se existisse um enorme ímã em seu interior.

William Gilbert, em sua obra *De Magnete*, foi o primeiro a afirmar que a Terra possui campo magnético próprio, comportando-se como um imenso ímã. Além disso, ele relacionou o princípio do funcionamento das bússolas ao magnetismo terrestre. De maneira semelhante a um ímã, a Terra possui um **polo norte magnético** e um **polo sul magnético**. Esses polos não coincidem com os polos geográficos da Terra, mas se encontram próximo a eles.

Vamos conhecer um pouco mais sobre as bússolas e o magnetismo terrestre.

A bússola é um instrumento desenvolvido pelos chineses por volta de 1040 d.C., que posteriormente foi muito utilizado para orientação marítima. No entanto, a literatura chinesa antiga relata que muito antes dessa época os chineses já conheciam algumas propriedades da magnetita.

Adivinhadores da sorte chineses confeccionavam uma espécie de tábua na qual faziam adivinhações. No centro dela, colocavam uma colher feita de magnetita. Sua posição auxiliava em decisões do governo e revelava profecias. Os chineses acreditavam que a colher tinha a propriedade "mágica" de sempre apontar o cabo na mesma direção.

Reprodução de uma bússola primitiva chinesa. Na fotografia, é possível observar a peça semelhante a uma colher com uma de suas extremidades apontando para o sul geográfico do planeta.

Ao longo da história, a colher foi sendo lapidada até adquirir a forma de uma agulha. Os chineses perceberam que se essa agulha fosse colocada sobre a água, ela se orientava com maior facilidade. Posteriormente, substituíram as agulhas de magnetita pelas magnetizadas.

As primeiras bússolas chinesas foram utilizadas na construção de obras públicas. Depois, elas foram utilizadas como equipamento para orientação marítima. Com o uso da bússola, as navegações tornaram-se mais seguras e eficientes, facilitando a expansão do comércio mundial.

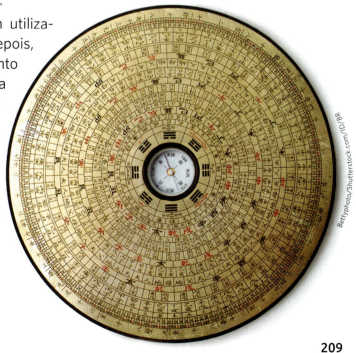

Representação de uma bússola chinesa utilizada por adivinhos. Relatos históricos sobre a fabricação desse tipo de bússola datam do ano 1040.

A bússola utilizada atualmente é um instrumento composto de uma agulha magnetizada, que gira livremente sobre um eixo central, influenciada por um campo magnético externo.

No fundo da bússola, são indicados os pontos cardeais, usados como referência na observação das direções.

O funcionamento da bússola pode ser explicado pelo princípio da atração entre polos magnéticos. A agulha imantada atua como um pequeno ímã, girando livremente em um eixo situado no centro da bússola. Essa agulha é orientada pelo campo magnético da Terra, alinhando-se à direção norte-sul magnética, não importando a direção em que a bússola estiver.

bússola

DICA!
As indicações desta bússola estão em inglês:
N (*North*) – Norte;   W (*West*) – Oeste;
S (*South*) – Sul;   E (*East*) – Leste.

Magnetismo terrestre

polo Norte geográfico

eixo magnético da Terra

Representação sem proporção de tamanho. Cores-fantasia.

Representação do magnetismo terrestre.

polo Sul geográfico

Fonte de pesquisa: David Halliday, Robert Resnick e Jearl Walker. *Fundamentos de Física*: eletromagnetismo. Tradução de Ronaldo Sérgio de Biasi. 10. ed. Rio de Janeiro: LTC, 2016. v. 3. p. 344.

Eletromagnetismo

Em 1820, o físico e professor dinamarquês Hans Christian Oersted (1777-1851) observou que, ao conectar as extremidades de um fio condutor aos polos de uma pilha, a agulha imantada de uma bússola próximo desse fio se movia, estabilizando em uma direção diferente da que estava. Também percebeu que, ao abrir o circuito elétrico, a agulha retornava à orientação anterior e, ao inverter os polos da pilha, ela se movia novamente, porém estabilizando em uma direção oposta à da primeira situação. Com isso, ele concluiu que a agulha da bússola era influenciada pela corrente elétrica contínua que se estabelece nos circuitos.

Gravura que representa Hans Christian Oersted e seu ajudante realizando seu experimento, feito em 1880.

De acordo com seu experimento, Oersted percebeu que a corrente elétrica cria um campo magnético ao redor do fio ao percorrê-lo. Com essa descoberta, podemos concluir que:

> Cargas elétricas em movimento ordenado produzem campos magnéticos.

A descoberta da relação entre a corrente elétrica e o campo magnético deu início ao **eletromagnetismo**, um ramo da Física que relaciona fenômenos decorrentes da interação entre o magnetismo e a eletricidade.

O campo magnético gerado por uma corrente elétrica em um fio condutor também pode ser representado por linhas de campo magnético, assim como no caso do campo magnético em torno de um ímã. Veja a imagem ao lado.

O sentido indicado nessas linhas foi convencionado de acordo com o sentido da corrente elétrica estabelecida no fio condutor. Se o sentido da corrente for invertido, inverte-se também o sentido do campo ao seu redor.

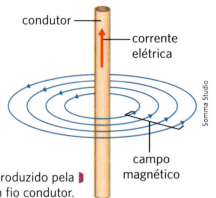

Representação sem proporção de tamanho. Cores-fantasia.

Representação do campo magnético produzido pela corrente elétrica que percorre um fio condutor.

Uma importante aplicação do eletromagnetismo é a possibilidade de imantar objetos. Se enrolarmos um fio condutor em torno de um corpo **ferromagnético** e fizermos uma corrente elétrica percorrer o fio, o campo magnético produzido imantará esse corpo, o qual passará a se comportar como um ímã. Esse equipamento é conhecido como **eletroímã**.

Diferentemente de um ímã permanente, o eletroímã perde suas propriedades magnéticas quando a corrente elétrica no fio é interrompida.

Os eletroímãs são utilizados em vários equipamentos, como nos guindastes de ferro-velho e fechaduras de portas.

Além disso, o fenômeno do eletromagnetismo permitiu a criação de diversos equipamentos, como motores elétricos, campainhas, travas elétricas de carros e de portões.

Campainha elétrica que utiliza um eletroímã em seu funcionamento.

Vivenciando a Ciência

O eletromagnetismo é aplicado no desenvolvimento de diversos aparelhos que usamos diariamente, como algumas campainhas elétricas de residências. Que tal investigar o funcionamento desse equipamento elétrico?

- Por que a corrente elétrica é necessária para o funcionamento de algumas campainhas?
- Qual a função do eletroímã no funcionamento da campainha?

Materiais necessários

- 1 prego médio
- 5 m de fio de cobre fino
- 2 grampos metálicos de pasta
- placa de madeira de 25 x 15 cm
- martelo
- 2 pilhas AA
- suporte para 2 pilhas AA
- percevejos
- fita isolante
- régua

Como proceder

A Os grampos metálicos devem ser dobrados como mostram as fotografias abaixo.

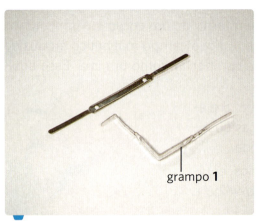
grampo **1**

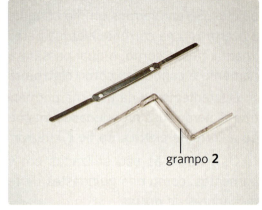
grampo **2**

Imagens referentes à etapa **A**.

B Enrole o fio de cobre em torno do prego, deixando 6 cm de cada extremidade do fio sem enrolar e cerca de 1 cm da ponta do prego livre. Utilize a fita isolante para fixar bem o fio ao redor do prego.

Imagem referente à etapa **B**.

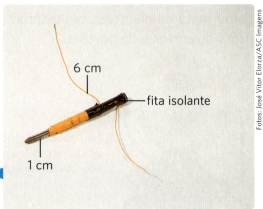

C Peça a um adulto que, utilizando o martelo e os percevejos, fixe os grampos metálicos na base de madeira, de modo que suas extremidades superiores fiquem perpendicularmente em contato. O grampo **1** deve ser fixado por meio de sua extremidade menor e o grampo **2**, por qualquer extremidade.

D Solicite ao adulto que fixe o prego abaixo do ponto de contato entre os grampos. Esse procedimento deve ser realizado com cuidado, a fim de não danificar o fio que está enrolado no prego. As extremidades dos grampos devem ficar em contato, a uma distância de aproximadamente 4 mm da cabeça do prego.

E Peça ao adulto que desencape as extremidades dos fios do suporte para pilhas e do fio enrolado no prego. Encaixe as pilhas no suporte. A extremidade do fio vermelho (positivo) do suporte para pilhas deve ser enrolada no grampo **1**, e a extremidade do fio preto (negativo) deve ser presa em uma das extremidades livres do fio enrolado no prego.

> **DICA!**
> Antes de realizar a etapa **F**, verifique se os grampos estão em contato.

F Encoste a extremidade livre do fio enrolado ao prego no grampo **2** e observe o que ocorre.

> **CUIDADO!**
> Não manuseie o martelo. Este procedimento deverá ser realizado por um adulto.

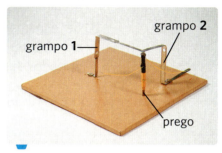

Imagem referente às etapas **C** e **D**.

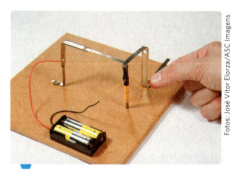

Imagem referente à etapa **E**.

> **DICA!**
> Se nada ocorrer na etapa **F**, aproxime mais os grampos ao prego que forma o eletroímã. Em seguida, tente novamente.

Minhas observações

1. O que ocorreu quando a etapa **F** foi realizada?
2. Por que o fio de cobre foi enrolado no prego?
3. Explique com suas palavras como ocorre o funcionamento dessa campainha.

Nossas conclusões

1. Converse com um colega sobre o que é possível concluir do campo magnético no funcionamento da campainha.
2. Retorne às questões iniciais da atividade e converse com os seus colegas sobre as respostas que vocês deram.

Agora é com você!

Como você montaria o protótipo de um guindaste eletromagnético para elevar pequenos objetos feitos de alguns metais?

Junte-se a dois colegas para elaborar essa atividade prática. Não se esqueçam de detalhar o passo a passo para a construção do protótipo, destacando os materiais necessários.

Realizem a atividade e apresentem seu protótipo aos outros grupos, explicando seu funcionamento.

Atividades

1. Observe a fotografia ao lado.

   a) O que as linhas formadas pela limalha de ferro evidenciam?

   b) Se espalharmos areia próximo ao ímã, teríamos o mesmo resultado? Justifique.

   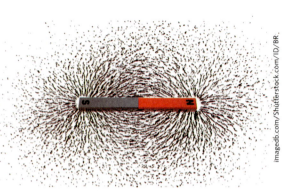

   Ímã com limalha de ferro.

2. Observe a figura abaixo.

   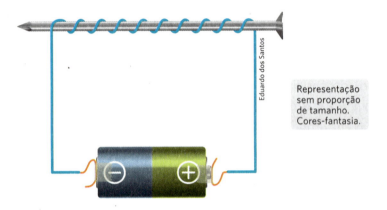

   Representação sem proporção de tamanho. Cores-fantasia.

   a) Qual o nome desse dispositivo?

   b) Para que serve a pilha nesse equipamento?

   c) Cite três objetos que podem ser atraídos por esse dispositivo e justifique.

   d) O funcionamento desse dispositivo é semelhante a qual objeto que você conhece?

3. Descreva em seu caderno como funciona uma bússola. Em seguida, explique como o funcionamento da bússola possibilitou que o físico Hans Christian Oersted identificasse que a passagem de corrente elétrica por um fio condutor gera em torno dele um campo magnético.

4. Desenhe os ímãs abaixo no caderno e, em seguida, represente com setas a atração ou a repulsão entre eles.

   Representação sem proporção de tamanho. Cores-fantasia.

5. Um estudante quebra um ímã exatamente ao meio a fim de obter em uma metade dele apenas o polo norte e na outra metade, apenas o polo sul. Você acha que com esse procedimento o estudante conseguirá atingir seu objetivo? Justifique.

6. Leia as alternativas a seguir e, de acordo com a ilustração ao lado, verifique se são verdadeiras ou falsas. Corrija as falsas no caderno.

A O Polo Sul geográfico é indicado, aproximadamente, pelo polo norte magnético.

B O polo norte magnético é o próprio Polo Norte geográfico.

C O polo sul magnético é o próprio Polo Norte geográfico.

D O Polo Norte geográfico é indicado, aproximadamente, pelo polo sul magnético.

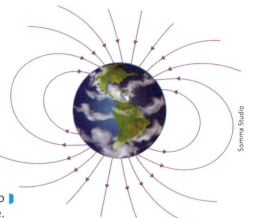

Representação das linhas do campo magnético terrestre.

7. Quando uma bússola é colocada próxima de um ímã, altera-se a direção de sua agulha por causa da interação com o campo magnético dele. Considere o ponto **O** próximo de um ímã, como ilustrado ao lado. Considerando que alguém colocou uma bússola nesse ponto, desenhe em seu caderno como ficaria a respectiva agulha.

8. Considere um fio elétrico conduzindo uma corrente elétrica. Sabendo que ao redor desse fio se forma um campo magnético, desenhe no caderno a orientação da bússola colocada no ponto **O** próximo do fio nas imagens a seguir.

Representação de um ímã em barra.

Representações sem proporção de tamanho. Cores-fantasia.

Representação de um fio conduzindo corrente elétrica em sentido para cima ao passar pelo meio de um plano horizontal.

Representação de um fio conduzindo corrente elétrica em sentido para baixo ao passar pelo meio de um plano horizontal.

215

CAPÍTULO 10
Consumo de energia elétrica

Geradores elétricos

Observe a fotografia abaixo.

1. Você conhece a função do dispositivo mostrado na fotografia?

2. O dínamo pode ser comparado a um gerador de usina hidrelétrica? Por quê?

Dínamo de uma bicicleta.

Quando utilizamos um equipamento elétrico, temos de fornecer energia elétrica a ele. Para isso, geralmente, inserimos pilhas ou o conectamos à rede de distribuição de energia elétrica por meio de uma tomada. Esses são dois exemplos de fontes de energia elétrica, também conhecidas como **geradores elétricos**.

Esses dispositivos são capazes de transformar um tipo de energia, como a química e a mecânica, em energia elétrica e manter uma corrente elétrica em um circuito, ou seja, eles movimentam as cargas elétricas de maneira organizada em um circuito elétrico. Existem diferentes tipos de geradores, como os mecânicos, os químicos e os fotoelétricos (que utilizam a luz solar).

Os **geradores elétricos mecânicos** transformam energia mecânica em energia elétrica. Entre eles, podemos citar os dínamos e os geradores das usinas elétricas, com exceção das usinas solares que funcionam com painéis fotovoltaicos. A energia mecânica que aciona esses tipos de geradores provém de diferentes fontes. Veja.

Os geradores das usinas eólicas são responsáveis por transformar a energia mecânica dos ventos em energia elétrica, que é fornecida à população por meio de redes de distribuição.

Gerador elétrico da usina eólica Morro do Camilinho, em Minas Gerais, em 2014.

3. Qual é a fonte de energia mecânica que aciona o dínamo na situação apresentada no início desta página?

Os **geradores elétricos químicos** fornecem energia elétrica por meio de reações químicas. É o caso das pilhas e das baterias. O funcionamento desses dispositivos baseia-se na troca de elétrons entre as substâncias. Veja, a seguir, esquemas que apresentam a estrutura e o funcionamento de uma bateria automotiva e de uma pilha.

As baterias de automóvel também são chamadas **acumuladores**. Elas são constituídas de diversas placas de chumbo (Pb) e dióxido de chumbo (PbO_2), imersas em ácido sulfúrico (H_2SO_4).

O fornecimento de energia elétrica de um acumulador ocorre por meio de uma reação química do chumbo e do dióxido de chumbo com o ácido sulfúrico. À medida que ocorre essa reação, a corrente elétrica gerada vai diminuindo. No entanto, se for usada outra fonte para circular uma corrente elétrica nos elementos dos acumuladores, ocorre uma reação química contrária à primeira, restabelecendo os reagentes. Com isso, a bateria pode ser recarregada.

Estrutura interna de uma bateria de automóvel.

Representação sem proporção de tamanho. Cores-fantasia.

Fonte de pesquisa: Grupo de Reelaboração do Ensino da Física. *Física 3*: eletromagnetismo. 5. ed. São Paulo: Editora da Universidade de São Paulo, 2006. p. 200.

As pilhas comuns, que utilizamos atualmente, são conhecidas como pilhas secas. Elas são constituídas de uma haste de carvão mineral, que é o polo positivo (**A**), mergulhada em uma pasta contendo várias substâncias químicas (**B**). Todos esses elementos encontram-se em um recipiente cilíndrico de zinco (**C**), que é o polo negativo. Os componentes da pasta reagem com o carvão e com o zinco, separando as cargas elétricas e gerando energia elétrica. Com o uso prolongado, as pilhas secas param de fornecer energia e se tornam inutilizáveis. No entanto, atualmente, as pilhas secas estão sendo substituídas por pilhas recarregáveis.

Fonte de pesquisa: John C. Kotz e Paul M. Treichel Jr. *Química geral 2 e reações químicas*. Tradução de Flávio Maron Vichi. 5. ed. São Paulo: Pioneira Thomson Learning, 2005. p. 467.

Representação sem proporção de tamanho. Cores-fantasia.

Estrutura interna de uma pilha seca.

A primeira pilha foi desenvolvida em 1799, pelo italiano Alessandro Volta (1745-1827), quando estava realizando experimentos para investigar o trabalho de Luigi Galvani (1737-1798). Em seus estudos, Galvani havia descoberto que ocorriam contrações musculares em pernas de rã quando elas entravam em contato com o cobre e o ferro das ferramentas metálicas que utilizava. Na época, Galvani acreditou que existia uma "força vital" nos organismos vivos, a qual ele chamou de **eletricidade vital**. Essa crença foi abandonada posteriormente, após resultados de diversos outros estudos.

Pintura de Alessandro Volta, feita em 1754.

Mais tarde, Alessandro Volta se interessou por pesquisas sobre o assunto e realizou vários experimentos para compreender a razão das contrações. A partir desses experimentos, concluiu que as contrações musculares ocorriam devido à eletricidade que era gerada a partir de reações químicas entre os diferentes metais e as substâncias existentes nos músculos das pernas da rã. Com essa descoberta, Volta desenvolveu a primeira pilha elétrica, que era composta de discos de metais diferentes, separados por panos contendo água e sal.

O desenvolvimento da pilha elétrica foi muito importante, pois, antes da construção da pilha de Volta, os cientistas não eram capazes de produzir correntes elétricas duradouras nos laboratórios.

❙ Gravura que representa a pilha construída por Alessandro Volta em 1799, que ficou conhecida como pilha de Volta.

Descarte adequado de pilhas e baterias

As pilhas e baterias contêm diversos compostos químicos que reagem entre si para gerar a diferença de potencial necessária para o funcionamento dos aparelhos elétricos. Muitos desses compostos podem prejudicar o ambiente se as pilhas e baterias forem descartadas de maneira incorreta. Metais como mercúrio (Hg), chumbo (Pb), níquel (Ni), crômio (Cr) e cádmio (Cd) podem contaminar o solo e a água e prejudicar a saúde dos seres vivos.

Além disso, os metais pesados apresentam efeito acumulativo em nosso organismo e podem causar doenças renais, hepáticas, respiratórias e neurológicas. O cádmio e o crômio, por exemplo, são **carcinogênicos** e o mercúrio pode causar **mutações genéticas**.

O problema do descarte incorreto de pilhas e baterias se agravou por causa da utilização de pilhas falsificadas, que apresentam durabilidade bem menor, e do aumento no consumo de aparelhos eletroeletrônicos, como computadores e telefones celulares.

Para regular o gerenciamento dos resíduos sólidos, incluindo as pilhas e baterias, foi instituída a Política Nacional de Resíduos Sólidos pela Lei n. 12.305/10, no ano de 2010. De acordo com essa lei, os consumidores e os fabricantes são responsáveis pela gestão dos resíduos sólidos a partir de ações como a redução, a reutilização, a reciclagem e o tratamento dos resíduos sólidos, bem como o descarte final ambientalmente adequado.

Glossário

Pilhas e baterias devem ser entregues em postos de coletas ou enviadas aos fabricantes para que sejam recicladas.

• Você descarta pilhas e baterias adequadamente?

Recipiente para descarte de pilhas e baterias no município do Rio de Janeiro, em 2015.

Usinas elétricas

O sistema de distribuição de energia elétrica no Brasil conta com mais de 134 mil km de extensão, ligando todas as regiões do país. A energia elétrica distribuída por esse sistema é gerada por diferentes tipos de usinas elétricas, como as hidrelétricas, as termelétricas a gás, a carvão e a óleo, as eólicas, as solares e as termonucleares.

Vamos conhecer um pouco mais sobre cada tipo de usina elétrica.

Usina hidrelétrica

Glossário

As usinas hidrelétricas são aquelas que transformam a energia mecânica da água represada em energia elétrica.

Geralmente elas possuem uma barragem para formar o reservatório de água, dutos de captação de água, geradores e **vertedouro**. O movimento da água é utilizado para girar a turbina do gerador e gerar energia elétrica.

A energia gerada nas hidrelétricas é considerada limpa, pois usa um recurso renovável que é a água. Além disso, o custo da energia gerada é menor se comparado ao de outros tipos de usinas. Mas as hidrelétricas provocam alguns impactos ambientais, como a inundação de grandes áreas, alteração no curso de rios, possíveis impactos na reprodução e migração de peixes, perda de vegetação, entre outros.

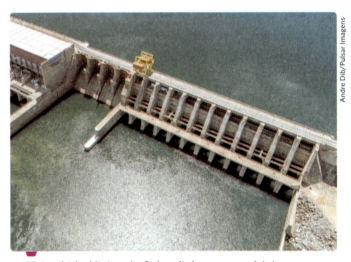

Usina hidrelétrica de Sobradinho, no município de Sobradinho, estado da Bahia, em 2018.

Usina eólica

As usinas eólicas são aquelas que transformam a energia da movimentação do ar em energia elétrica. O movimento do ar faz as pás das turbinas do gerador elétrico girarem, transformando energia mecânica em elétrica.

A energia gerada pelas usinas eólicas também é considerada limpa, pois o vento é uma fonte de energia renovável e que não emite gases poluentes na atmosfera. No entanto, esse tipo de usina também apresenta desvantagens, como o alto custo de instalação, alteração da paisagem, possível poluição sonora e dependência das condições climáticas para gerar energia elétrica.

Usina eólica no município de Rio de Fogo, estado do Rio Grande do Norte, em 2016.

Usina solar no município de Boa Vista das Missões, estado do Rio Grande do Sul, em 2017.

Usina solar fotovoltaica ▸ Glossário

As usinas solares fotovoltaicas transformam a energia luminosa proveniente do Sol em energia elétrica, por meio dos painéis solares fotovoltaicos. Esses painéis são feitos de materiais **semicondutores**, como o silício.

A quantidade de energia elétrica gerada depende da intensidade de luz que atinge as placas, por isso, em dias nublados o rendimento das placas é menor.

As vantagens das usinas solares são a possibilidade de geração de energia no local de sua utilização, como em residências, propriedades rurais e locais sem acesso à rede elétrica, além de depender de uma fonte de energia renovável que é a luz solar.

4 O Brasil tem grande potencial para utilização da energia solar. Converse com um colega sobre qual é o principal fator que dificulta sua disseminação.

Usina termelétrica na capital do estado de São Paulo, em 2015.

Usina termelétrica

As usinas termelétricas utilizam a energia térmica proveniente da queima de um combustível (gás natural, carvão mineral e derivados de petróleo) para gerar energia elétrica.

O calor proveniente da queima dos combustíveis produz vapor de água sobre pressão que faz as turbinas girarem. O movimento das turbinas aciona os geradores de energia elétrica.

Esse tipo de usina tem a vantagem de não depender das condições climáticas para funcionar e pode ser instalada em qualquer local. A desvantagem desse tipo de usina é que ela emite grande quantidade de gases poluentes responsáveis pelo efeito estufa e consome recursos naturais não renováveis.

Usina termonuclear de Angra, no município de Angra dos Reis, estado do Rio de Janeiro, em 2016.

Usina termonuclear ▸ Glossário

Nas usinas termonucleares, o que fornece energia térmica para a geração de energia elétrica é o processo de **fissão nuclear** do urânio.

Assim como as termelétricas, as termonucleares não dependem do clima e podem gerar energia elétrica continuamente. O problema é o resíduo radioativo gerado, que não pode ser descartado no ambiente.

Outra desvantagem das termonucleares é o risco de acidentes, como ocorreu em Chernobyl, na Rússia, em 1986, e em Fukushima, no Japão, em 2011.

Como a energia chega até as residências

Para ser utilizada pelos consumidores, a energia elétrica gerada nas usinas tem de ser transportada até as residências, os comércios, as indústrias, os hospitais, e outros locais.

O sistema da rede elétrica é dividido em geração, transmissão e distribuição de energia elétrica. Veja a seguir.

Rede de geração, transmissão e distribuição de energia elétrica

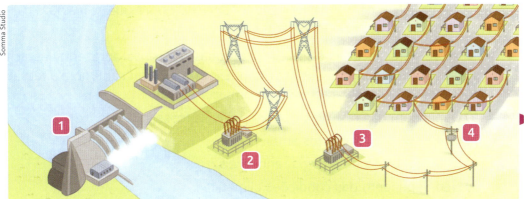

Fonte de pesquisa: *ANELL*. Disponível em: <http://www2.aneel.gov.br/area.cfm?idArea=801&idPerfil=4>. Acesso em: 3 out. 2018.

▌ Representação da rede de geração, transmissão e distribuição de energia elétrica.

1 Nas usinas, a energia elétrica é gerada com tensão elétrica entre 18 kV e 30 kV.
2 Em seguida, as subestações de transmissão elevam a tensão elétrica para valores que variam de 88 kV a 750 kV, para diminuir perdas de energia na rede de transmissão.
3 Próximas às unidades consumidoras há subestações de distribuição que baixam a tensão elétrica para 13,8 kV.
4 Por fim, a tensão elétrica ainda sofre mais um rebaixamento para valores compatíveis com os equipamentos elétricos que utilizamos nas residências, geralmente 110 V ou 220 V. Algumas indústrias utilizam tensões mais elevadas, até 88 kV.

▌ **DICA!**
1 kV (lê-se um quilovolt) corresponde a 1000 V (lê-se um mil volts).

Dia a dia sem energia elétrica

Apesar de ser considerado um item importante para o conforto e ajudar a realizar muitas tarefas do dia a dia, muitas pessoas ainda não usufruem do direito à energia elétrica. Segundo o Censo Demográfico de 2010, aproximadamente 729 mil domicílios no Brasil não tinham acesso à energia elétrica.

Nessas residências, a iluminação é feita por velas ou lampiões, utilizam-se fornos e fogões a lenha para cozinhar alimentos e aquecer água para o banho, e os alimentos devem ser consumidos logo após o preparo, pois não é possível usar geladeiras.

Alguns projetos tentam trazer alternativas para melhorar a qualidade de vida nos locais sem acesso à energia elétrica. Um desses projetos possibilita o acesso à energia elétrica por meio da instalação de painéis fotovoltaicos.

▌ Residência em Novo Airão, estado do Amazonas, com destaque à geração de energia elétrica por meio de placas fotovoltaicas.

Atividades

1. Veja as fotografias a seguir.

Usina hidrelétrica de Ita, no município de Ita, estado de Santa Catarina, em 2015.

Usina eólica de Prainha, no município de Fortaleza, estado do Ceará.

Usina solar nos Emirados Árabes, em 2018.

- Além da geração de energia elétrica, todas as usinas apresentadas acima possuem outra característica comum. Escreva em seu caderno a alternativa que apresenta essa característica comum.

   a) Dependem das reservas de combustíveis fósseis.

   b) Não provocam impactos ambientais.

   c) Utilizam fontes de energia renováveis.

   d) Não dependem das condições climáticas.

   e) Não provocam impactos socioambientais.

2. Comente a importância de não jogar pilhas e baterias em lixo comum. Compare sua resposta com a de seus colegas. Em seguida, sob a orientação do professor, você e seus colegas de turma deverão confeccionar cartazes com o objetivo de conscientizar a comunidade para o descarte adequado das pilhas e baterias.

3. Leia a tira a seguir.

Alexandre Beck. *Armandinho Seis*. Florianópolis: A. C. Beck, 2015. p. 46.

a) Qual é o tipo de usina elétrica citado na tira?

b) O que você acha que aconteceu em 1970 com a usina citada na tira? Faça uma pesquisa para responder a essa questão.

c) O que você acha que aconteceu com o prédio da usina após 1970? Faça uma pesquisa para responder a essa questão.

d) Além da poluição ambiental, as usinas de geração de energia elétrica podem afetar a vida das pessoas. Quais impactos socioambientais as usinas como a citada na tira podem provocar? Converse com seus colegas.

Diferença de potencial

1 Considere que a lâmpada ao lado foi comprada para uma residência cuja rede elétrica é de 220 V. Essa lâmpada funcionará corretamente?

2 Com relação à "voltagem", qual cuidado devemos ter ao comprarmos um aparelho elétrico?

Ao analisar a situação anterior, você deve ter percebido que houve uma confusão nas grandezas físicas e a lâmpada foi comprada com "voltagem" diferente da voltagem da sua rede elétrica. O termo popular "voltagem" refere-se a uma grandeza física muito importante no estudo da eletricidade – a **tensão elétrica**, também conhecida como **diferença de potencial**.

lâmpada elétrica fluorescente

Para compreendermos o conceito de diferença de potencial, considere uma pilha comum de 1,5 V. Em cada polo dessa pilha, existem cargas elétricas de sinais opostos. Essas cargas, que se encontram separadas, possuem uma energia potencial que permite movimentar os elétrons ao longo de um condutor, de um polo a outro, em um circuito fechado. Por convenção, adotou-se o sentido da corrente elétrica como sendo do polo positivo para o polo negativo.

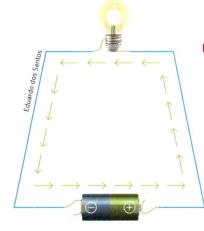

Representação de um circuito elétrico fechado, com destaque ao sentido convencional da corrente elétrica, indicado pelas setas.

Quanto maior a diferença de potencial, maior é a tendência de os elétrons se movimentarem pelo condutor. O Sistema Internacional estabeleceu que a unidade de medida da diferença de potencial é o volt (V), nome dado em homenagem a Alessandro Volta.

Nas pilhas comuns, geralmente a diferença de potencial é de 1,5 V, que é bem pequena se comparada à gerada por outros dispositivos presentes em nosso cotidiano, como a bateria de automóvel, que fornece 12 V; e a rede elétrica residencial, que, geralmente, fornece uma diferença de potencial de 127 V ou 220 V.

A diferença de potencial fornecida por um gerador elétrico pode ser medida por meio de um instrumento conhecido como **voltímetro**.

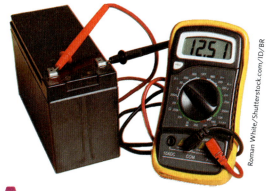

Voltímetro conectado a uma bateria de motocicleta, registrando uma tensão elétrica de cerca de 12 V.

223

Resistência elétrica

churrasqueira elétrica

3 Qual é a função do equipamento elétrico mostrado na fotografia ao lado?

4 Explique o funcionamento desse equipamento elétrico.

Para compreender o funcionamento de uma churrasqueira elétrica, vamos retomar o conceito de corrente elétrica, que é o movimento ordenado de elétrons por um condutor.

Em geral, os condutores apresentam certa resistência ao movimento dos elétrons. Essa característica é conhecida como **resistência elétrica**, a qual varia dependendo do tipo de material de que são feitos os condutores. Por exemplo, a resistência elétrica específica do cobre é menor que a do alumínio.

Além do material utilizado na fabricação do condutor, outros fatores influenciam sua resistência elétrica, como os destacados a seguir.

- **Espessura do condutor**: quanto maior a espessura, menor será a resistência à corrente elétrica.
- **Extensão do condutor**: quanto maior a extensão, maior será sua resistência elétrica.
- **Temperatura do condutor**: para a maioria dos materiais, quanto maior a temperatura, maior é a resistência do condutor.

A resistência elétrica de um condutor é simbolizada pela letra R e, de acordo com o Sistema Internacional, a unidade de medida dessa grandeza é o ohm, simbolizada pela letra grega ômega (Ω).

Quando uma corrente elétrica passa por um condutor, os elétrons interagem com átomos desse condutor e com outros elétrons. Isso causa o aquecimento do condutor, ou seja, parte da energia elétrica é transformada em energia térmica. Esse fenômeno é conhecido como **efeito Joule**.

É o que acontece com a churrasqueira elétrica, por exemplo. A parte da churrasqueira que fica incandescente é chamada **resistor**, também conhecida popularmente como **resistência**. Quando uma corrente elétrica passa por esse dispositivo, ele se aquece e libera grande quantidade de energia térmica.

No entanto, nem sempre o efeito Joule é desejável. O aumento da temperatura de um fio, por exemplo, resulta no aumento de sua resistência elétrica e aumento da energia dissipada, ou seja, essa energia não é aproveitada pelo aparelho. Além disso, em muitos casos, o aquecimento dos condutores requer cuidados especiais para evitar danos ou mau funcionamento dos equipamentos.

Representação sem proporção de tamanho. Cores-fantasia.

átomos do condutor

elétrons

condutor em corte

Representação da passagem dos elétrons em um condutor.

Lei de Ohm

Alguns chuveiros elétricos possuem uma chave que nos permite escolher entre três formas de aquecimento: quente (maior aquecimento), morno (menor aquecimento) e frio (sem aquecimento). O que muda ao escolher uma das duas posições de aquecimento de um chuveiro elétrico é o comprimento do resistor. Veja.

Na posição quente, a corrente elétrica passa por apenas uma parte do resistor (**A-B**). Nessa situação, a corrente é maior do que na posição morno (em uma tensão de 220 V, cerca de 22 A).

Parte interna de um chuveiro elétrico.

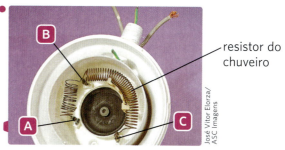

resistor do chuveiro

5 Como você acha que seria a parte do resistor pela qual a corrente elétrica passaria na posição morno?

6 Em qual posição da chave o condutor possui maior valor de resistência elétrica?

7 O que acontece na posição "fria"?

Analisando o funcionamento do chuveiro elétrico, podemos perceber que existe uma relação entre a diferença de potencial (U), a intensidade de corrente (i) e a resistência elétrica (R). Note que, à mesma diferença de potencial, a intensidade de corrente se eleva se diminuirmos a resistência elétrica do condutor. De maneira análoga, se essa resistência for aumentada, a intensidade de corrente diminui.

Essas relações foram estudadas pelo físico alemão Georg Simon Ohm (1789-1854), em 1825. Em seus estudos, Ohm realizou diversos experimentos com circuitos elétricos e percebeu que a diferença de potencial aplicada entre as extremidades de qualquer parte de um circuito é o produto da intensidade de corrente e da resistência elétrica daquela parte do circuito, ou seja:

$$U = R \cdot i$$

Georg Simon Ohm

em que:
- U é a diferença de potencial;
- i é a intensidade de corrente elétrica.
- R é a resistência elétrica;

Com essa relação, podemos perceber também que o quociente entre a diferença de potencial e a corrente elétrica, em determinado trecho do condutor, é igual à resistência elétrica nesse trecho, ou seja:

$$R = \frac{U}{i}$$

Quando o valor de R é constante, essa relação é conhecida como lei de Ohm. De acordo com o Sistema Internacional, as unidades de medida da diferença de potencial, da corrente elétrica e da resistência elétrica são, respectivamente, o volt (V), o ampere (A) e o ohm (Ω).

Potência elétrica

8 Observe estas fotografias.

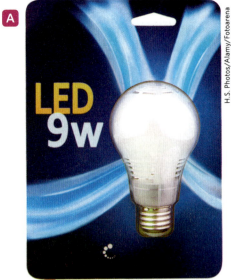
lâmpada LED de 9 W

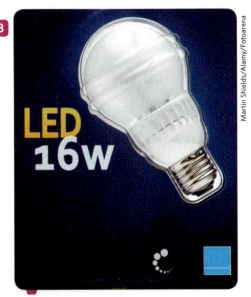
lâmpada LED de 16 W

a) Qual dessas duas lâmpadas ilumina mais o ambiente quando está em funcionamento?

b) Em qual das informações da embalagem você se baseou para responder à questão anterior?

c) Em sua opinião, qual dessas lâmpadas consome mais energia elétrica em seu funcionamento? Por quê?

Quando ligamos um equipamento elétrico, geralmente procuramos obter algum benefício com seu uso. Uma lâmpada, um aparelho de som, um liquidificador, um ventilador são exemplos de equipamentos que interagem de alguma forma com o meio quando estão em funcionamento, transformando energia elétrica em outras formas de energia. A quantidade de energia transformada pelo equipamento em determinado intervalo de tempo é chamada **potência**. No Sistema Internacional, a unidade de medida da potência é o watt (W), que corresponde ao joule por segundo (J/s).

Para entendermos melhor o conceito de potência, considere uma lâmpada elétrica de 16 W. Essa informação nos diz que ela transforma 16 joules de energia elétrica em 16 joules de energia luminosa e térmica, por segundo. É importante ressaltar que os equipamentos elétricos não armazenam energia, eles transformam toda a energia elétrica em outras formas de energia.

A potência de um equipamento depende tanto da intensidade da corrente do circuito quanto da diferença de potencial. Perceba que existe uma relação entre a potência, a intensidade de corrente e a diferença de potencial de um circuito.

9 O que aconteceria se conectássemos, por engano, uma lâmpada elétrica que foi projetada para funcionar em uma tensão elétrica de 220 V em uma rede elétrica de 127 V?

A potência de um equipamento elétrico pode ser calculada pela seguinte equação:

$$P = i \cdot U$$

em que:

- *P* é a potência;
- *i* é a intensidade de corrente;
- *U* é a diferença de potencial.

No Sistema Internacional, as unidades de medida de potência dissipada, de corrente elétrica e da diferença de potencial, respectivamente, são o watt (W), o ampere (A) e o volt (V).

Veja, a seguir, um exemplo prático da lei de Ohm e de como podemos utilizar a relação da potência de um equipamento elétrico.

Diversos equipamentos elétricos possuem etiquetas que fornecem informações sobre o seu funcionamento, como a corrente elétrica que passa por ele e a tensão que deve ser aplicada. Observe, na fotografia abaixo, informações técnicas referentes a um forno de micro-ondas.

a) Calcule a resistência elétrica desse forno de micro-ondas.

▌**Dados:**
U = 127 V
i = 14 A
R = ?

▌**Resolução:**
De acordo com a lei de Ohm, temos:

$$R = \frac{U}{i} \Rightarrow R = \frac{127}{14} \Rightarrow R \cong 9{,}1 \therefore R \cong 9{,}1\ \Omega$$

Etiqueta que mostra informações técnicas de um forno de micro-ondas.

▌**Conclusão:**

A resistência elétrica desse forno de micro-ondas é de aproximadamente 9,1 Ω.

b) Calcule a potência desse forno de micro-ondas quando ligado à rede de 110 V e percorrido por uma corrente elétrica de 14 A.

▌**Dados:**
U = 110 V
i = 14 A
P = ?

▌**Resolução:**
P = i · U ⇒ P = 14 · 110 ⇒ P = 1540 W

▌**Conclusão:**

A potência do forno de micro-ondas, ligado à rede de 110 V, é de 1 540 W.

10 O que acontecerá com a corrente elétrica do micro-ondas citado acima se diminuirmos a diferença de potencial aplicada a ele?

Ampliando fronteiras

Evitando o desperdício de energia elétrica

Pense um pouco em como a energia elétrica faz parte do seu cotidiano. Grande parte da população mundial tornou-se muito dependente da energia elétrica e boas práticas e iniciativas podem ajudar a diminuir o desperdício desse tipo de energia.

A cada dia, é necessário reavaliarmos os nossos modos de consumo para minimizar os impactos no ambiente. Isso pode ser feito por meio de pequenas atitudes cotidianas que, em um primeiro momento, podem parecer difíceis, mas, com algumas mudanças de hábitos, podem ser realizadas. Veja a seguir algumas atitudes que podemos ter para evitar o desperdício de energia elétrica.

Iluminação dos ambientes

- Sempre que possível, utilizar a iluminação natural, proveniente da luz solar.
- Dar preferência às lâmpadas fluorescentes ou de LED, pois consomem menos energia elétrica.
- Apagar as luzes dos ambientes que não estão em uso.

Representação de lâmpadas fluorescentes e de LED.

Forno de micro-ondas

- Retirar o plugue da tomada quando não estiver utilizando o aparelho.
- Utilizar o aparelho na potência adequada para o aquecimento ou cozimento do alimento.
- Preferir descongelar os alimentos naturalmente.

Representação de uma pessoa utilizando forno de micro-ondas.

Televisão, som e computador

- Evitar deixar esses aparelhos ligados quando não estiverem sendo utilizados.
- Desligar o monitor do computador sempre que possível.
- Retirar o plugue dos aparelhos da tomada, pois as luzes de *stand by* também consomem energia elétrica.

Representação de um televisor com *home theater*.

228

Geladeira e freezer

- Regular a temperatura de acordo com as estações do ano.
- Instalar a geladeira em local protegido da luz solar.
- Evitar guardar alimentos aquecidos no interior da geladeira.
- Evitar deixar a porta da geladeira ou do *freezer* aberta por muito tempo e verificar as borrachas de vedação.

Representação de uma pessoa retirando alimento de um refrigerador.

Máquinas de lavar roupas e ferro de passar roupas

- Utilizar a máquina de lavar roupas na capacidade máxima indicada e com a dosagem correta de sabão.
- Manter os filtros da máquina limpos.
- Acumular roupas para passar todas de uma vez.

Representação de uma pessoa passando roupas.

Chuveiro elétrico

- Evitar banhos muito longos e, sempre que possível, utilizar a chave na posição "verão" ou "frio", para reduzir o consumo de energia elétrica.
- Mantenha o registro do chuveiro fechado ao se ensaboar
- Não reaproveitar resistores queimados.

Representação de um chuveiro elétrico em funcionamento.

Quando a energia elétrica é utilizada de forma adequada, todos saem ganhando. Além de ter economia na conta de energia, o ambiente também é favorecido, pois há uma diminuição do uso de seus recursos naturais.

Representação sem proporção de tamanho. Cores-fantasia.

1. De que maneira economizar energia elétrica contribui para conservar o ambiente?

2. Você e sua família adotam as atitudes apresentadas nestas páginas diariamente? Caso não adotem, o que precisam melhorar?

3. O chuveiro elétrico está entre os equipamentos elétricos que mais consomem energia elétrica em uma residência. Quais atitudes para economizar energia elétrica estão associadas a esse aparelho?

4. Faça cartazes ilustrados sobre as atitudes que sua família precisa melhorar com relação à economia de energia elétrica. Apresente esses cartazes à sua família e converse com seus membros, a fim de conscientizá-los.

Cuidados com a energia elétrica

11 Cite alguns acidentes que podem ocorrer envolvendo a eletricidade.

Como vimos, a eletricidade é muito importante em nosso cotidiano, pois ela facilita diversas atividades que realizamos, proporcionando eficiência e conforto. No entanto, em muitas situações, a eletricidade pode causar sérios danos ao nosso corpo e até mesmo ser fatal. Por isso, é preciso ter cuidados para evitar acidentes com a eletricidade. Entre os acidentes mais comuns, destacam-se o choque elétrico e o curto-circuito.

Choques elétricos

O corpo humano tem a capacidade de conduzir eletricidade. Dessa maneira, quando um fio condutor ou algum outro material eletrizado entra em contato com nosso corpo, a corrente elétrica pode passar por ele e causar o choque elétrico. Dependendo da intensidade da corrente elétrica, ela pode ainda causar queimaduras na pele e em alguns órgãos internos.

Como muitas atividades do corpo humano são comandadas pelo sistema nervoso por meio de impulsos elétricos, alguns músculos podem se contrair ao serem percorridos por uma corrente elétrica externa, como se estivessem recebendo um impulso elétrico do sistema nervoso. Muitas vezes, essa contração muscular acaba impedindo que a pessoa consiga se afastar do condutor que lhe está fornecendo a corrente elétrica, agravando ainda mais a situação.

Em uma situação de choque elétrico, o coração é um dos órgãos mais prejudicados. Ao passar por ele, a corrente elétrica pode causar sérias alterações nos batimentos cardíacos, provocando infarto ou arritmias. Veja nas ilustrações ao lado alguns cuidados para evitar choques elétricos.

Não subir em postes elétricos.
Não tocar em fios elétricos.

Não soltar pipas em locais em que haja fios elétricos.

Não manipular aparelhos elétricos descalço ou com as mãos molhadas.

Ilustrações: Bianca Nazari

Fôlder com alguns cuidados para evitar choques elétricos.

Não trocar lâmpadas. Somente um adulto deve realizar essa tarefa, com a chave-geral desligada.

Não mudar a chave seletora do chuveiro elétrico com ele ligado. O fio-terra do chuveiro deve ser corretamente instalado.

Não tentar fazer reparos nas instalações elétricas de sua residência nem em aparelhos elétricos. Somente profissionais especializados podem realizar essa tarefa. Se encontrar alguém que está recebendo um choque elétrico, não toque nele. Chame imediatamente um adulto.

Curtos-circuitos

O curto-circuito ocorre quando uma intensa corrente elétrica passa em um circuito com resistência elétrica muito baixa, causando um superaquecimento dos condutores. Essa si-tuação provoca danos aos condutores e pode causar incêndios. Ela geralmente ocorre quando um fio desencapado toca outro.

As instalações elétricas devem ser realizadas por profissionais especializados e com materiais adequados. Quando uma instalação elétrica é feita com fios de espessura menor do que a indicada para a corrente elétrica a ser aplicada, pode ocorrer um superaquecimento desses fios e, com isso, haver um derretimento do material isolante, o que também pode provocar curtos-circuitos, incêndios e choques elétricos.

Outro problema bastante comum, que pode causar acidentes elétricos, é o uso de benjamins (também conhecidos como "tês") para conectar vários equipamentos em uma mesma tomada. Essa prática não deve ser realizada, pois pode causar um superaquecimento nos fios que ligam essa tomada à rede e provocar incêndios.

Equipamentos ligados em uma mesma tomada por meio de um benjamim. Não faça isso!

12 Se uma pessoa conecta três aparelhos de 600 W em um benjamim conectado a uma tomada, qual é a potência total conectada a essa tomada?

Emendas na fiação elétrica de uma casa ou de aparelhos são também outra causa de acidentes elétricos. Por isso, elas devem ser evitadas ao máximo. No entanto, quando são inevitáveis, o eletricista precisa verificar se todas as emendas e partes desencapadas dos fios estão protegidas com fita isolante adequadamente. Essa fita é feita com materiais que suportam altas temperaturas.

Além de proteger a instalação contra curtos-circuitos, a colocação adequada dessa fita protege as pessoas contra choques elétricos.

Além disso, toda instalação elétrica deve ter fusíveis ou disjuntores. Esses dispositivos desempenham praticamente a mesma função: proteger a instalação elétrica contra sobrecargas e curtos-circuitos.

Quando a corrente elétrica ultrapassa determinados valores, os fusíveis e os disjuntores abrem o circuito, cessando a corrente e evitando danos que podem causar incêndios.

Quando um fusível abre o circuito, ele deve ser trocado, pois o condutor em seu interior se rompe e, como ele não tem mais a capacidade de fechar o circuito, não pode ser utilizado novamente. Já o disjuntor pode ser reutilizado várias vezes.

Emenda de fios elétricos encapada com fita isolante.

Caixa de disjuntores. Em uma construção, a caixa de disjuntores contém diversos deles conectados aos diferentes cômodos da residência. Geralmente, há um disjuntor (ou um par de disjuntores) específico para o chuveiro elétrico.

Fusíveis elétricos. Existem diversos modelos de fusíveis, para as mais variadas aplicações.

Atividades

1. Ao mudar de Londrina, no Paraná, para o município de Bombinhas, em Santa Catarina, Amanda levou consigo um secador de cabelos. Chegando ao seu destino, ela percebeu que a tensão elétrica em Bombinhas é de 220 V, e não de 127 V, como em Londrina.

Escreva em seu caderno a sentença que apresenta como Amanda pode proceder para que seu secador funcione adequadamente.

I) Amanda não precisa se preocupar, pois seu secador funcionará com o dobro de potência, sem se danificar.

II) Amanda poderá comprar um **transformador** que converte 220 V em 127 V para conectar em seu secador de cabelos.

III) Amanda deverá comprar um interruptor para que seu secador funcione adequadamente.

2. A fotografia ao lado apresenta um aquecedor elétrico. A sua tensão de funcionamento é de 127 V.

a) Quais transformações de energia ocorrem nesse aparelho?

b) Se esse aquecedor for conectado a uma diferença de potencial de 220 V, ele funcionará adequadamente? Por quê?

c) Se esse aparelho elétrico for ligado em uma diferença de potencial de 85 V, como será o funcionamento desse aparelho?

aquecedor elétrico

3. Leia a tira a seguir.

Alexandre Beck. *Armandinho Sete*. Florianópolis: A. C. Beck, 2015. p. 48.

a) De acordo com a tira acima, quais mudanças em seus hábitos diários Armandinho poderia realizar para contribuir com a redução no consumo de energia elétrica em sua casa?

b) Considerando que, após as mudanças nos hábitos diários na casa de Armandinho, a fatura de energia elétrica apontou um consumo de 160 kWh, calcule o valor do consumo, em reais, considerando a tarifa da região de aproximadamente R$ 0,51 por kw, sem considerar os impostos e a taxa de iluminação pública.

4. Os aparelhos elétricos e eletrônicos comercializados atualmente trazem uma etiqueta com as características técnicas do produto. Veja, a seguir, fotografias de três etiquetas com as características técnicas de três chuveiros elétricos do mesmo modelo, porém com configurações diferentes.

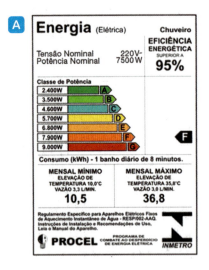
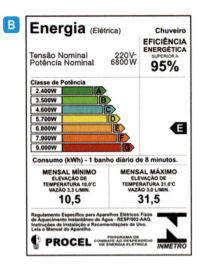
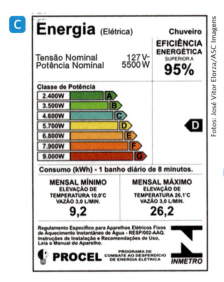

Etiquetas que fornecem informações sobre as características técnicas de um mesmo modelo de chuveiro elétrico.

a) Classifique, em ordem crescente de economia, os modelos dos chuveiros elétricos apresentados acima. Justifique.

b) Calcule a corrente elétrica necessária para o funcionamento dos chuveiros **A**, **B** e **C**, de acordo com cada uma das etiquetas.

c) Classifique, em ordem crescente, a intensidade da corrente elétrica dos modelos desses três chuveiros elétricos.

d) De acordo com as classificações realizadas nas questões **a** e **c**, explique por que o modelo que necessita de maior corrente elétrica é o mais econômico.

5. Quando você acende uma lâmpada de 25 W de potência, qual é a corrente elétrica que se estabelece sabendo que a tensão elétrica em sua casa é de 127 V?

6. Leia as manchetes a seguir e responda à questão abaixo.

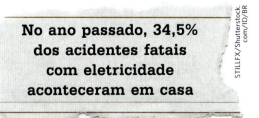

No ano passado, 34,5% dos acidentes fatais com eletricidade aconteceram em casa

Bem Paraná, 21 ago. 2018. Disponível em: <https://www.bemparana.com.br/noticia/no-ano-passado-345-dos-acidentes-fatais-com-eletricidade-aconteceram-em-casa>. Acesso em: 17 set. 2018.

Choque elétrico mata em média dois brasileiros por dia

R7, 4 maio 2017. Disponível em: <https://noticias.r7.com/cidades/choque-eletrico-mata-em-media-dois-brasileiros-por-dia-04052017>. Acesso em: 17 set. 2018.

- A energia elétrica dever ser utilizada com cuidado para evitar acidentes, que podem causar inclusive a morte. Converse com seus colegas sobre os cuidados que devem ser tomados ao utilizar a energia elétrica.

7. A resistência elétrica de um condutor é de 20 Ω. Determine a intensidade da corrente elétrica que o atravessa quando submetido a uma diferença de potencial de 10 V.

8. Reescreva as frases abaixo em seu caderno substituindo os algarismos romanos pelas palavras **maior** ou **menor**, completando-as de maneira correta.

   a) Quando um chuveiro elétrico está ligado a uma tensão elétrica constante, quanto maior for sua potência elétrica, **I** será a corrente elétrica estabelecida.

   b) Quanto menor a espessura de um condutor elétrico, **II** será a sua resistência elétrica.

   c) Quanto **III** o comprimento de um fio condutor, menor será a sua resistência elétrica.

   d) Considerando a maioria dos materiais, quanto **IV** a sua temperatura, menor o valor de sua resistência elétrica.

   e) Quanto maior é a diferença de potencial estabelecida em um circuito elétrico, **V** será o movimento dos elétrons pelo condutor.

Verificando rota

1. Retorne à questão **6** da página **190** e verifique se sua resposta está adequada. Se necessário, complemente-a com os conceitos que você estudou nesta unidade.

2. Retorne à questão **1** da página **194** e verifique se sua resposta está adequada e se você argumentou corretamente sobre o que ocorreu na situação.

3. Retome a resposta que você deu à questão **2** da página **216** e verifique a necessidade de corrigi-la ou complementá-la.

4. Retome à questão **1** referente à situação da página **223** e responda o que aconteceria com a lâmpada se a rede elétrica da residência da pessoa fosse de 127 V e ela tivesse comprado uma lâmpada de 220 V.

5. Verifique se é necessário complementar ou corrigir a resposta que você deu à questão **4** na página **224**.

Glossário

A

- **Animal silvestre (p. 104)**: animal não domesticado que nasce e vive em ambientes naturais, como florestas, oceanos e rios. De maneira geral, não pode ser criado pelo ser humano e pode ser nativo ou exótico. O animal exótico é aquele que não pertence naturalmente a determinado local, mas foi introduzido nele acidental ou intencionalmente, como é o caso do caramujo-gigante-africano, natural da África e introduzido no Brasil por criadores de *escargot*. Já o animal nativo é encontrado naturalmente em determinado local, como a ararinha-azul, nativa do Brasil, mais especificamente da região da Caatinga.

C

- **Carcinogênico (p. 218)**: radiação ou agente biológico, químico ou físico que provoca o crescimento desordenado das células do organismo, as quais podem invadir tecidos e órgãos e se espalhar para diferentes regiões do corpo. Essa capacidade de interferir na multiplicação das células está relacionada ao fato de esses fatores, isolados ou combinados, causarem alterações no DNA, o qual, entre outras funções, controla o processo de divisão celular. Os agrotóxicos, a sílica, o amianto, o tolueno, o xileno e o benzeno estão entre os principais agentes carcinogênicos. Essas substâncias são frequentemente utilizadas por agricultores, mineradores, técnicos de laboratório e operários industriais químicos e da construção civil. A radiação ultravioleta proveniente do Sol e algumas substâncias presentes no cigarro também estão entre as principais fontes carcinogênicas.

- **Coque (p. 190)**: material obtido de um tipo de carvão mineral chamado hulha. Este é aquecido em ambiente fechado, sem que ocorra a queima do material. Como resultado desse processo, forma-se o carvão coque, ou simplesmente coque, um material leve, poroso e com características que permitem que ele seja usado como combustível em indústrias siderúrgicas para a obtenção do ferro. A queima do coque possibilita a separação do ferro de seus minérios.

coque

- **Cloaca (p. 103)**: estrutura semelhante a uma câmara, comum aos sistemas digestório, urinário e reprodutivo, que se abre para o exterior para a eliminação das fezes, da urina e para a troca de gametas durante a reprodução. A cloaca também é a abertura pela qual os ovos são liberados no ambiente. Somente a partir dos mamíferos é que a cloaca, uma abertura única, foi substituída por aberturas separadas para os sistemas digestório e urogenital.

Representação de parte da anatomia interna de uma ave, em que é possível identificar a cloaca.

Representação sem proporção de tamanho. Cores-fantasia.

- **Cromação (p. 202)**: processo de acabamento de objetos com superfícies metálicas, em que se deposita uma fina camada de crômio com a finalidade de mudar a aparência do objeto, o qual adquire coloração prateada e resistência da superfície do objeto contra corrosão, por exemplo.

- **Cromátide-irmã (p. 64)**: um dos segmentos justapostos que surge da duplicação do cromossomo no início da divisão celular. As cromátides-irmãs são idênticas e ficam unidas por uma região chamada centrômero.

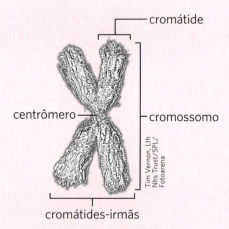

Representação de um cromossomo duplicado.

Representações sem proporção de tamanho. Cores-fantasia.

- **Cromossomo homólogo (p. 65)**: um dos membros de um par de cromossomos homólogos. Esses cromossomos são, geralmente, similares em tamanho e formato, sendo um deles proveniente da mãe e outro, do pai. A sequência de DNA dos cromossomos homólogos geralmente é semelhante. Assim, eles apresentam o mesmo trecho de DNA que determina certa característica (gene), na mesma posição.

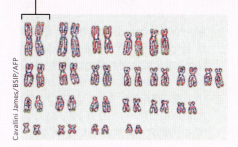

Representação de 22 pares de cromossomos homólogos de seres humanos. Note que os cromossomos estão duplicados.

Representações sem proporção de tamanho. Cores-fantasia.

D

- **Dioxina (p. 204)**: composto que possui cloro em sua composição e que não ocorre naturalmente nos ambientes. Suas principais fontes são os produtos de inúmeros processos industriais, principalmente o branqueamento da celulose e do papel, e a fabricação e utilização de pesticidas. As dioxinas também estão presentes como produtos de incêndios, na incineração de resíduos urbanos, hospitalares e industriais e nos gases eliminados dos escapamentos de veículos. Esses compostos são altamente persistentes no ambiente, ou seja, não são degradados. Além disso, a dioxina é solúvel na gordura animal e, por isso, acumula-se na cadeia alimentar, podendo ser transmitida a outros seres vivos por meio da alimentação.

E

- **Ejaculação (p. 155)**: expulsão de esperma pelo pênis.
- **Enxertia (p. 109)**: técnica que se baseia na união de diferentes indivíduos, geralmente de espécies diferentes. Nessa técnica, parte de um indivíduo, chamado enxerto ou cavaleiro, é inserida no caule ou no sistema radicular de outro indivíduo, chamado porta-enxerto ou cavalo. Após certo período de tempo, enxerto e porta-enxerto passam a fazer parte de um mesmo indivíduo. Na enxertia, cada indivíduo conserva suas caraterísticas e os tecidos não ficam unidos por completo. No entanto, o transporte de materiais no corpo da planta ocorre normalmente. Nesse processo, o porta-enxerto desempenha papel fundamental no desenvolvimento do enxerto, pois fornece a ele água e nutrientes necessários para continuar seu desenvolvimento.

Pessoa realizando enxertia em uma planta.

- **Evapotranspiração (p. 42)**: processo que envolve a liberação de água na forma de vapor para a atmosfera terrestre por meio da transpiração e da evaporação de água da superfície terrestre e da transpiração das plantas para a atmosfera. As plantas transpiram, principalmente, por meio da abertura dos estômatos. Essas pequenas estruturas se localizam, principalmente, nas folhas e, entre outras importâncias, controlam a saída de água do interior das folhas para o ambiente. A evapotranspiração é essencial para o ciclo hidrológico, pois retorna para a atmosfera grande quantidade de vapor de água.

F

- **Ferromagnético (p. 211)**: propriedade apresentada por alguns materiais que permite a eles reagir a um campo magnético. Tal propriedade é observada em materiais como ferro, níquel, cobalto e nas ligas e compostos com esses elementos. Quando submetidos a uma corrente elétrica, esses materiais se tornam eletroímãs. Em alguns casos, mesmo eliminando o campo magnético, esses materiais mantêm as propriedades magnéticas, ou seja, tornam-se ímãs permanentes.
- **Fibrilação do coração (p. 202)**: estado caracterizado por contrações desordenadas do coração, o que pode comprometer seu funcionamento e, consequentemente, o bombeamento de sangue para as demais partes do corpo. O coração é um órgão muscular com capacidade de gerar o estímulo necessário para contrair e relaxar as fibras musculares de maneira rítmica. Essas contrações ocorrem de maneira coordenada e de modo a permitir a passagem do sangue para as diferentes câmaras do coração, para os pulmões e para as demais partes do corpo. Por diferentes motivos, essas contrações podem deixar de ser coordenadas e resultar em arritmias, ou seja, uma alteração no ritmo dos bati-

mentos cardíacos. A fibrilação é um tipo de arritmia que pode ocorrer por diferentes motivos, como doenças cardíacas.

- **Fissão nuclear (p. 220)**: processo de divisão do núcleo de um átomo, que ocorre pelo bombardeamento desse átomo com partículas sem carga chamadas nêutrons. Tal bombardeamento divide o núcleo em duas porções menores, com liberação de grande quantidade de energia. Essa quebra libera nêutrons, os quais podem bombardear o núcleo de outros átomos e dar continuidade ao processo, em uma reação em cadeia. A quantidade de energia liberada nesse processo de fissão nuclear é tão elevada que se compararmos a energia liberada pela fissão nuclear do urânio e a queima do petróleo, temos que a degradação de 1 kg de urânio libera a mesma quantidade de energia que a queima de 100 000 kg de petróleo.

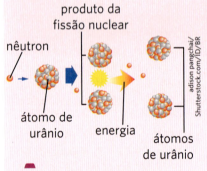

Representação de fissão nuclear de átomo de urânio.

Representação sem proporção de tamanho. Cores-fantasia.

- **Genoma (p. 70)**: conjunto único e completo de informação genética (DNA) de um organismo e representado pela letra n. A maioria das plantas e animais, como o ser humano, é diploide (2n), ou seja, apresentam dois genomas completos e, portanto, dois conjuntos de cromossomos idênticos, um proveniente da mãe e outro, do pai.

H

- **Herbário (p. 118)**: coleção de plantas secas, prensadas, organizadas e armazenadas. Além de partes de plantas, são anexadas informações a respeito do vegetal. Cada exemplar de um herbário é chamado exsicata.

I

- **Índice pluviométrico (p. 40)**: refere-se à quantidade de chuva, por metro quadrado e em milímetros, em determinado local e período. Se em um local o índice pluviométrico foi de 7 mm, significa que, se colocássemos uma caixa aberta com 1 metro quadrado de base, a água da chuva alcançaria um nível de 7 mm de altura no interior dessa caixa. Esse índice é determinado com o auxílio de equipamentos como o pluviômetro, que marca o nível de água da chuva para determinado local e período.

Pluviômetro. Esse equipamento pode ser de diferentes tipos. Na imagem, observe que o nível de água da chuva é de aproximadamente 9 mm.

M

- **Maré de quadratura (p. 23)**: quando a maré é predominantemente baixa, o que ocorre no quarto crescente e no quarto minguante, ou seja, quando o alinhamento entre o Sol, a Lua e a Terra formam um ângulo reto (90°), de forma que o fluxo da maré é menor do que nas luas nova e cheia.

Representações sem proporção de tamanho. Cores-fantasia.

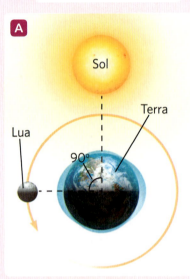

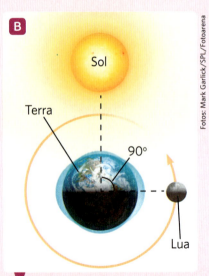

Representação das marés de quadratura no momento do quarto crescente (**A**) e do quarto minguante (**B**).

- **Mutação genética (p. 218)**: modificação do material genético (DNA) e que pode ser hereditária, ou seja, transmitida aos descendentes por meio da reprodução. Essas alterações podem ocorrer em pequenos trechos do DNA ou incluir grandes alterações. Dependendo do local em que essas alterações ocorrem e do tipo de alteração, as mutações podem ser silenciosas, não causando efeitos no organismo, ou causar diferentes efeitos, como morte celular, defeitos genéticos nos descendentes e câncer.

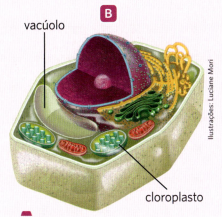

Representação de célula animal (**A**) e de célula vegetal (**B**) e suas organelas.

Representações sem proporção de tamanho. Cores-fantasia.

- **Sistema radicular fasciculado (p. 134)**: formado por inúmeras raízes adventícias, ou seja, que se formam a partir de outros órgãos, como o caule. Nesse sistema não se observa uma raiz principal.
- **Sistema radicular pivotante (p. 134)**: formado por uma raiz principal maior e mais desenvolvida que as demais. Essa raiz penetra perpendicularmente no solo. Dela partem outras raízes, chamadas secundárias, que são mais finas e diminuem de tamanho à medida que se aproximam da extremidade da raiz.

O

- **Organela (p. 68)**: estrutura observada em células eucariontes e que desempenha um papel específico na célula, como formação de proteínas, respiração celular, armazenamento e liberação de materiais da célula. A maioria das organelas é delimitada por uma membrana, semelhante à membrana celular. Os tipos de organelas presentes nas células podem variar. Algumas organelas, como os cloroplastos, são observadas apenas em organismos que realizam fotossíntese.

R

- **Rizoma (p. 114)**: tipo de caule que se desenvolve horizontalmente e, em geral, próximo à superfície. Os brotos desse caule formam raízes e dão origem a novos indivíduos, geneticamente idênticos à planta que possui o rizoma. Assim, trata-se de um tipo de reprodução assexuada.

S

- **Semicondutor (p. 220)**: material que apresenta capacidade intermediária de conduzir corrente elétrica, ou seja, com comportamento intermediário entre isolante e condutor elétrico. Esse tipo de material é sensível a diferentes fatores, como temperatura e pressão, e é utilizado nas células fotovoltaicas de painéis solares, que convertem a energia presente na radiação solar em energia elétrica. O silício é o semicondutor mais comumente utilizado em painéis solares.

T

- **Transformador (p. 233)**: equipamento que modifica a tensão elétrica, aumentando-a ou diminuindo-a.

V

- **Vertedouro (p. 219)**: estrutura de proteção observada em barragens de usinas hidrelétricas. Essa estrutura recebe a água excedente do reservatório da usina e que não foi utilizada para a geração de energia. Além disso, o vertedouro mantém o nível de água do reservatório dentro do limite previamente estabelecido, evitando possíveis acidentes.

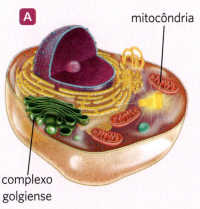

Vista aérea do vertedouro da Usina Hidrelétrica de Itaipu, em 2018.

239

Referências bibliográficas

ALBERTS, B. et al. *Biologia molecular da célula*. 5. ed. Trad. Ana Letícia de Souza Vanz et al. Rev. Gaby Renard; Jocelei Maria Chies. Porto Alegre: Artmed, 2010.

ALBERTS, B. et al. *Fundamentos da biologia celular*. 3. ed. Trad. Ardala Elisa Breda Andrade et al. Rev. Gaby Renard; Jocelei Maria Chies. Porto Alegre: Artmed, 2011.

ASSIS, C. Um olhar diferente sobre o mesmo céu: astronomia indígena. *Museu Ciência e Vida*. Disponível em: <http://museucienciaevida.cecierj.edu.br/2014/10/06/um-olhar-diferente-sobre-o-mesmo-ceu-astronomia-indigena/>. Acesso em: 25 out. 2018.

BARRY, R. G.; CHORLEY, R. J. *Atmosfera, tempo e clima*. 9. ed. Trad. Ronaldo Cataldo Costa. Rev. Francisco Eliseu Aquino. Porto Alegre: Bookman, 2013.

BRUSCA, R. C.; BRUSCA, G. J. *Invertebrados*. 2. ed. Trad. Fábio Lang da Silveira et al. Rio de Janeiro: Guanabara Koogan, 2007.

BURNIE, D. (Ed.). *Animal*. Londres: Dorling Kindersley Limited, 2001.

CAMPBELL, N. A. et al. *Biology*. 8. ed. San Francisco: Pearson Benjamin Cummings, 2008.

CARLSON, B. M. *Embriologia humana e biologia do desenvolvimento*. 5. ed. Trad. Adriana Paulino do Nascimento et al. Rev. Maria Dalva Cesario. Rio de Janeiro: Elsevier, 2014.

CAVALCANTI, I. F. A. et al. (Org.). *Tempo e clima no Brasil*. São Paulo: Oficina de Textos, 2009.

COMINS, N. F.; KAUFMANN III, W. J. *Descobrindo o Universo*. 8. ed. Trad. Eduardo Neto Ferreira. Porto Alegre: Bookman, 2010.

DELERUE, A. *O Sistema Solar*. Rev. Umberto Figueiredo; Elisabeth Lissovsky; Rita Godoy. Rio de Janeiro: Ediouro, 2002 (Ciência Ilustrada).

FARIA, R. P. (Org.). *Fundamentos de astronomia*. 10. ed. Campinas: Papirus, 2009.

GONÇALVES, E. G.; LORENZI, H. *Morfologia vegetal*: organografia e dicionário ilustrado de morfologia das plantas vasculares. 2. ed. São Paulo: Instituto Plantarum de Estudos da Flora, 2011.

GREF (Grupo de Reelaboração do Ensino de Física). *Física 3*: eletromagnetismo. 5. ed. São Paulo: Edusp, 2006.

HALLIDAY, D.; RESNICK, R.; WALKER, J. *Fundamentos de física*: eletromagnetismo. 10. ed. Trad. Ronaldo Sérgio de Biasi. Rio de Janeiro: LTC, 2016. v. 3.

HERLIHY, B.; MAEBIUS, N. K. *Anatomia e fisiologia do corpo humano saudável e enfermo*. Trad. e rev. Edson Aparecido Liberti et al. Barueri: Manole, 2002.

HEWITT, P. G. *Física conceitual*. 11. ed. Trad. Trieste Freire Ricci. Rev. Maria Helena Gravina. Porto Alegre: Bookman, 2011.

HICKMAN, C. P.; ROBERTS, L. S.; LARSON, A. *Princípios integrados de zoologia*. 11. ed. Trad. Antonio Carlos Marques et al. Rev. Antonio Carlos Marques et al. Rio de Janeiro: Guanabara Koogan, 2009.

JUNQUEIRA, L. C.; CARNEIRO, J. *Biologia celular e molecular*. 8. ed. Rio de Janeiro: Guanabara Koogan, 2005.

LONGHINI, M. D. (Org.). *Ensino de astronomia na escola*: concepções, ideias e práticas. Campinas: Átomo, 2014.

MOORE, K. L.; PERSAUD, T. V. N.; TORCHIA, M. G. *Embriologia básica*. 9. ed. Trad. Alcir Costa Fernandes Filho et al. Rev. Estela Bevilacqua. Rio de Janeiro: Elsevier, 2016.

MOURÃO, R. R. F. *Dicionário enciclopédico de astronomia e astronáutica*. 2. ed. Rio de Janeiro: Nova Fronteira, 1995.

NUSSENZVEIG, H. M. *Curso de física básica*: eletromagnetismo. São Paulo: Edgard Blücher, 1997. v. 3.

PAULSEN, F.; WASCHKE, J *Sobotta*: atlas de anatomia humana: órgãos internos. 23. ed. Trad. Marcelo Sampaio Narciso; Adilson Dias Salles. Rio de Janeiro: Guanabara Koogan, 2012. v. 2.

PERUZZO, J. *Experimentos de física básica*: eletromagnetismo, física moderna e ciências espaciais. São Paulo: Editora Livraria da Física, 2013.

PIRES, A. S. T. *Evolução das ideias da física*. São Paulo: Editora Livraria da Física, 2008.

POUGH, F. H.; JANIS, C. M.; HEISER, J. B. *A vida dos vertebrados*. 3. ed. Coord. Ana Maria de Souza. São Paulo: Atheneu Editora, 2003.

PURVES, W. K. et al. *Vida*: a ciência da biologia. 6. ed. Trad. Ana Paula Somer Vinagre et al. Rev. Diógenes Santiago Santos; Jocelei Maria Chies; Paulo Luiz de Oliveira. Porto Alegre: Artmed, 2002.

RAVEN, P. H.; EVERT, R. F.; EICHHORN, S. E. *Biologia vegetal*. 6. ed. Trad. Ana Paula Pimentel Costa et al. Rev. Antonio Saladino et al. Rio de Janeiro: Guanabara Koogan, 2001.

REY, L. *Parasitologia*: parasitos e doenças parasitárias do homem nos trópicos ocidentais. 4. ed. Rio de Janeiro: Guanabara Koogan, 2008.

RUPPERT. E. E.; FOX, R. S.; BARNES, R. D. *Zoologia dos invertebrados*: uma abordagem funcional-evolutiva. 7. ed. Trad. Fábio Lang da Silveira et al. Rev. Antonio Carlos Marques. São Paulo: Roca, 2005.

STEINKE, E. T. *Climatologia fácil*. São Paulo: Oficina de Textos, 2012.

STORER, T. I. et al. *Zoologia geral*. 6. ed. São Paulo: Companhia Editora Nacional, 2000.

TIPLER, P. A.; MOSCA, G. *Física*: para cientistas e engenheiros: eletricidade e magnetismo, óptica. 6. ed. Trad. e Rev. Naira Maria Balzaretti. Rio de Janeiro: LTC, 2009. v. 2.

TORTORA, G. J.; DERRICKSON, B. *Corpo humano*: fundamentos de anatomia e fisiologia. 10. ed. Trad. Alexandre Lins Werneck; Luciana Cavalcanti Lima; Oscar César Pires. Rev. Alexandre Lins Werneck; Paulo Cavalheiro Schenkel; Naira Correia Cusma Pelógia. Porto Alegre: Artmed, 2017.

TREFIL, J.; HAZEN, R. M. *Física viva*: uma introdução à física conceitual. Trad. Ronaldo Sérgio de Biasi. Rio de Janeiro: LTC, 2006. v. 2.